普通高等教育"十三五"规划教材
汽车类高端技能人才实用教材

汽车市场营销与实务

（第 2 版）

李 茜　祁艳丽　王亚维　主编

电子工业出版社
Publishing House of Electronics Industry
北京·BEIJING

内 容 简 介

本书针对我国汽车产业的发展和高等职业教育的需要，结合当今我国汽车营销的实践和特点，突出体现了市场营销的实用性、操作性主旨，对汽车营销理论和汽车营销实践活动进行了全面整合和系统论述。

全书共分 7 章，主要内容包括：市场营销和汽车市场营销的相关概念和原理、汽车市场营销环境分析、汽车消费者购买行为分析、汽车市场分析、汽车市场营销战略、汽车市场营销策略、汽车整车销售实务。

本书在每章后都附有案例分析和实训项目练习，使学生在掌握汽车市场营销学的基本原理和主要内容的同时，加强营销技能的训练。同时，本书每章内容中穿插的大量相关链接也为读者自学提供了很好的参考。

本书适合汽车技术服务与营销专业等汽车类相关专业以及汽车市场营销从业人员参考阅读。

未经许可，不得以任何方式复制或抄袭本书之部分或全部内容。
版权所有，侵权必究。

图书在版编目（CIP）数据

汽车市场营销与实务 / 李茜，祁艳丽，王亚维主编．—2 版．—北京：电子工业出版社，2017.6
汽车类高端技能人才实用教材
ISBN 978-7-121-31561-9

Ⅰ. ①汽⋯ Ⅱ. ①李⋯ ②祁⋯ ③王⋯ Ⅲ. ①汽车－市场营销学－高等职业教育－教材 Ⅳ. ①F766

中国版本图书馆 CIP 数据核字（2017）第 108267 号

策划编辑：竺南直
责任编辑：桑　昀
印　　刷：北京虎彩文化传播有限公司
装　　订：北京虎彩文化传播有限公司
出版发行：电子工业出版社
　　　　　北京市海淀区万寿路 173 信箱　邮编：100036
开　　本：787×1092　1/16　印张：15.75　字数：403.2 千字
版　　次：2012 年 8 月第 1 版
　　　　　2017 年 6 月第 2 版
印　　次：2023 年 8 月第 5 次印刷
定　　价：38.00 元

凡所购买电子工业出版社图书有缺损问题，请向购买书店调换。若书店售缺，请与本社发行部联系，联系及邮购电话：(010)88254888，88258888。

质量投诉请发邮件至 zlts@phei.com.cn，盗版侵权举报请发邮件至 dbqq@phei.com.cn。
本书咨询联系方式：davidzhu@phei.com.cn。

出 版 说 明

自2002年起，中国汽车行业开始进入爆发式增长阶段。2009年，中国取代美国成为世界上最大的汽车销售市场，当年中国的汽车产量超过了日本和美国的总和，成为名副其实的汽车产销量双重世界第一。2011年，平均每月产销量突破150万辆，全年汽车销售超过1850万辆，再次刷新全球历史纪录。未来十年自主品牌将完成从"中国制造"到"中国创造"的发展过程。预计未来十年，我国汽车市场年均增长率将达到7.1%，到2020年中国汽车市场的销量有望占据全球汽车总销量的一半以上，中国汽车市场前景非常广阔。汽车行业突飞猛进的发展对汽车专业人才特别是高端技能型人才的培养提出了前所未有的高要求。一个是行业的发展和扩张在人才数量上的要求，全国每年汽车专业高端技能型人才的缺口在数十万人；另一个是技术的进步和发展对于人才培养质量的要求，大量新技术、新工艺的应用对于从业技术人员在学科基础理论和职业技能方面提出了更高的要求。

作为全国最大的汽车类高等职业学校，西安汽车科技职业学院近年来根据汽车行业发展的需要，紧贴职业岗位，引进吸收德国奥迪、瑞典沃尔沃、英国捷豹路虎等世界顶尖企业汽车职业教育的先进理念和思想，深入开展教学改革，形成了一套独特的课程体系和教学模式。《汽车类高端技能人才实用教材》就是我们近年来教学改革成果的总结，是课程改革和新的教学模式的具体体现。

这套系列教材具有以下几个特点：

一是实用性。在编写过程中，从企业岗位需求和学生发展空间两个方面考虑编排内容，既注重专业基础和专业理论的系统性，又重点考虑了职业技能训练的需求，对于学习汽车类专业的学生而言，是一套学习效率很高的教材。

二是通俗性。在编写过程中，充分考虑到高职学生文化基础的现实状况，降低对学生文化基础知识的要求，让大多数学生能够学得懂。

三是系统性。从机械和电子技术基础课程，到汽车的基本理论，汽车的各种技术，再到汽车的最新技术的介绍；从基本的电工、机械实验，到专业实习，再到职业技能实训，形成了一整套较为完备的汽车理论教学和实训教学的体系。

四是适度超前性。除了涉及目前已经应用的各种汽车技术和技能知识之外，还在新能源汽车、先进车载网络技术等方面进行了介绍，为学生开拓了视野，为其将来向行业的深度和广度发展具有一定的引导作用。

五是实践性。力图采用项目教学和任务驱动教学等方法进行编排，强调理论验证实验、基本专业技能实习和职业技能实训的重要性，将实践教学环节贯穿于课程教学的始终。

本套教材紧紧把握高职教育的方向和培养目标，严格按照新的国家职业标准对人才的要求编排内容，贯彻以技能训练为主，着重提高学生操作技能的原则。在技能训练的内容安排上富有弹性，在保证教学的前提下积极培养学生的创新能力。

本套教材内容丰富、图文并茂、体例饱满，选材来源于最新的技术手册；难易适中、应用性强，有利于知识的吸收和技能的迅速提高。可作为高等职业技术院校或应用型本科汽车类各专业的必修课教材，也可作为成人高校汽车类各专业的教材，同时可作为相关从业人员的参考用书。

教材编写过程中，由于各种原因，疏漏和不尽如人意之处在所难免，敬请广大师生提出宝贵意见，以便再版时修订完善。

《汽车类高端技能人才实用教材》编委会

前　言

2015 年中国汽车市场销量达 2459.76 万辆，同比增长 4.68%，创全球历史新高，且已连续 7 年蝉联全球第一，但是相比上年同期减缓了 2.18 个百分点。随着环境的恶化和一系列影响汽车市场的政策出台，中国汽车市场在展现巨大潜力的同时，品牌竞争愈演愈烈，各种营销策略层出不穷，我国汽车市场营销迎来了前所未有的压力。越来越多的企业把提高品牌竞争力，制定正确的营销策略，招揽优秀的汽车营销人才作为当前重要的任务。

本书在编写过程中认真总结了作者多年的教学经验，吸收了先进的职业教育理念和方法，并针对我国汽车产业的发展和高等职业教育的需要，结合当今我国汽车营销的实践和特点，突出了体现实用性、操作性主旨，在内容上注重汽车市场职业岗位对人才的知识、能力要求，力求与相应的职业资格标准相衔接，对汽车营销理论和汽车营销实践活动进行了全面整合和系统论述。本书运用案例分析、相关链接、营销实训等形式，注重理论知识的实践性，主要针对高职高专汽车类专业的学生，为培养其汽车营销技能而编写。同时，本书也适合不同知识背景和工作经历的人员自学。

本书在修订的过程中对内容进行了整合和调整，根据汽车市场的巨大变化更新了部分案例，根据教学的实际效果增加了实操部分的内容，以便于学生理解和掌握。

全书共分 7 章，主要内容包括汽车市场营销相关概念和知识、汽车市场营销环境分析、汽车消费者购买行为分析、汽车市场分析、汽车市场营销战略、汽车市场营销策略以及汽车整车销售实务。通过本书的学习，可以使学生比较系统而完整地掌握汽车市场营销的基本原理、主要内容和操作实务。本书选取的来自报纸、期刊、书籍、网站的资料和大量前沿案例也为学生在学习过程中开阔视野提供了帮助。

本书是集体劳动的成果，由李茜、祁艳丽和王亚维担任主编。其中，李茜编写了第 1 章、第 5 章、第 7 章，祁艳丽编写了第 2 章、第 3 章，王亚维编写了第 4 章、第 6 章，最后由李茜和祁艳丽对全书进行了统稿。

本书的编写得到了西安汽车科技职业学院和电子工业出版社有关编辑的支持与帮助，在此表示衷心感谢。

编　者
于西安汽车科技职业学院

目 录

第1章 概述 ... 1
1.1 汽车市场营销相关概念 ... 1
1.1.1 市场与汽车市场 ... 1
1.1.2 营销的相关概念 ... 3
1.2 汽车市场营销观念演变 ... 8
1.2.1 汽车市场营销观念演变 ... 9
1.2.2 其他营销观念 ... 12
本章小结 ... 16
案例分析 ... 16
营销实训 ... 17
实训项目：汽车市场营销观念的判断 ... 17

第2章 汽车市场营销环境分析 ... 19
2.1 汽车市场营销环境概述 ... 21
2.1.1 汽车市场营销环境的概念与特点 ... 21
2.1.2 市场营销环境与企业活动 ... 25
2.2 汽车市场宏观环境 ... 26
2.2.1 人口环境 ... 27
2.2.2 自然环境与汽车使用环境 ... 28
2.2.3 科技环境 ... 34
2.2.4 经济环境 ... 36
2.2.5 政策与法律环境 ... 40
2.2.6 社会文化环境 ... 46
2.3 汽车市场微观环境 ... 48
2.3.1 企业的内部环境 ... 48
2.3.2 生产供应者 ... 48
2.3.3 营销中介 ... 49
2.3.4 顾客（用户）... 50
2.3.5 竞争者 ... 51
2.3.6 有关公众 ... 52
2.4 企业适应环境变化的策略 ... 52
2.4.1 企业对抗环境变化的策略 ... 52
2.4.2 企业调节市场需求的策略 ... 53
2.4.3 环境分析的具体方法 ... 54
2.4.4 SWOT分析法则 ... 55
2.4.5 企业适应营销环境变化的措施 ... 59

本章小结 ··· 59
　　案例分析 ··· 59
　　营销实训 ··· 61
　　　　实训项目：SWOT在个人求职、职业生涯规划中的应用 ··· 61

第3章　汽车消费者购买行为分析 ··· 63
3.1　汽车消费者购买行为概述 ··· 64
3.1.1　汽车消费者购买行为的特征 ··· 64
3.1.2　汽车消费者购买行为要素 ··· 66
3.1.3　消费者购买行为模式 ··· 68
3.2　影响消费者购买行为的因素 ··· 68
3.2.1　影响消费者购买行为的内在因素 ··· 68
3.2.2　影响消费者购买行为的外在因素 ··· 76
3.3　消费者购买行为分析 ··· 82
3.3.1　消费者购买的类型 ··· 82
3.3.2　消费者购买的决策过程 ··· 88
3.4　集团用户购买行为分析 ··· 90
3.4.1　汽车集团用户市场的特点 ··· 90
3.4.2　汽车集团用户购买行为的类型 ··· 92
3.4.3　汽车集团用户的购买决策过程 ··· 93
3.4.4　影响汽车集团用户购买行为的主要因素 ··· 94
　　本章小结 ··· 96
　　案例分析 ··· 96
　　营销实训 ··· 98
　　　　实训项目：汽车消费者市场调研策划、执行及调研报告撰写 ··· 98

第4章　汽车市场分析 ··· 99
4.1　汽车市场营销调研 ··· 100
4.1.1　汽车市场调研的含义、功能及作用 ··· 101
4.1.2　汽车市场营销调研的内容 ··· 102
4.1.3　调研问卷的设计 ··· 104
4.2　营销调研的实施步骤、方法 ··· 106
4.2.1　营销调研的实施步骤 ··· 106
4.2.2　营销调研的主要方法 ··· 108
4.2.3　常用的数据分析方法 ··· 109
4.3　STP策略 ··· 111
4.3.1　汽车市场细分 ··· 111
4.3.2　汽车目标汽车市场选择 ··· 116
4.3.3　汽车市场定位 ··· 120
　　本章小结 ··· 125

案例分析 ·· 125
　　营销实训 ·· 126

第5章　汽车市场营销战略 ·· 127
5.1　汽车市场营销战略概述 ·· 128
　　5.1.1　汽车市场营销战略的概念及特征 ·· 128
　　5.1.2　汽车市场营销战略的类型 ·· 129
5.2　顾客满意战略 ··· 129
　　5.2.1　顾客满意战略的发展 ·· 130
　　5.2.2　顾客满意战略的实施 ·· 133
5.3　竞争战略 ··· 136
　　5.3.1　汽车市场竞争环境 ··· 137
　　5.3.2　竞争者分析 ·· 140
　　5.3.3　汽车市场竞争地位 ··· 144
　　5.3.4　汽车市场基本竞争战略 ··· 149
　　本章小结 ·· 153
　　案例分析 ·· 154
　　营销实训 ·· 155
　　　　实训项目：处理顾客投诉 ··· 155

第6章　汽车市场营销策略 ·· 156
6.1　4P策略 ··· 156
　　6.1.1　产品策略 ··· 158
　　6.1.2　价格策略 ··· 167
　　6.1.3　渠道策略 ··· 174
　　6.1.4　促销策略 ··· 180
6.2　4P策略的新发展 ··· 189
　　6.2.1　4C营销组合 ·· 189
　　6.2.2　4R营销组合 ·· 190
　　6.2.3　4V营销组合 ·· 192
　　本章小结 ·· 194
　　案例分析 ·· 195
　　营销实训 ·· 195
　　　　实训项目：从市场营销的角度分析第八代索纳塔成功的原因 ······················· 195

第7章　汽车整车销售实务 ·· 197
7.1　汽车整车销售流程 ··· 197
　　7.1.1　汽车销售流程 ·· 197
　　7.1.2　汽车销售顾问在汽车销售中的作用 ··· 199
7.2　客户开发 ··· 200
　　7.2.1　客户资格鉴定 ·· 200
　　7.2.2　客户开发方法 ·· 201

7.3	客户接待	204
	7.3.1 准备工作	204
	7.3.2 接待礼仪	206
	7.3.3 展厅接待	207
7.4	需求分析	209
	7.4.1 客户需求	209
	7.4.2 需求分析方法	209
7.5	整车介绍	214
	7.5.1 FAB 法则	214
	7.5.2 六方位绕车介绍法	216
7.6	试乘试驾	220
	7.6.1 试乘试驾前操作步骤	220
	7.6.2 试乘试驾时操作步骤	220
	7.6.3 试乘试驾后操作步骤	221
7.7	异议处理	223
	7.7.1 顾客异议的概念	223
	7.7.2 顾客异议的类型	223
	7.7.3 处理顾客异议的原则	225
	7.7.4 处理顾客异议的方法	226
7.8	签约成交	229
	7.8.1 促进成交	229
	7.8.2 购买信号	229
	7.8.3 成交技巧	230
7.9	交车服务	232
	7.9.1 车辆准备	232
	7.9.2 客户提车	232
	7.9.3 交车仪式	233
	7.9.4 恭送客户	233
7.10	售后跟踪服务	233
	7.10.1 商品售后服务	233
	7.10.2 客户维系	234
本章小结		235
案例分析		235
营销实训		237
	实训项目一：前台接待	237
	实训项目二：需求分析	238
	实训项目三：整车介绍	239
	实训项目四：异议处理	239
参考文献		241

第 1 章 概 述

本章学习目标

（1）掌握市场营销和汽车市场营销的相关概念。
（2）掌握汽车市场营销观念演变。
（3）了解其他营销观念。

案例导入

近两年来每当春节将近，互联网公司的"红包大战"就一触即发。支付宝、微信、微博、QQ 等社交平台正将红包变身为新的广告营销平台，微信红包在 2015 年春节期间与央视春晚合作，支付宝红包在 2016 年春节期间与央视春晚合作，在春晚节目进行过程中由主持人口播，让观众一起"摇一摇"或者"咻咻"抢红包，而红包资金则由广告品牌商赞助，抢到的红包将显示"某品牌给你发了一个红包"的类似内容。这一举措，正式将社交平台中的红包从个人社交场景转向了企业营销场景，借助春晚列车，在中国进行广泛的市场渗透，并推动"手机支付"向三四线市场渗透，而且，红包还由广告主买单，这无疑是一个多方共赢的策略。此外，广告主的信息不仅在电视上呈现，还会伴随着人们抢红包和分享红包的过程继续向下传播，层层递进，改变了传统的单向、单层的传播模式，顺着强大的"朋友圈"，品牌信息将会产生多层的裂变式传播。

什么是市场？什么是市场营销？市场营销的目的是什么？市场营销观念进行了哪些转变？在本章将会学习到市场营销的一些基本概念。

1.1 汽车市场营销相关概念

1.1.1 市场与汽车市场

1. 市场

在现代社会经济条件下，几乎所有的经济现象与经济活动都与市场有关，几乎所有经济方面的学科也都不同程度地涉及市场。那么"市场"有怎样的含义呢？而"汽车市场"又是怎样一个概念呢？

市场是商品经济的产物，哪里有商品生产和商品交换，哪里就会有市场。因此，"市场"就成为人们使用最频繁的术语之一。"市场"一词，最早指买主与卖主聚集在一起的场所，就像我们现在的集贸市场，人们在这里挑选想要购买的物品并讨价还价。随着商品经济的发展，市场的概念也不断发展，在不同的商品经济发展阶段，市场有着不同的含义。同样，在不同的使用场合，市场的概念也不尽一致。

1）市场的一般含义

市场是以商品交换为内容的经济联系形式，它是社会分工和商品生产的产物。因此，只要社会分工和商品生产存在，市场就必然存在；只要社会分工趋于精细，商品生产在不断发展，市场就会不断扩大和发展。

 相关链接

《周易·系辞》就市场的起源写道："神农日中为市，致天下之民，聚天下之货，交易而退，各得其所。"司马光在《资治通鉴》中也说："神农日中为市，致天下之民，聚天下之货，交易而退，此立市始。"这两种说法都认为原始市场是从神农氏的时代开始出现的。但神农是传说中的上古帝王，不一定实有其人。不过有一点可以肯定，我国古代社会进入农业时期，社会生产力有了一定发展后，先民们就开始有了少量剩余产品可以交换，因而产生了原始市场。"市"在古代也称"市井"。这是因为最初的交易都是在井边进行的。《史记正义》写道："古者相聚汲水，有物便卖，因成市，故曰'市井'。"古时在尚未修建正式市场之前，常是"因井为市"的。这样做有两点好处，一是解决商人、牲畜用水之便，二是可以洗涤商品。《风俗通》云："于井上洗涤，令香洁。"

2）市场的具体含义

市场的具体含义可以概括为一个"场所"、三个"总和"和一个"整体"。
（1）市场是商品交换的场所。
（2）市场是各种商品交换关系的总和。
（3）市场是人口数量、购买能力、购买欲望以及交换的总和。
（4）市场是现实的和潜在的具有购买能力的总需求。
（5）市场是买方、卖方和中间交易机构（中间商）组成的有机整体。

2. 汽车市场

将汽车作为商品进行交换的场所，是汽车的买方、卖方和中间商组成的一个有机整体。汽车市场里交易商品可以是新车，可以是汽车配件，也可以是二手车，甚至可以是维修服务、汽车用品、汽车金融产品等。汽车市场可以表现为狭义的汽车市场和广义的汽车市场。

1）狭义的汽车市场是指有形市场，即汽车交易的场所

（1）根据汽车产品大类进行划分，汽车分为乘用车市场和商用车市场。
乘用车是指九座以下的车型，乘用车又分为基本乘用车（轿车）、越野乘用车（轻型越野车）、专用乘用车（邮政车、警用车等）、其他乘用车；商用车是指九座以上的车型，商用车分为客车和货车。
（2）根据汽车用户进行划分，汽车市场分为汽车的消费者市场和汽车的组织市场。
汽车消费者市场主要是指以消费为目的购买汽车的个人或家庭所构成的市场。汽车组织

市场是指为从事社会生产或建设等业务活动而购买汽车的工商企业和为履行职责而购买汽车产品的政府部门和非营利性组织所构成的市场。

（3）根据汽车产品的完整性进行分类，汽车市场分为汽车整车市场、汽车部件市场、汽车配件市场。

（4）根据汽车的使用燃料进行划分，汽车市场分为汽油车市场、柴油车市场、其他燃料或动力车市场。

（5）根据汽车的登记程序进行划分，汽车市场分为新车市场和二手车市场。

2) 广义的汽车市场是指有形市场和无形市场

现代经济中，市场已经不单指具体商品交易的场所，商品交易过程已经由通信、交通等的发展而突破了时间、空间的限制，交易方式也日趋多样。

通过互联网销售汽车是目前常见的一种形式。最先应用网上购物经营模式的是福特、通用公司为代表的美国公司，随后是以丰田公司为代表的一批日本和欧洲企业。通过电子商务，汽车的销售渠道被大大缩短，节省了大量的人力、物力、财力，同时也使得成本和库存得以降低。现在美国通过互联网销售的汽车数量已占美国全年汽车总销售量的6%左右。

 相关链接

2011年7月28日，MINI中国公司正式宣布开启官网销售渠道，以探索这一全新的销售模式。首款仅通过该销售渠道供应的车型为基于MINI Cooper Fun版的MINI TATTOO，全球限量100台，仅供中国市场，官方零售价28.7万元。成功购买MINI TATTOO的车主还将获赠MINI自行车和MINI精品拉杆箱，畅享MINI精致生活。客户可以在任何地方通过网络登录MINI中国公司官网，在线了解、订购MINI TATTOO。在线提交订单后，MINI中国公司将在第一时间提供线下服务支持。同时，在北京、上海、深圳、成都四个城市的指定区域范围之内，MINI中国公司还可为客户提供专属的一对一实车上门试驾服务。

1.1.2 营销的相关概念

1. 需要、欲望、需求

1) 需要、欲望、需求的基本概念

（1）人的需要。

人的需要是指人在生存和发展的过程中，感受到的生理和心理上对客观事物的某种要求。经济学中的需要是指欲望，是指对某种物品的渴望。人的需要都不是社会或营销者所能创造的，它们存在于自身的生理和心理结构之中。因此，需要存在于市场营销活动之前。营销者的任务并不是创造人类的需要，而是发现需要，并通过提供产品和服务满足人们的需要。当人们趋向于某些特定的目标以获得满足时，需要就变成了欲望。

（2）人的欲望。

人的欲望是指由人的本性产生的想达到某种目的的要求。经济学中的欲望是指想得到衣食住行、安全归属、受人尊敬、对知识和自我实现等需求的具体满足品的渴望，是个体受不同文化和社会环境影响而表现出来的对需要的特定追求。当人类有能力去满足时,则称为需求。

(3) 人的需求。

人的需求是指对有能力购买并且愿意购买某个产品的欲望。许多人都想要一辆宝马汽车,但是只有极少数人能够并愿意买一辆。因此,一个企业不仅要估量有多少人想要本公司的产品,更重要的是,应该了解有多少人真正愿意并且有能力购买。

2) 需要、欲望、需求三者之间的关系

营销者并不创造需要,需要存在于营销活动之前。营销者连同社会上的其他因素,只是影响了人们的欲望。营销者可能向消费者建议,一辆宝马车可以满足人们对社会地位的追求,然而营销者并不创造人们对社会地位的需要。营销者可以通过制造适当的产品,使其富有吸引力,使目标消费者有支付能力从而满足需要,如图1-1所示。

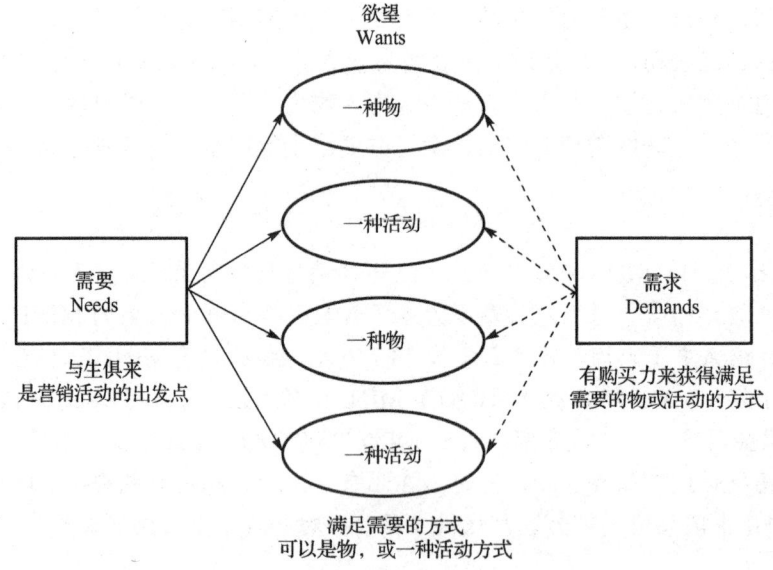

图 1-1　需要、欲望、需求三者之间的关系

2. 产品

人们靠产品来满足自己的各种需要和欲望。从广义上来说,任何能满足人类某种需要或欲望的东西都是产品。因此市场营销学的产品包括实体产品和无形产品。实体产品是指对人有某种效用的实物,如一辆汽车、一台电视机等;无形产品是指围绕产品提供的各种服务。人们购买实体产品,主要目的不在于拥有该产品,而在于使用它来满足需要和欲望,如人们购买汽车不是为了观赏和摆设,而是用以代步。所以,实体产品是满足人们需要的核心产品,但如果制造商只关心产品实体,而忽视围绕产品提供的各种服务,那就目光短浅,容易造成"营销近视"。产品实体是向人们传送服务的工具。

营销者的任务一是推销产品实体,二是提供产品实体中所包含的各种服务。例如一个汽车厂,如果营销者只重视生产汽车,不注意提供各种维修服务,那么在现代市场竞争中,必然影响销售,不能实现营销目标。

3．效用、价值和满足

效用是指消费者对产品满足其需要的整体能力的评价。价值是指消费者对取得产品或满足需求而付出的代价。满足则是指感到已经足够了，即消费者对产品满足其需要所达到的良好的满意程度。

消费者通常都面临一大批能满足某一需要的产品，在这些不同产品之间进行选择时，消费者一般都以他们对这些产品的直观价值为依据，即根据他们认为哪个产品提供了最大价值而做出购买决定。所以，价值是付出与所获之间的比率。

4．交换和交易

1）交换的概念及要求

交换是指通过提供某种东西作为回报，获得需要的产品的方式。交换是构成营销活动的基础。一般来说，人们可以通过四种方式获得它所需要的产品。

（1）自行生产。一个饥饿的人可以通过打猎、捕鱼、采集野果等来解除饥饿。这个人不必与其他任何人发生联系。在这种情况下，既没有市场，更无所谓营销。

（2）强行取得。一个饿汉可以从另一个人那儿夺取食物。对另一个人来说除了可能被伤害之外，还失去了解除饥饿的物品。

（3）乞讨。饿汉可以向别人乞讨食物，除了一声谢谢之外，乞讨者没有拿出任何有形的东西。

（4）交换。饥汉可以用某些东西，如钱、别的货物或某些服务等，与一个拥有食物的人进行交换。

市场营销活动产生于第四种获得产品的方式——交换。交换的发生必须具备五个条件：①至少需要具有交换两方；②每一方都有被对方认为有价值的物品；③每一方都能沟通信息和传送物品；④每一方都可以自由接受或拒绝对方的物品；⑤每一方都认为与另一方进行交易是适当的或称心如意的。具备了上述条件，就有可能发生交换行为；而交换能否真正产生，取决于买卖双方能否通过交换而比交换前得到更多的满足。所以交换也可描述成一个价值创造的过程。

2）交易的概念及要求

交易是交换活动的基本单元，是由双方之间的价值交换所构成的。交换是一种过程，在这个过程中，如果双方达成一项协议，我们就称之为发生了交易。交易通常有两种方式：一是货币交易，如甲支付 5 万元给乙而得到一辆汽车；二是非货币交易，包括以物易物、以服务易服务等。

一项交易通常要涉及三个方面：①至少两件有价值的物品；②双方同意的交易条件、时间、地点；③有法律制度来维护和迫使交易双方执行承诺。

5．市场营销

1）市场营销的基本概念

国内外众多学者对市场营销的定义有不同的方法和角度，社会实践中人们对市场营销的理解也是仁者见仁、智者见智。美国菲利普·科特勒教授认为：市场营销是个人或组织通过创造并同他人交换有价值的产品以满足他们需要的一种社会性经营管理活动。市场营销的内涵见表 1-1。

表 1-1　市场营销的内涵

实质	本质	主体	对象	目的	媒体	宗旨	手段	原则
经营活动	商品交换	个人、组织	市场	满足要求	产品	利人利己	整体营销	等价交换

 相关链接

菲利普·科特勒博士，是现代营销集大成者，被誉为"现代营销学之父"，任西北大学凯洛格管理学院终身教授，是西北大学凯洛格管理学院国际市场学 S·C·强生荣誉教授、美国管理科学联合市场营销学会主席、美国市场营销协会理事、营销科学学会托管人、管理分析中心主任、杨克罗维奇咨询委员会成员、哥白尼咨询委员会成员、中国 GMC 制造商联盟国际营销专家顾问。

菲利普·科特勒的《营销管理》（Marketing Management: Application, Planning, Implementation and Control，1967，与凯文·凯勒合著）不断再版，已十四次再版，是世界范围内使用最广泛的营销学教科书，该书成为现代营销学的奠基之作，被选为全球最佳的 50 本商业书籍之一，许多海外学者把该书誉为市场营销学的"圣经"。

2）市场营销与推销的区别

谈起市场营销，很多人第一想到的就是推销，其实二者是不能等同的。市场营销就是以市场为导向，以满足顾客需求为宗旨，通过提供相应的产品或者服务最终实现盈利的目的。

推销是将产品或者服务卖出去，包括人员推销、促销。推销不是营销，推销只是营销的一种手段，但是两者又是相互联系的，市场营销包括推销。两者的区别可从以下几个方面来看。

（1）出发点不一样。

市场营销就是先探寻顾客需求，明确谁是目标顾客，目标顾客要的是什么，然后根据顾客需求制定产品，通过多种渠道销售产品。推销就是先有产品，把产品卖掉就可以了。

（2）途径不一样。

市场营销的销售方式是多样的，如广告宣传、渠道、公共关系、营业推广、人员推销等。推销仅仅是依靠单一的人员推销、促销。

（3）利益着重点不一样。

市场营销看重的是长远的利益，推销则是短期的利益。推销是把产品卖出去，获利就完事了。市场营销则注重通过提供客户满意的产品，反馈消费者的使用信息，改进不足之处，维护老客户，开发新客户，培养客户的忠诚度，树立自己的品牌形象。

 相关链接

鞋子的市场

有一个欧洲的跨国制鞋公司，为了开发一个岛国的市场，先后派出了五支考察队。

第一支队被派去的考察人员马上就汇报说：这里没有鞋子的市场，因为人们都没有穿鞋的习惯，建议放弃这里，另外选择别的市场。

第二支队被派去的是公司里最优秀的推销员组成的队伍。推销员们在岛上转悠了半天，第二天就回来了。他们在述职报告中声称：岛上的居民没有一个是穿鞋的，因为他们还没有这个习惯，岛上暂时也没有卖鞋的；由于存在这么巨大的市场空缺，公司可以把鞋大批量地运过去，而他们也有信心把鞋推销给这些岛国的居民使用！

第三支队被派去的是鞋厂的厂长们。厂长们在岛上转了两天，回来之后显得非常高兴，他们声称：岛国是一个很有市场前景的市场，他们在岛上找到了可以生产鞋的原料，而且原料以及岛上的其他各方面社会资源价格都很低廉；他们建议公司立即到岛国设立分厂，认为只要能够赶快大批量生产，肯定可以获取高额的利润。

第四支队被派去的是公司的财务人员。他们比较了"国际贸易"和"本地化生产"两种模式的优劣后认为：岛国的原料、土地、劳动力、水、电等资源的价格相对低廉，而公司距离岛国最近的鞋厂都是非常远的；而且岛国的关税较高。综合两种模型所需的各方面成本来说，"本地化生产"的优势较高。只要新建的鞋厂能够保持每天1000双以上的生产量（这对公司来说是不难做到的），那么每双鞋的成本，"本土化生产"可以比"国际贸易"节省4元。按一个月生产3万双计算，可以节省12万元，半年就可以收回建厂的全部成本。所以，他们建议公司到岛国设厂，就地生产、就地销售。

第五支队被派去的是公司的营销经理队。经理们在岛国上待了五天，拜访了上至岛国首长、下至各行各业普通老百姓的岛国人50多个样本。他们了解到，岛国的居民一直都没有穿鞋的习惯，他们看见外来的人穿鞋都非常奇怪——原来他们根本没有意识到穿鞋这件事。但是，他们很多人的脚都是有毛病的，他们想过很多办法去避免脚病，都不太奏效；他们非常渴望得到脚病的根除。当他们了解到穿鞋可以帮他们的脚避免很多意外的伤害，更利于防止他们的脚病后，都表示非常愿意、非常渴望穿鞋。经理们还了解到：岛国居民的脚普遍都比公司所在的欧洲同年龄段人的脚长2~3英寸、宽1英寸左右。因此，公司要对卖给他们的鞋重新加以设计。另外，一个有一定竞争力的制鞋公司曾经派人来考察过；但当他们发现当地居民都不穿鞋以后，认为没有市场，就放弃了继续的努力，但也不能排除他们日后卷土重来。岛国的居民是没有什么钱的，但是岛上的居民都听从首长的命令；岛上盛产香蕉，这些香蕉又大又甜又香，在欧洲是极具销售力和竞争力的。经理们跟首长谈过了，也去岛上的香蕉园看过了，非常高兴，因为首长已经答应：他将以每20公斤到30公斤香蕉，换取一双公司专门为岛国生产的鞋，总数量为10万双左右，第一批可以先交易1万双，越快到货越好，且给予该制鞋公司独家卖鞋权！经理们计算过了，这样的香蕉如果经过适当的包装，可以以30元/公斤的价格卖给欧洲的连锁超市，按1万公斤算，扣除包装、运输、关税、人员工资等，每公斤香蕉的纯利润为23元。1万双鞋，如果从离岛国最近的工厂运到岛国，公司的总成本为16万元。那么，第一批1万双鞋可以换得的香蕉（按25公斤香蕉=1双鞋算）是25万公斤，而香蕉的总利润为575万元。扣除鞋的成本，公司可以在第一笔交易中营利559万元。如果鞋在岛国本地生产，则每双鞋可以再节省成本4元，公司可以得到563万元的总利润！

不过，经理们也算过了，投资设厂的资金需要200万元，而且从建厂到真正出成品交货，需要3个月时间，满足不了首长的迫切要求；而公司在最近的鞋厂设计、生产1万双鞋，再运到岛国出售，只需要一个半月，这个时间首长是可以容忍的。所以，经理们建议公司一边用"国际贸易"做成第一笔的1万双交易，打好关系和基础；一边在岛国建厂投入生产，以便为后续更大的市场发展提供支持！

制鞋公司对营销经理们的报告大加赞赏，同时给予了重赏！

这就是营销管理人员和其他部门工作人员的显著区别！

6．汽车市场营销

汽车市场营销是汽车企业为了更大限度地满足市场需求、达到企业经营目标而进行的一系列活动。基本的任务包括两个：一是寻找市场；二是实施一系列更满足市场需求的营销活动。

汽车市场营销是一种从汽车市场需求出发的管理过程。核心思想是交换，是一种买卖双方互利的交换，即卖方按买方的需要提供汽车产品或服务，使买方得到满足，而买方则须付出相应的货币，使卖方得到满足，双方各得其所。

1.2　汽车市场营销观念演变

 **相关链接**

全球顶级的运动型豪华轿车——"只要最高贵"的定位

1919年，第一辆宾利车诞生。公司同年推出宾利3.0，开创了高档运动汽车之先河，其在一系列的赛事中所向披靡，创造了1924年、1927年、1928年、1929年、1930年法国勒芒赛道五届冠军的辉煌纪录，宾利公司也走上了专业设计高档跑车、赛车的道路。

但这一系列的辉煌并未能挽救其在经营、营销方面的失误，由于其价格与其他中档车相差不大，"质优价廉"没有引起更多顾客的兴趣，也没有带给宾利公司更多的销量和利润，终于在1931年，宾利公司面临倒闭。在这关键时刻，劳斯莱斯公司以12.5万英镑买下宾利公司，宾利汽车正式加盟劳斯莱斯汽车公司。宾利公司的汽车生产线亦于1946年迁往英国克鲁郡，携手将这两个世界顶级的名车品牌推至更高峰。自此，宾利公司也有了清晰明确的品牌定位——全球最顶级的运动型豪华轿车。

超豪华轿车似乎总是给人优雅有余而马力不足之感，但宾利公司却能破格创新，研制出马力与尊贵兼备的豪华轿车。数百万的天价、百分之百的手工制作、纯正的英国贵族血统、每年1000多辆的产量，宾利公司为既想体验高速刺激的驾驶感受，又不会因为亲自驾驶而担心"掉价"的年轻富豪们提供了一个选择的机会，使超豪华宾利轿车成为全球富人彰显富足的终极之选。宾利运动型豪华轿车目前在全球顶级豪华车市场已占到约60%的市场份额。可以说，适当的顶级运动型豪华轿车的品牌定位以及全世界最顶级的价格，不仅为宾利公司争夺了眼球，更提供了利润财富和飞速发展的契机。

目前为止，宾利汽车每年在全球限量生产不到2000辆，每辆宾利ArnageRL的内饰都需要花费200小时才能完成。所有的蒙皮都由专业工匠手工缝制，这些工匠的手艺都是代代相传的，所以能秉承传统的英国造车艺术。在宾利公司，所有的检查都由经过专门训练的专家来负责，而不是由机器来操控。例如，试验车的发动机由一位叫P.Brown的先生制造，每台发动机顶部的一个标牌上有他的亲笔签名。这就足以说明宾利 ArnageRL（豪华、雅致加长版）的豪华是与生俱来的，并且包括了几乎全部的豪华特征。百分之百的手工制造是宾利昂贵的理由，生产一辆其他汽车也许只需一个星期，而生产一辆宾利车则需要半年时间。

如果你去英国克鲁郡参观宾利汽车的生产车间，就能明白它昂贵的原因。整个车间除了油漆间外，没有一只机械手，其生产线是世界上最慢的，车身在生产线上每分钟只能移动 6 英寸。仅从车内的皮饰，就可以看出宾利车制造过程的精湛考究：平均每台宾利车要用到 400 多块皮子，取得这些皮子要 15 头牛，每头牛仅使用约 4 平方米的皮子。并不是所有的牛皮都能用，宾利只青睐 CONNOLLY-GRADE 牛皮——这些皮来自于专门的养牛场，场主采取专门措施，精心保护牛的背部，防止其打架时被牛角撞伤。包一个方向盘需要一名熟练工人花费 15 小时，一辆车的整个内饰则要花费 13 天才能完成。每个皮件都有责任人签名。即使是发动机，也是手工组装的，每个螺钉都是人工用扳手拧紧的。

制造宾利车的工人如同一群手工艺术家，事实上，他们决不辜负这样的赞美。很多工人有世家的传统，爷孙为宾利公司制造皮件，父子都在宾利公司当喷漆工，这种手工艺世家在宾利公司比比皆是。宾利公司卖的就是限量、时间和手工。你有钱买不到，可能是宾利车等奢侈品的最大魅力所在。

宾利汽车的营销观念有什么特点？汽车市场营销观念的演变又经历了哪几个阶段呢？

1.2.1　汽车市场营销观念演变

1. 生产观念

生产观念是一种传统的经营思想，在供给相对不足、卖方竞争有限的条件下一直支配着企业的生产经营活动。生产观念的核心是以生产者为中心，企业以顾客买得到和买得起产品为假设的出发点，因此，企业的主要任务是扩大生产经营规模，增加供给并努力降低成本和售价。

这种观念产生于 20 世纪 20 年代，是在卖方市场条件下产生的。在资本主义工业化初期以及第二次世界大战末期和战后一段时期内，由于物资短缺，市场产品供不应求，生产观念在企业经营管理中颇为流行。中国在计划经济旧体制下，由于市场产品短缺，企业不愁其产品没有销路，工商企业在其经营管理中也奉行生产观念。

生产观念认为，消费者喜欢那些可以随处买得到而且价格低廉的产品，企业应致力于提高生产效率和分销效率，扩大生产，降低成本以扩展市场。其主要表现是"我生产什么，就卖什么"。美国汽车大王亨利·福特曾傲慢地宣称："不管顾客需要什么颜色的汽车，我只有一种黑色的。"这也是典型表现。显然，生产观念是一种重生产、轻市场营销的商业哲学。

2. 产品观念

产品观念是指企业不是通过市场分析开发相应的产品和品种，而是把提高质量、降低成本作为一切活动的中心，产品观念认为，消费者最喜欢高质量、多功能和具有某种特色的产品，企业应致力于生产高值产品，并不断加以改进。它产生于市场产品供不应求的"卖方市场"形势下。最容易滋生产品观念的场合，莫过于企业刚研制出一项新产品。此时，企业最容易导致

"市场营销近视",即不适当地把注意力放在产品上,而不是放在市场需要上,在市场营销管理中缺乏远见,只看到自己的产品质量好,看不到市场需求在变化,致使企业经营陷入困境。

3. 推销观念

推销观念(或称销售观念)产生于20世纪20年代末至50年代初,是为许多企业所采用的另一种观念,表现为"我卖什么,顾客就买什么"。它认为,消费者通常表现出一种购买惰性或抗衡心理,如果顺其自然的话,消费者一般不会足量购买某一企业的产品,因此,企业必须积极推销和大力促销,以刺激消费者大量购买本企业产品。推销观念在现代市场经济条件下被大量用于推销那些非渴求物品,即购买者一般不会想到要去购买的产品或服务。许多企业在产品过剩时,也常常奉行推销观念。

这种观念虽然比前两种观念前进了一步,开始重视广告术及推销术,但其实质仍然是以生产为中心的。

4. 市场营销观念

市场营销观念是一种"以消费者需求为中心,以市场为出发点"的经营指导思想。市场营销观念认为,实现组织诸目标的关键在于正确确定目标市场的需要与欲望,并比竞争对手更有效、更有利地传送目标市场所期望满足的东西。

这种观念是以满足顾客需求为出发点的,即"顾客需要什么,就生产什么"。尽管这种思想由来已久,但其核心原则直到20世纪50年代中期才基本定型,当时社会生产力迅速发展,市场趋势表现为供过于求的买方市场,同时广大居民个人收入迅速提高,有可能对产品进行选择,企业之间为取得产品销量,竞争进一步加剧,许多企业开始认识到,必须转变经营观念,才能求得生存和发展。市场营销观念的出现,使企业经营观念发生了根本性变化,也使市场营销学发生了一次革命。市场营销观念同推销观念相比具有重大的差别。

现代营销学的奠基人之一西奥多·莱维特(1925—2006)教授曾对推销观念和市场营销观念做过深刻的比较,指出:推销观念注重卖方需要,市场营销观念则注重买方需要。推销观念以卖主需要为出发点,考虑如何把产品变成现金;而市场营销观念则考虑如何通过制造、传送产品以及与最终消费产品有关的所有事物,来满足顾客的需要。可见,市场营销观念的4个支柱是:市场中心、顾客导向、协调的市场营销和利润。推销观念的4个支柱是:工厂、产品导向、推销、赢利。从本质上说,市场营销观念是一种以顾客需要和欲望为导向的哲学,是消费者主权论在企业市场营销管理中的体现。

许多优秀的企业都是奉行市场营销观念的。如日本本田汽车公司要在美国推出一种雅阁牌新车。在设计新车前,他们派出工程技术人员专程到洛杉矶地区考察高速公路的情况,实地丈量路长、路宽,采集高速公路的柏油,拍摄进出口道路的设计。回到日本后,他们专门修了一条9英里长的高速公路,就连路标和告示牌都与美国公路上的一模一样。在设计行李箱时,设计人员意见有分歧,他们就到停车场看了一个下午,看人们如何放取行李。这样一来,意见马上统一起来。结果本田公司的雅阁牌汽车一到美国就备受欢迎,被称为全世界都能接受的好车。

 **相关链接**

美国的迪斯尼乐园内,欢乐如同空气一般无所不在。它使得每一位来自世界各地的儿童

美梦得以实现,使各种肤色的成年人产生忘年之爱。因为迪斯尼乐园成立之时便明确了它的目标:它的产品不是米老鼠、唐老鸭,提供的全是欢乐。在乐园大门口有旅客接待站,对带孩子的旅客免费提供童车和婴儿车;门口还有狗舍,狗不得入园,但可以寄养;进入大门后还有轮椅供残疾人使用。在园内许多景区也都有许多童车、婴儿车及轮椅供人使用。公共场所的椅、桌、窗台、玻璃等都显得干净、利落;草地、花卉、树木修饰整齐;娱乐设施几乎都保持良好状态。迪斯尼致力于研究"游客学",了解谁是游客、他们的起初需求是什么。在这一理念指导下,迪斯尼站在游客的角度,设立调查统计部、信访部、营销部、工程部、财务部等部门来不断地了解顾客的需求和偏好信息。

为了实现服务承诺,迪斯尼公司将"给游客以欢乐"的经营理念落实到每一员工的具体工作中,对员工进行评估和奖例,凡员工工作表现欠佳者,将重新培训,或将受到纪律处罚。此外,公司还经常对员工开展传统教育和荣誉教育,告诫员工:迪斯尼数十年辉煌的历程、商誉和形象都具体体现在员工们每日对游客的服务之中。创誉难,守誉更难。员工们日常的服务工作都将起到增强或削弱迪斯尼商誉的作用。公司还指出:游客掌握着服务质量优劣的最终评价权。他们常常通过事先的期望和服务后的实际体验的比较评价来确定服务质量的优劣。因此,迪斯尼教育员工:一线员工所提供的服务水平必须努力超过游客的期望值,从而使迪斯尼乐园真正成为创造奇迹和梦幻的乐园。同时,为了调动员工的积极性,迪斯尼要求管理者勤奋、正直、积极地推进工作。在游园旺季,管理人员常常放下手中的书面文件,到餐饮部门、演出后台、游乐服务点等处加班加点。这样,加强了一线岗位,保证了游客服务质量,而管理者也得到了一线员工的友谊和尊重。反观我国的一些娱乐城、民俗村、世界风光城等,那单调的节目、毫无表情的解说、爱理不理的面孔,使人只感到寒意,哪有欢乐可言?由此可见我国企业树立市场营销观念的迫切性。

5. 社会市场营销观念

社会市场营销观念是对市场营销观念的修改和补充。它产生于 20 世纪 70 年代西方资本主义国家出现能源短缺、通货膨胀、失业增加、环境污染严重、消费者保护运动盛行的新形势下。因为市场营销观念回避了消费者需要、消费者利益和长期社会福利之间隐含着冲突的现实。社会市场营销观念认为,企业的任务是确定各个目标市场的需要、欲望和利益,并以保护或提高消费者和社会福利的方式,比竞争者更有效、更有利地向目标市场提供能够满足其需要、欲望和利益的物品或服务。社会市场营销观念要求市场营销者在制定市场营销政策时,要统筹兼顾三方面的利益,即企业利润、消费者需要的满足和社会利益。几种市场营销观念的比较见表 1-2。

表 1-2　几种市场营销观念的比较

市场观念	出发点	方　法	目　标	汽车企业表现
生产观念	产品产量	降低成本,提高生产效率	在销售增长中获利	"我只生产黑色的汽车。"
产品观念	产品质量	生产高质量、多功能产品	用高质量的产品推动销售量增长	"我要生产最好的汽车。"
推销观念	产品销量	加强推销和宣传活动	在扩大市场销售中获利	重视广告和人员推销活动,服务的主动性增强
营销观念	顾客需求	运用整体营销策略	在满足顾客需求中获利	生产的汽车花色品种多,以迎合消费者的需求
社会营销观念	社会利益	运用整体营销策略	满足消费者需求,同时维护社会的长远利益	生产污染小、低油耗、安全性好的环保型汽车

📖 **相关链接**

2016年第十四届北京国际车展于4月25日至5月4日在京举办。车展吸引了来自全球14个国家和地区的1600多家参展商，共展示车辆1179台，众多观众前往现场感受汽车盛宴。其中，近150辆新能源汽车成为该届车展的一大亮点，受到了海内外观众的广泛关注。

近年来，中国新能源汽车发展势头迅猛。中国汽车工业协会的数据显示，2015年中国新能源汽车销量达33.1万辆，同比增长3.4倍。其中，纯电动汽车销量达24.7万辆，同比增长4.5倍。

在展馆内，各个车企往往在展台最为显眼的位置突出展示新能源车型，新能源车型的受重视程度可见一斑。此外，该次车展还首次专门设立了新能源车展区，方便消费者选购。诸如自动驾驶、车联网等新技术的展示也让消费者近距离接触了"未来车生活"。

"新能源汽车应该是今后发展的一个大方向，一些新技术的应用也很有意思，特别是现在新能源汽车基本不受限购限行的影响，对普通市民来说比较有吸引力。"前来参观的市民李先生说，两年一次的北京车展，很让人期待，也让很多真心喜欢车的朋友过足了瘾。

众多参展车企携各自的新能源车型亮相，其中不少是全球首发。例如，乐视公司的合作伙伴——来自硅谷的智能互联网电动车公司法拉第未来（Faraday Future），就选择了北京车展完成自己在国际A级车展的首秀；北汽集团公司亮出了全系列新能源汽车产品——续航能力超400千米的纯电动车、首款纯电动SUV等；深圳比亚迪公司也推出了"宋""秦"等系列的纯电动车型，供消费者选择。

外媒同样对中国新能源市场给予了重点关注。法新社报道，中国不仅是世界第一大汽车市场，而且在2015年成为世界第一大电动汽车市场。德国《世界报》报道称，中国目前的发展趋势是电动车和汽车数字化——如自动驾驶、辅助系统和网络化，中国市场在电动汽车、网络化、数字化以及自动驾驶等方面具有全球领先地位。

1.2.2 其他营销观念

1. 关系营销观念

德克萨斯州A&M大学的伦纳德·L.贝瑞（Leonard L. Berry）教授于1983年在美国市场营销学会的一份报告中最早对关系营销做出了如下的定义："关系营销是吸引、维持和增强客户关系。"在1996年又给出更为全面的定义："关系营销是为了满足企业和相关利益者的目标而进行的识别、建立、维持、促进同消费者的关系并在必要时终止关系的过程，这只有通过交换和承诺才能实现"。工业市场营销专家巴巴拉·本德·杰克逊（Jackson B.B, 1985）从工业营销的角度将关系营销描述为"关系营销关注于吸引、发展和保留客户关系"。摩根和亨特（Morgan and Hunt,1994）从经济交换与社会交换的差异来认识关系营销，认为关系营销是"旨在建立、发展和维持成功关系交换的营销活动"。顾曼（Gummesson, 1990）则从企业竞争网络化的角度来定义关系营销，认为"关系营销就是市场被看成关系、互动与网络"。

所谓关系营销（Relationship marketing，也称"关系营销学"）是指在营销过程中，企业还要与消费者、竞争者、分销商、供应商、政府机构和公众等发生交互作用的营销过程，它的结构包括外部消费者市场、内在市场、竞争者市场、分销商市场等，核心是企业不仅要争取新顾客，而且要保住老顾客。

 **相关链接**

在古代中国的一个村庄,有一个叫明华的年轻米商。加上他,村子里一共有6个米商。他整日坐在米店前等待顾客的光临,但生意非常冷清。

一天,明华意识到他必须要了解一下乡亲们,了解他们的需求和愿望,而不是单纯地将米卖给那些来到店里的乡亲。他认识到,必须要让乡亲们感到买他的米物有所值,而且比买其他几个米商的米都合算。于是,他决定对销售过程进行记录,记录下乡亲们的饮食习惯、订货周期和供货的最好时机。为了进行市场调查,明华首先开始了走访调查,逐户询问下列问题:
- 家庭中的人口总数;
- 每天大米的消费量是多少碗;
- 家中存粮缸的容量有多大。

针对所得到的资料,他向乡亲们承诺:
- 免费送货;
- 定期将乡亲们家中的米缸添满。

例如,一个4口之家,每个人每天要吃两碗大米,这样,这个家庭一天的米的消费量是8碗。根据这个测算,明华发现,该家庭米缸的容量是60碗,这接近一袋米。

通过建立这样极有价值的记录和推出的服务,明华与顾客建立起广泛而深入的关系。先是与他的老顾客,然后逐步扩展到其他的乡亲。他的生意不断地扩大,以至于不得不雇用他人来帮助他工作:一个人帮助他记账,一个人帮助他记录销售数据,一个人帮助他进行柜台销售,还有两个人帮助他送货。至于明华,他主要的职责就是与乡亲们不断接触,搞好与大米批发商的关系,因为当时米是非常紧缺的,只有为数不多的大米生产者。最后,他的生意蒸蒸日上。

2. 网络营销观念

网络营销产生于20世纪90年代,发展于20世纪末至今。网络营销(On-line Marketing或E-Marketing)是以企业实际经营为背景,以网络营销实践应用为基础,从而达到一定营销目的的营销活动。其中可以利用多种手段,如E-mail营销、博客与微博营销、网络广告营销、视频营销、媒体营销等。总体来说,凡是以互联网或移动互连为主要平台开展的各种营销活动,都可称之为整合网络营销。简单地说,网络营销就是以互联网为主要平台进行的,为达到一定营销目的的营销活动。

从营销的角度出发,网络营销可以定义为:网络营销是建立在互联网基础之上、借助于互联网来更有效地满足顾客的需求和愿望,从而实现企业营销目标的一种手段。网络营销不是网上销售,不等于网站推广,网络营销是手段而不是目的,它不局限于网上,也不等于电子商务,它不是孤立存在的,不能脱离一般营销环境而存在,它应该被看成传统营销理论在互联网环境中的应用和发展。

近年来,信息科技的发展,尤其是网络的普及,大大拓宽了人们获取信息的渠道,而网络几乎成为消费者了解汽车产品和品牌的主要渠道,消费者通过网络来了解车市行情、选择车型和商家等。之后汽车经销商开始大胆采取网络营销这一新的营销方式。网络营销能充分发挥企业与客户的互相交流优势,而且企业可以为客户提供个性化的服务,是一种新型的、互动的、更加人性化的营销模式。

相关链接

汽车行业网络营销经典案例

1. 奔驰 smart：电商营销 89 分钟卖出 300 台

奔驰 smart 流光灰 2012 特别版选择电商平台，采用在线销售形式，149 888 元的价格和诱人的大礼包使 300 辆奔驰 smart 在 89 分钟内销售一空，几千个销售线索在活动中被收集并给到经销商，平均每 18 秒卖出一辆的速度创造了网络销售汽车的奇迹。

奔驰选择网上销售，采用刺激营销：限时限量、特价、大礼包等刺激消费者的神经。首先是电视户外网络预热，借用微博线上活动寻找"灰"常 smart 男为活动造势，线下院线活动将 smart 开进 5 个重要销售城市影院展出，借助电视优势传播等线上线下整合营销传播方式极大地提高了奔驰公司的关注度。

2. 沃尔沃：明星效应微博先行互动人次超 1.5 亿

沃尔沃公司签约林书豪，打造 Volvo-林书豪中国行，借用新媒体优势，掀起一股传播热潮，实现了 1 550 119 人次的有效互动，而实际达到的人次超过了 1.5 亿。整个传播期间，与 Volvo 相关的众多关键词的百度搜索指数上升了 234%～600%。

沃尔沃公司选择华裔球星林书豪，源于他是美国 NBA 联赛中近 50 年来首位拥有哈佛大学经济学专业背景的睿智精英，并且在本赛季 NBA 创造了由诸多巨星保持的多项 NBA 纪录，本身关注度就极高，再辅以新媒体宣传，通过官方微博第一时间独家发送信息，掀起了第一轮传播热潮。公司继而推出了林书豪与李书福微访谈，与众多网友进行实时互动，并带动门户、平媒等主动跟进。线下落地活动通过 BBS、SNS 及微博等渠道传播，通过电视植入，掀起了新一轮的传播热潮。

3. 大众汽车："蓝色驱动" APP 下载人数超 30 万

"蓝色驱动"是大众中国公司设计的中国首个车载移动应用，是国内为数不多的通过 APP 进行品牌营销的尝试，在整个营销过程中，活动总 PV 达到了 10 万次，逾 30 多万人下载了 APP，社交网络上共评论、分享 22 万次。

大众为这一活动设立了专门的网站，用丰厚的奖品和奖励激励下载者使用，整个活动除了通过大众汽车公司官方主页、大众汽车等网站，还通过社交网络上的主页部分手机网页广告进行传播，使大众公司的品牌和活动都得到了良好的宣传推广。

4. 江淮汽车：网络直销同比销量增长 328.2%

悦悦是一款因为超前的设计而导致滞销的车，江淮汽车公司大胆采用网络营销战略，将悦悦直接放到网上进行直销，前 11 个月，江淮悦悦销量达到 11437 辆，同比增长 328.2%。悦悦实实在在地在网店"起死回生"了。

与以往出现的网络售车模式不同，江淮悦悦是国内第一款真正在网络上进行常态销售的车型。据了解，江淮汽车已经确定将江淮悦悦完全在网络上销售，线下 4S 店的职能转变为专注对客户进行服务，并通过增值服务来实现客户价值。

5. 北京现代：朗动借助新媒体网名互动超 5 万人次

北京现代朗动上市以来，与视频、SNS 等社会化媒体及网络媒体深度合作，打造"无所不能的小朗""邪恶哥"等热门话题，总曝光量约 1000 万余次，网民互动参与 55 000 余次。

北京现代公司打造形象代言人"小朗"，配合互动打造话题亮点，通过论坛合作、微博、新闻媒体宣传等传播，引导受众参与互动，同时导流至官网，品牌宣传效果显著。

3．绿色营销观念

绿色营销是指企业在生产经营过程中，将企业自身利益、消费者利益和环境保护利益三者统一起来，以此为中心，对产品和服务进行构思、设计、销售和制造。美国威尔斯大学的肯毕提（Ken Peattie）教授曾指出："绿色营销是一种能辨识、预期及符合消费的社会需求，并且可以带来利润及永续经营的管理过程。"从本质内涵上看，企业绿色营销是企业以环保观念作为其经营指导思想，以绿色消费为出发点，以绿色文化作为企业文化核心，在满足消费者绿色消费需求的前提下，为实现企业目标而进行的营销活动。它是传统市场营销的进一步扩展和深层次延伸，也比传统市场营销意义更深远，更具时代性。

 相关链接

在目前环境问题和压力日益严峻的形势下，不少富有远见的公司将发展的战略锁定在绿色营销上，通过开发有利于环境可持续发展的新技术和新产品，为人类实现绿色和健康的生活消费方式做努力，并有效树立了企业的绿色形象，提高了品牌美誉度，产品也更加受到用户的追捧，企业核心竞争力由此不断增强。

绿色营销最大的亮点，在于企业必须改变过去那种以纯粹的刺激消费为主的经营模式，而将可持续发展视为一种长远的发展战略，在工厂的建设、原材料的选择以及产品的设计、加工、运输、使用和报废等所有环节，均以绿色创新技术为支撑，最大限度地减少对环境的破坏和影响，实现企业自身利益、消费者利益和环境保护利益的统一。"

从 2013 年的特拉斯新能源车热销到美铝公司可续航 1600 千米的铝空气电池绚丽出场，可以看出，目前，越来越多的企业把绿色技术创新作为企业实施绿色营销的切入点。

在实施绿色营销方面，跨国公司从 21 世纪初就积极践行，目前已取得了良好的经济和社会效果，在业界树立了标杆和榜样。以杜邦公司为例，目前，该公司已把环境可持续发展能力纳入了每日经营管理目标和企业的核心商业模式中。在其 290 亿美元的经营收入中，有 50 亿美元来源于公司采用环保原料和节能方式生产出来的产品。

目前，国内企业在实施绿色营销战略方面也开始了有益的尝试。比如，亿利资源集团在内蒙古库布齐实施沙漠治理，积极发展绿色经济，不仅改善了当地的自然环境，而且还解决了当地农牧民就业，品牌知名度提升很快；汉能薄膜发电集团在央视推广上以创新技术为卖点、以雾霾治理为诉求目标，其负责任的品牌形象跃然而出，满足了当下市场对环保和绿色的追求；比亚迪汽车全力开发新能源汽车，稳居国内新能源汽车销量冠军宝座，市场表现不俗。

4．形象营销观念

在现代高科技背景下，社会进入"无差别化"时代，商品生命周期缩短，市场瞬息万变，商品力的相对地位下降了。尤其是在买方市场下，企业竞争已不是孤立的产品竞争，而是升级为企业整体形象的竞争。这时，形象力对企业的生存和发展显得日益重要起来。形象力与商品力、营销力一起成为决定企业生存和发展的三大要素。由此，借助企业形象、品牌形象、产品形象等形成的形象力来展开的营销活动——"形象营销"便应运而生。

形象营销是指基于公众评价的市场营销活动，就是企业在市场竞争中，为实现企业的目标，通过与现实已经发生和潜在可能发生利益关系的公众群体进行传播和沟通，使其对企业营销形成较高的认知和认同，从而建立企业营销良好的形象基础，形成企业营销宽松的社会环境的管理活动过程。企业塑造和提升营销形象就是期望企业营销在利益关系公众中树立稳固的心理地位，使其对企业有较好的评价，产生认同感和归属感，从而便于企业进行产品推广、市场扩张和培养忠诚顾客，为企业市场目标的实现和长远发展营造宽松的社会环境。

 相关链接

2016年1月15日上汽通用汽车公司雪佛兰品牌宣布，知名影视演员"实力派男神"张震将出任雪佛兰迈锐宝XL中国区代言人，与雪佛兰新一代旗舰轿车联袂开启突破界限的全新征程。作为雪佛兰迈锐宝家族的第九代车型，迈锐宝XL基于通用汽车全球最新中高级车平台打造，是雪佛兰百年造车理念和全球领先科技的集大成之作，它以"Cross（X）Limits/突破界限"的全新实力和品牌主张为消费者带来超越想象的用车体验。这一理念与张震在表演事业上不断着力精进、突破自我的经历和信念深度契合，相映成辉。

 本章小结

本章是整本书的导论，通过分析市场营销的方方面面，说明了我国搞好汽车市场营销的重要性，同时也说明了今后我国汽车市场营销将面临机会和挑战并存的局面。为了能应对这样的挑战，必须确立正确的汽车市场营销观念，认识新的汽车市场营销特点，探索新的汽车市场营销规律，创新汽车市场营销方法，开展新的汽车市场营销活动，促进汽车市场及汽车市场营销活动的发展。

 案例分析

美国福特汽车公司和通用汽车公司的早期竞争

美国福特汽车公司是1903年由亨利·福特与詹姆斯·卡曾斯·道奇兄弟等创办的，由福特任总经理。1912年福特公司聘用詹姆斯·库兹恩任总经理。库兹恩上任后实施了如下3项决策。

（1）对产品"T形车"做出降价的决定，即将1910年定的售价950美元降到850美元以下。

（2）按每辆"T形车"850美元的目标，着手改革公司内部的生产线，在占地面积为278英亩的新厂中首先采用现代化的大规模装配作业线，使过去12.5h出产一辆"T形车"降到9分钟出产一辆车，大幅度降低了制造成本。

(3) 在全国设置 7000 多家代销商，广泛设立销售网点。

这 3 项决策的成功，使 "T 形车" 走向全世界，市场占有率为美国汽车行业之首。

1919 年，亨利·福特独占福特公司，库兹恩被解雇，福特自任总经理。福特一方面采用低价策略，1924 年，每辆 "T 形车" 售价已降到 240 美元，1926 年福特车产量占美国汽车产量的 1/2；另一方面又提出 "不管顾客需要什么，我的车都是黑色的"，实行以产定销的策略，以 "黑色车" 作为福特汽车公司的象征。结果 "T 形车" 在竞争中日益失利，1927 年 5 月终于停产。1928 年，福特汽车公司的市场占有率被通用汽车公司超过，退居第二位。

美国通用汽车公司于 1908 年成立，由杜邦财团控制，1928 年以前，它的市场占有率远远低于福特汽车公司。1921 年，斯隆就职于通用汽车公司，针对当时通用汽车公司的权力分散状况写了 "组织研究" 一文，提出了 "集中决策控制下的分散作业"，使集权和分散得到很好的平衡。1923 年，斯隆任通用汽车公司总经理，改革了经营组织，使公司高层领导人抓战略性决策，日常的管理工作由事业部完成。同时，提出 "汽车形式多样化" 的经营方针，来满足各阶层消费者的需要。1923 年市场占有率仅 12%，远远低于福特汽车公司；到了 1928 年市场占有率达到 30% 以上，超过福特汽车公司，1956 年的市场占有率达 53%，成为美国最大的汽车公司，并一直保持其强盛的发展势头到 21 世纪的今天。

分析提示：

老福特对 "T 形车" 情有独钟，这是受当时生产观念的支配而忽视了消费者喜欢变化的结果。相反，通用公司正是看到消费者喜好的变化而提出 "汽车形式多样化" 的经营方针，后来居上，成为美国最大的汽车公司。

当前，企业生产什么、怎样生产、为谁生产不是由生产者和商家说了算，而是由消费者手中的 "货币选票" 来决定的。因此企业必须经过市场调查，了解消费者的实际需求，处处站在消费者的立场上来想问题，但消费者的需求是多方面的、多层次的和多变化的，这就要求企业不断转变营销观念来适应多变的营销环境。

请问：

（1）假如自己当时是福特公司的一名营销主管，能否劝说老福特改变其经营理念？

（2）如果能，说明具体办法，以及会给他提出什么样的建议；如果不能，说明理由。

营销实训

实训项目：汽车市场营销观念的判断

1. 实训目的

通过各种方式查阅相关资料，了解自己所喜欢的汽车企业的行为是否符合社会营销的观念。

2. 实训内容和要求

（1）内容：组建团队，给出汽车市场营销观念演变的定位，进行团队配合。

（2）要求：按汽车市场营销观念的相关知识进行资料的查找。

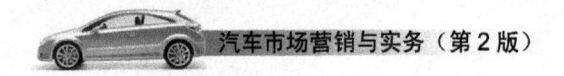

3. 实训组织

把全班分成 4~6 人一组,以组为单位完成实训任务。

4. 实训操作步骤

(1) 进行团队组建,选择自己团队喜欢的汽车企业。

(2) 通过各种方式查阅相关资料,了解所选汽车企业的行为是否符合社会营销的观念。

5. 实训考核

(1) 考核调查报告,从调查报告的格式、可行性、完整性等方面考核。(70%)

(2) 考核个人在实训过程中的表现。(30%)

第 2 章　汽车市场营销环境分析

本章学习目标

（1）理解汽车市场营销环境的概念和特点，理解微观环境与宏观环境因素会对企业营销决策产生影响。
（2）掌握汽车市场营销宏观环境所包括的内容和具体的分析方法。
（3）掌握汽车市场营销微观环境所包括的内容和具体的分析方法。
（4）了解企业营销环境的变化并能够调整营销策略以适应营销环境的变化。

案例导入

大众汽车公司爆发尾气门丑闻　公司战略转型

面临巨额罚款和赔偿

2015 年 9 月 18 日，美国环保署 EPA 宣布，大众汽车公司在当地近 50 万辆柴油动力车上存在舞弊现象，该公司利用软件隐瞒了汽车有毒污染物排放量，从而通过污染物排放测试。实际上，大众车辆排放超标将近 40 倍之多。环保署官员 Cynthia Giles 表示，大众公司搭载舞弊软件的车辆可以在正常驾驶时关闭该软件，而在检测过程中开启，降低了排放污染物的测量结果。其宣称："当局将追究大众公司相关责任。"

大众公司此举违反了美国《清洁空气法案》，因此遭到调查，并面临着重罚。根据 EPA 数据，总计 482 000 辆大众乘用车品牌车辆牵涉此案，包括：

- 2009—2015 款捷达（对应中国速腾）；
- 2009—2015 款甲壳虫；
- 2009—2015 款奥迪；
- 2009—2015 款高尔夫；
- 2014—2015 款帕萨特。

上述车辆均搭载 2.0 升 TDI 柴油发动机。每辆车或将被罚 375 000 美元，因而总计大约 180 亿美元。这也是汽车行业历史上金额最高的罚单。相比之下，丰田公司 2009—2011 年的踏板门事件赔偿金额在数十亿美元级别。

此次事件曝光之后，引发业界轰动。美国环保署表示，将扩大调查范围，将其他车企也纳入调查中。宝马公司等车企随后发布声明称旗下柴油车辆符合美国相关法规。

责任究竟在谁？一种说法是大众公司在美国的柴油车软件舞弊行为属于大众公司美国方面的决策。然而也有内部人士向媒体透露称，任何有关排放机制的决策都由大众公司沃尔夫斯堡总部拍板，而不由区域分支决定。在探究责任的过程中，有目光聚焦相关供应商。行业人士披露，德国博世集团公司向大众公司供应了这批柴油排放控制装置。而当媒体追问博世公司是否供应了在环保署测试中舞弊的电子控制模块时，博世公司方面回答称："我们确实向数家汽车制造商供应了尾气后处理系统组件，但总成应该由整车厂自己承担责任。"

即便对于大众公司这样的庞然大物而言，180 亿美元也是一个天文数字，几乎相当于一年的利润总额。根据大众公司 2015 年上半年财报，大众公司上半年营业利润为 68.20 亿欧元，对比 2014 年同期的 61.86 亿欧元，提升了 10.3%，营业利润率维持在 6.3% 的水平。第二季度营业利润为 34.92 亿欧元，较去年同期的 33.30 亿欧元增长 4.9%，营业利润率从 6.5% 下跌为 6.2%。

在净利润项目上，大众财报中最接近常规"净利润"概念的当属"归于大众股东的利润"。2015 年上半年，大众汽车集团公司净利润从 55.81 亿欧元同比微跌 0.4% 至 55.58 亿欧元，净利润率从 5.6% 下降为 5.1%。第二季度，大众汽车集团公司实现净利润 26.71 亿欧元，2014 年同期为 31.86 亿欧元，同比下滑 16.2%，净利润率从 6.2% 下降为 4.8%。

也就是意味着，大众公司 2015 年全年利润可能在 130 亿欧元左右，折合美元之后，和此次罚单的 180 亿美元相当接近。可以说，如果真的交完 180 亿美元罚单，大众 2015 一年的利润都等于付之东流。

在股市上大众公司也同样不好过。根据德国证券市场最新情况，大众公司股价跳水 18.6% 至 132.2 欧元，盘中曾跌落至 125.4 欧元的 3 年新低。母公司保时捷 SE 股价也大跌 20% 左右，而欧洲整体汽车指数下滑了 3.9%。

人事震荡加剧

2015 年 9 月 23 日，大众汽车公司 CEO 马丁·文德恩（Martin Winterkorn）正式宣布辞职，而柴油车排放舞弊案带来的压力成为其卸任的导火索。2015 年 9 月 25 日，大众汽车集团公司发布声明称，任命新一批高层管理人员，包括首席执行官 CEO、斯柯达品牌 CEO、大众北美 CEO 等；同时大众推进架构重组，将保时捷、宾利和布加迪公司组建为新的豪华跑车集团公司。

大众弃用 Das Auto 标语　"打死奥拓"将成历史　将重建品牌形象

2015 年 12 月大众汽车公司开始停止使用家喻户晓的"Das Auto"广告标语，认为有自负之嫌。"Das Auto"出现在 2007 年，由 2015 年下台的前 CEO 马丁·文德恩（Martin Winterkorn）所推出。

在"Das Auto"之前，大众汽车公司的全球广告语为"Aus Liebezum Automobil"（英文为"For the love of automobile"，源于对汽车的爱），在中国市场的宣传口号则是"中国路，大众心"。2007 年文德恩接替毕睿德上位，为了更新品牌形象，在当年法兰克福车展推出新广告标语"Volkswagen-Das Auto"。

根据文德恩解释，只有大众汽车集团公司这样能够将诸多品牌和产品集中于麾下的企业，才有权自称掌握汽车真谛，成为汽车的象征，正如纸巾行业的 Tempo 公司和可乐领域的 Coca-Cola 公司。简明扼要的"Das Auto"，背后却是大众公司的自负和野心。

而在大众公司最大市场中国，"Das Auto"被一些消费者根据发音戏称为"打死奥拓"，分析人士认为这种戏谑是对大众公司满满自负的一种讽刺。

大众公司意欲在"尾气门"之后重建品牌形象，而"Das Auto"标语则惨遭开刀祭旗，将被更具备代表性的新 Slogan 代替。在前述大众公司管理人士看来，鉴于"尾气门"的压力，大众公司更需要在宣传中展示谦逊低调，而非气焰嚣张；并且大众公司在电动车等领域并没有做到领跑业内，无法承担作为当代汽车象征的重誉。

第2章 汽车市场营销环境分析

上述案例中,大众汽车公司在美国被曝光柴油动力车排放数据通过软件造假,随后在全球范围内遭到调查和指控,面临着巨额罚款和赔偿,甚至第三季度大众品牌出现罕见的亏损,公司市值也缩水三分之一以上。2015年第四季度,大众公司尾气排放造假已经涉及柴油车和汽油车总计约1300万辆,一些分析人士在事件发生后曾经预测其经济损失可达860亿美元。这也使得大众公司继皮耶希下台之后人事震荡加剧,从CEO到研发负责人全部更换;公司战略方向被迫调整,连广告宣传标语也趋于低调。

从全球范围内看,大众公司"尾气门"涉及范围之广、影响之深远、话题性之强烈都毋庸置疑。这起丑闻不仅留下了让大众公司伤痛的一串数字,同时也使得这家庞大的车企在重压之下加速转型,从架构、人事、产品到宣传都发生重大转变。多个区域与单一市场的格局,也在事件之后发生转变,乃至改写。因此,企业应该及时准确地把握和应对市场营销环境的动态变化,以便避开威胁,利用机会。

从以上案例可以看出,企业的市场营销活动是在一定的市场营销环境里进行的,任何企业都不能脱离现实的市场环境而从事营销活动,而市场营销环境又是随着时间的推移而不断变化的。各种环境因素的变化,对企业来说,既可以带来机会,又可能形成某种威胁。

2.1 汽车市场营销环境概述

汽车企业的市场营销活动,是在不断发展、变化的环境条件下进行的,而这些对汽车企业的市场营销活动产生重要影响的全部环境因素就是汽车市场营销环境,包括宏观环境和微观环境。汽车市场营销环境分析的目的:一是要发现汽车市场环境中影响汽车营销的主要因素及其变化趋势;二是要研究这些因素对汽车市场的影响和对汽车营销的制约;三是要发现在这样的环境中的机会与威胁;四是要善于把握有利机会,避免可能出现的威胁,发挥汽车市场营销者的优势,克服其劣势,制定有效的汽车市场营销战略和策略,实现汽车市场营销目标。

2.1.1 汽车市场营销环境的概念与特点

1. 汽车营销环境的概念

美国的菲利普·科特勒教授将市场营销环境定义为:"企业的营销环境是由企业营销管理职能外部的因素和力量组成的。这些因素和力量影响营销管理者成功地保持和发展同其目标市场顾客交换的能力。"也就是说,市场营销环境是指企业有潜在关系的所有外部力量与机构的体系。因此,对汽车营销来说,汽车市场营销环境的研究是汽车营销活动最基本的课题。

汽车市场营销环境是汽车营销活动的约束条件。汽车市场营销管理者的任务不但在于适当安排汽车市场营销组合策略,使之与外面不断变化着的汽车市场营销环境相适应,而且要创造性地适应和积极地改变汽车市场营销环境,引导、改变或创造顾客的需要。这样才能更好地满足目标顾客日益增长的需要,提高企业产品的市场占有率和销售额,增加企业利润,实现企业目标。

汽车市场营销环境分析的意义在于以下几点。

(1) 汽车市场营销环境分析是汽车企业市场营销活动的立足点。汽车企业的市场营销活动，是在复杂的市场环境中进行的。社会生产力水平、技术进步变化趋势、社会经济管理体制，国家一定时期的政治经济任务都直接或间接地影响着汽车企业的生产经营活动，左右着汽车企业的发展。

 **相关链接**

20 世纪 80 年代，我国准备引进生产乘用车车型，以满足国内市场的需要。当时国内改革开放刚开始，国外大多数企业采取观望态度或由一些规模不大的汽车公司以即将淘汰的产品提供合作生产。德国大众汽车公司通过对中国市场环境的深入研究，决定与我国合作生产轿车，并且经过论证、谈判、筛选，确定与实力最强的一汽集团公司和新发展的上汽集团公司合作生产适宜于中国制造、消费的轿车。一汽集团公司与上汽集团公司至今一直掌握着我国轿车市场中相当的份额，产品销量也一直在国内车企中排名领先。

（2）汽车市场营销环境分析能使汽车企业发现经营机会，避免环境威胁。汽车企业通过对汽车市场营销环境的分析，在经营过程中就能发现经营机会，取得竞争优势；同时，避免环境威胁就是避免汽车营销环境中对企业不利的趋势。如果没有适当的应变措施，则可能导致某种产品甚至整个企业的衰退或被淘汰。

 相关链接

生产模式单一造成中小轮胎企业破产。

（1）北京首创轮胎有限责任公司于 2015 年 11 月正式宣告破产。首创轮胎公司是北京首都创业集团公司在原北京轮胎厂的基础上，经过资产重组，于 1999 年注册设立的全资子公司。作为国家 24 家重点轮胎生产厂家之一，首创轮胎公司是以研发、生产和销售乘用、轻卡子午胎和轻卡、载重、工程斜交胎为主的国有大型一类轮胎企业，连续多年跻身世界轮胎 75 强之列，综合经济实力曾在中国轮胎行业中列第 15 位，半钢子午胎列前 5 名。公开资料显示，从 2015 年春节之后，首创轮胎公司就没有开工，大量员工被辞退，其因拖欠供应商货款被起诉。从 2015 年上半年开始，该公司就已经有计划地解除了 1000 多名合同工的劳动关系。

企业资金链断裂从两三年前开始就已经陆续发生，轮胎行业的产能过剩、出口摩擦和复合胶标准的调整，导致大批小厂经营困难和倒闭。

（2）2015 年春节之前，隶属于山东昊龙集团的德瑞宝轮胎公司向山东省广饶县人民法院提出破产申请。截至破产，该公司已负债达 47 亿元，其中，银行负债超过 20 亿元。

（3）位于山东临沂的山东福泰尔轮胎有限公司被爆出资金链断裂。2015 年 7 月 10 日，该公司原材料供应商冲进仓库，抢了 200 万左右的原材料、轮胎及化工小料，原因是该公司无力偿还所欠供应商的 200 万元债务。

专家认为，市场之所以出现这轮轮胎企业的经营困难与破产，一方面是由于汽车产业发展变化，造成产业过剩，更重要的原因是中国轮胎企业生产模式过于单一。

中国汽车市场增速变缓，特别是商用车市场出现销量下滑，其实对中国中小轮胎企业影响不大，因为他们的主要利润来自售后汽配市场。

但由于前装市场的不景气，造成国际大品牌的轮胎供应商也纷纷转向售后市场，并加大了对前装市场的开发。而随着"麦轮胎"等互联网企业的出现，又造成了整个后市场轮胎产

第 2 章　汽车市场营销环境分析

业的零利润或低利润,这正是造成这些中小轮胎企业破产的关键。"麦轮胎"等互联网电商的出现,造成了整个后装轮胎市场的薄利或零利润,但这并不妨碍后市场快修企业换轮胎业务的损失。普利司通、米其林、倍耐力公司等轮胎巨头都加大了对汽车后市场的投入,特别是直营店、维修连锁店的发展,这些连锁店不仅销售这些品牌的轮胎,还提供相关维修维保、轮胎翻新等服务。

实际上,不止是轮胎企业,国际上其他零部件巨头也都加强了对后市场的布局,如博世、德尔福公司等传统的零部件企业,PPG、杜邦公司等传统的油漆企业,都加速了在国内线下服务网点的布局。

(3) 汽车市场营销环境分析为汽车企业经营决策提供科学依据。汽车市场营销活动受着诸多环境因素的制约,可以说是一个复杂的系统,企业的外部环境、内部条件与经营目标的动态平衡,是科学决策的必要条件。

 相关链接

1983 年,美国经济从石油危机的影响中摆脱出来,汽车市场需求大增,而对美国最大汽车出口国日本却因"自愿出口限制"配额影响,每年只能从日本进口 10 万辆汽车,造成进口车供需之间巨大的差距。加上此时日元升值,日本汽车制造商采取了高档车转移方针。而美国三大汽车厂商对低价车毫不重视,并趁日本车涨价之机调高同类车售价。引进日本三菱技术的韩国现代汽车公司,立足于对当时美国汽车市场营销环境的详细调查、预测和分析,确定了质优价廉的产品战略,提出"日本车的质量、韩国车的价格"的营销推广口号,进军美国汽车市场。韩国现代汽车公司 1986 年进入美国市场,当年汽车销量就达到 168 882 辆,是同期日本铃木公司 60 983 辆销量的 2.5 倍。

从国际市场营销角度来看上述案例,韩国的现代汽车之所以能够成功地打入美国市场是有其多方面原因的。

第一,韩国现代汽车把握住了国际市场营销环境变化带来的市场进入机会,利用日美贸易政策的摩擦和限制以及汇率优势,在美国这一极具市场潜力的国际市场中牢牢地捕捉住了机会,并及时扩大其市场份额,为其国际市场营销成功打下了良好基础。

第二,现代汽车充分考虑了美国及加拿大消费者的民族情感和社会价值观念,从政治角度出发处理经济问题,把零部件的采购纳入整个经营战略中统一考虑,尽可能地采用美国零部件,以保证其产品有较高的"美国成分"。而在加拿大,现代汽车中的"加拿大成分"也是进口国中最高的。这样就以整车中的"美国成分"和"加拿大成分"的增加为代价,取得了"民心"和异国消费者的"认同感",从而降低了非经济的社会问题风险,减少了引起贸易摩擦的因素,降低了跨国营销障碍的"门槛",改善了国际营销环境。

第三,现代汽车在产品策略上采用了稳妥的策略,考虑了外国市场消费者的习惯,采用的并不是当代最先进的汽车技术,而是已被美国市场认可的日本三菱汽车公司技术,这一技术在美国市场上已有 5 年历史,产品可靠、耐用、标准度高,维修非常方便。由于有较高的技术成熟度与可靠性,增加了消费者购买外国车的"安全感"和购后维修服务的便利性与可靠感。

第四,在价格策略上,现代汽车依靠延伸产品造成的经济批量,采用加大宣传力度和低价销售的策略,比同等级的日本车定价约低 1000 美元,使捕捉到的国际市场机会得以充分利用，同时增强了自身的市场竞争力，形成独特的目标市场，避免了与美、日高档车的市场碰撞。

第五，在国际营销渠道上，现代汽车公司也有两个较为成功之处。一是选择了先出口加拿大，后打入美国的迂回路线。加拿大市场与美国市场极为相似，世界主要厂商均在加拿大销售汽车。由于加拿大市场比美国市场小得多，有问题易于发现，也易于及时解决，代价也小得多。这样既借道加拿大市场形成市场进入的避难择易，从而避开了直接进入贸易壁垒相对较强的美国市场，又充分利用了加拿大与美国之间贸易联系较紧密、商品流通限制少、转移较为便利的条件。二是现代汽车公司采取了"少而精"的网点策略，在全美总共只建立了200个经销点，使每个经销点都有较高的销售量，保证了经销商有厚利可图。这样就在自己营销力量较强的情况下，坚持了对销售环节的全面控制，并且保持了销售中间商的经营规模，从而使现代汽车有了较为顺畅、有效的渠道。

因此，从韩国的现代汽车成功进入美国市场，可以看出对汽车市场营销环境的分析是非常重要的。企业要通过对各类营销环境因素的分析找出自己的优势和缺陷，发现汽车市场上相对有利的条件并加以利用，同时也要对不利条件进行转换和规避，使企业在汽车营销过程中取得较好的经济效益。

2. 汽车市场营销环境的特点

汽车市场营销环境是一个多因素、多层次而且不断变化的综合体。其特点主要表现在以下几个方面。

1）客观性

企业总是在特定的社会经济和其他外界环境条件下生存和发展的。企业只要进行市场营销活动，就肯定会面对着各种各样的环境条件，也肯定会受到各种各样环境因素的影响和制约。这些因素中既包括宏观环境，也包括微观环境。一般来说，企业是无法摆脱营销环境影响的，只能被动地适应营销环境的变化和要求。因此，企业决策者必须清醒地认识到这一点，要及早做好充分的思想准备，随时应付企业将面临的各种环境的挑战。

2）差异性

市场营销环境的差异性不仅表现在不同的企业受不同环境的影响，而且同一种环境因素的变化对不同企业的影响也不相同。例如，不同的国家、民族、地区之间在人口、经济、社会文化、政治、法律、自然地理等各方面存在着广泛的差异性，这些差异性对企业营销活动的影响显然是很不相同的。再如，我国汽车企业处于相同的国内经济环境、政治法律环境、技术环境、竞争环境等，但这些环境对不同企业影响的程度是存在差异的。由于外界环境因素的差异性，汽车企业必须采取不同的营销策略才能应付和适应这种情况。

3）相关性

市场营销环境是一个系统，在这个系统中各个影响因素是相互依存、相互作用和相互制约的。这是由于社会经济现象的出现，往往不是由某单一因素决定的，而是受到一系列相关因素影响的结果。例如，企业开发新产品时，不仅要受到经济因素的影响和制约，更要受到

第2章 汽车市场营销环境分析

社会文化因素的影响和制约。再如,价格不但受市场供求关系的影响,而且还受到科技进步及财政政策的影响。因此,要充分注意各种因素之间的相互作用。

4) 动态性

市场营销环境是企业营销活动的基础和条件,这并不是意味着营销环境是一成不变的、静止的。恰恰相反,营销环境总是处在一个不断变化的过程中,今天的环境与十多年前的环境相比已经有了很大的变化。例如,我国汽车产业政策的变化给汽车企业的营销活动带来了决定性的影响。我国最早的正式的汽车产业政策是1994年版的《汽车工业发展政策》。从当时的政策名称来看,政策的关注点基本还是把汽车作为工业的一部分来对待。直到2004年,政府出台了《汽车产业发展政策》,这是政府支持汽车产业的巨大进步。从工业到产业的转变,说明政府意识到了汽车作为一个巨大产业链对于整个经济增长、社会发展、消费习惯的重要作用。而2009年1月出台的《汽车产业调整与振兴规划》,则是面临金融危机,对于原来汽车产业政策的再次重大修订。其中,特别突出了自主品牌的内容,说明国家意识到,随着我国汽车市场规模的扩大,应该更加着重培养具有原创能力的本土企业,政府从政策方面更加清晰、更加直接地鼓励中国汽车企业打造本土自主品牌。再如,我国消费者的消费倾向已从追求物质的数量化向追求物质的质量及个性化转变,也就是说,消费者的消费心理正趋于成熟。这无疑会对企业的营销行为产生最直接的影响。

5) 不可控性

影响市场营销环境的因素是多方面的,也是复杂的,并表现为企业的不可控性。一般情况下,宏观因素的变化对于企业来说是不可控的,例如,一个国家政治法律制度、人口增长及一些社会文化习俗等,企业不可能随意改变。这种不可控性对不同企业表现不一,有的因素对某些企业来说是可控的,而对另一些企业则可能是不可控的;有些因素在今天是可控的,而到了明天则可能变为不可控因素。另外,各个环境因素之间也经常存在着矛盾关系。例如,消费者对汽车的兴趣与热情就可能与客观存在的油价上涨相矛盾,这种情况下企业不得不做进一步的权衡,通过利用现有资源来开发新产品,而且企业的行为还必须与政府及各管理部门的要求相符合。

2.1.2 市场营销环境与企业活动

市场营销环境通过其内容的不断扩大及其自身各因素的不断变化,对企业营销活动造成影响。企业营销活动既要积极适应营销环境又要设法改变营销环境。

市场营销环境是企业经营活动的约束条件,对企业的生存和发展有着非常重要的影响。现代营销学认为,企业经营成败的关键,就在于企业能否适应不断变化的市场营销环境。由于生产力水平的不断提高和科学技术的不断进步,当代企业外部环境的变化速度已远远超过企业内部因素变化的速度。因此,企业的生存和发展,越来越取决于其适应外界环境变化的能力。"适者生存"既是自然界演化的法则,也是企业营销活动的法则,如果企业不能很好地适应外界环境的变化,则很可能在竞争中失败,从而被市场所淘汰。强调企业对所处环境的反应和适应,并不意味着企业对于环境是无能为力或束手无策的,只能消极被动地改变自己以适应环境,而是应从积极主动的角度出发,能动地去适应营销环境。也就是说,企业既可以以各种不同的方式增强适应环境的能力，避免来自营销环境的威胁，也可以在变化的环境中寻找新机会，并在一定的条件下转变环境因素，或者说运用自己的经营资源去影响和改变营销环境，为企业创造一个有利的活动空间，然后再使营销活动与营销环境相适应，从而获取有利的发展机会。

美国的菲利普·科特勒教授针对该种情况，提出了"大市场营销"理论。该理论认为，企业为了成功地进入特定市场或在特定市场经营，可应用经济的、心理的、政治的和公共关系技能，赢得若干参与者的合作。菲利普·科特勒教授举例说，假设某家百货公司拟在美国某城市开设一家商店，但是当地政府的法律不允许它开店，在这种情况下，它必须运用政治力量来改变法律，才能实现企业的目标。"大市场营销"理论提出企业可以运用能控制的方式或手段，影响造成营销障碍的人或组织，争取有关方面的支持，使之改变做法，从而改变营销环境。这种能动的思想不仅对开展国际市场营销活动有重要指导作用，对国内跨地区的市场营销活动也有重要意义。因此，营销管理者的任务不仅在于适当安排组合，使之与外部不断变化的营销环境相适应，而且要积极地、创造性地适应环境并积极改变环境，创造或改变目标顾客的需要。只有这样，企业才能发现和抓住市场机会，因势利导，进而在激烈的市场竞争中立于不败之地。

 相关链接

20世纪70年代后期，"可口可乐"和"百事可乐"相继去敲印度市场的大门。最初，印度政府拒绝了两大公司进入印度的要求，想要保护本国饮料市场。之后，印度政府又提出，它们若要进入，就必须接受一些附加条件，如规定产品出口份额等。两大公司赢遍全世界，当然不愿接受印度政府的附加条件，因此转身就走，给印度人民留下了骄横专断、不可一世、不愿真心帮助印度富强的极坏印象。

生意人都知道"时间就是金钱"，百事公司却认为"真正的金钱是形象"，百事公司后来决定彻底改变原来那种令人不快的形象。百事公司向印度政府提出三条保证，要求印度政府提供重新进入的机会。印度政府提出，百事可乐公司在印度开分厂也好，建立合资企业也好，必须保证就地取材，以扶助当地农副产品生产。百事可乐接受了这一条件。根据计划，百事可乐公司将消费掉旁遮普邦生产的全部水果和1/4的蔬菜。

百事可乐公司还向印度政府保证，工厂开业后，将全部雇用印度当地的工人或农民，工厂规模越大，提供就业机会就越多。这一做法，对于每年有百万失业人口和人口总数70%是农民的这样一个发展中国家来说，无疑是一个杰出的贡献。

成品的内销外销比例也是印度政府最为关心的问题。百事可乐公司想其所想，主动提出食品加工厂50%的产品将出口外销，其中包括价值数百万美元的炸土豆片。大批的出口不仅为印度创造了外汇收入，而且在一定程度上保护了印度国内市场。

百事可乐公司转变形象的努力获得了成功，印度正式批准百事可乐进入印度市场开设合资公司。

2.2 汽车市场宏观环境

宏观环境（Macro-environment）是指能影响整个微观环境和企业营销活动的广泛性因

素，包括人口环境、自然环境、经济环境、科技环境、政策与法律环境及社会文化环境。一般来说，企业对宏观环境因素只能适应，不能改变。宏观环境因素对企业的营销活动具有强制性、不确定性和不可控性等特点。宏观环境、微观环境与企业营销活动之间的关系如图 2-1 所示。

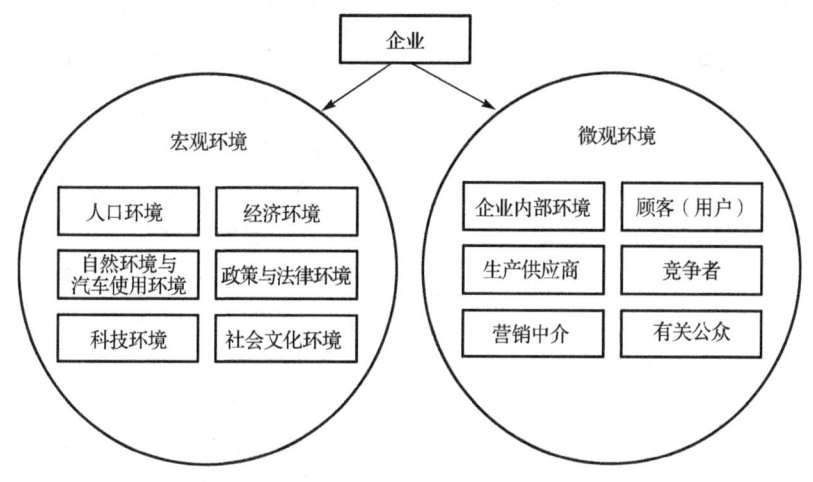

图 2-1　市场营销环境构成

2.2.1　人口环境

人口环境（Demography environment）是指一个国家和地区（企业目标市场）的人口数量、人口质量、家庭结构、人口年龄分布及地域分布等因素的现状及其变化趋势。

人口环境对企业的市场需求规模，产品的品种结构、档次及用户购买行为等市场特征具有决定性影响。例如，供老年人使用的汽车就应在安全、方便、舒适等方面满足老年人的需要，而不必过于强调汽车的最高车速和设计上的标新立异。同时，如果人口老龄化现象加剧，将意味着适合老年人消费的大型车的市场规模扩大。

汽车市场营销人员在分析研究人口环境时，应注重区别人口环境对国际、国内两个汽车市场的不同影响。如对西方发达国家而言，由于汽车已经作为耐用消费品广泛地进入家庭，对于这样的汽车市场，营销者就应更加重视研究目标市场的人口环境特点，以便开展正确的营销活动。

对国内汽车市场而言，随着我国经济社会持续快速发展，消费者购车刚性需求旺盛，汽车保有量继续呈快速增长趋势，2015 年新注册登记的汽车达 2385 万辆，保有量净增 1781 万辆，均为历史最高水平。据公安部交管局统计，截至 2015 年年底，全国机动车保有量达 2.79 亿辆，其中汽车 1.72 亿辆；机动车驾驶人 3.27 亿人，其中汽车驾驶人超过 2.8 亿人。因此，汽车市场营销人员在进行家用轿车市场的人口环境分析时，必须注意到我国人口众多，生活水平日益提高，人们对交通的需要迅速增加的事实，同时也应着重分析高收入阶层的人口数量、职业特点、地理分布等因素的现状及其发展变化，进一步加强对我国人口环境因素具体特点的研究，充分做好各项营销准备，以抓住不断增加的市场机会。

📖 相关链接

1. 人口数量与汽车市场营销

在北京，随着人口数量的增加，直接导致城市规模不断扩大。伴随着五环路和六环路的建设与通车,北京城区的范围在一圈圈扩大,许多从前人迹罕至的郊区也逐渐发展成繁华的居住区。人们居住在这些远郊地区,却都要到原来的市中心上班,这无形中就增加了市民买车的需要。

2. 消费者的年龄结构与汽车市场营销

为了扩大市场容量,汽车生产厂家必须将目标市场向前延伸或向后延伸。过去汽车是为吸引年轻人而设计的,但在20世纪90年代末期,"银发族"的消费能力不断增长,成为一股不可低估的力量,美国福特汽车公司抓住机会,推出了一系列专门为老人设计的汽车。这种车适合60岁以上视力减退、行动迟缓的老年人使用。福特公司在设计该车时询问了许多老人在驾车时遇到的问题。该车的设计特点是,驾驶室采用可旋转的驾驶座,以方便老人进出,后视镜特别加大,并且有雷达辅助停车装置。该系列当中最先进的车型还可以自动停车,手刹装置改为按钮式,车内的仪表盘加大,数据显示更清晰。车的外形也有改进,包括车顶加高、车门加大、门槛降低,这样更便于老年人出入驾驶室。福特还将挡风玻璃做了特别改进,以削弱刺激老年人眼睛的强光。据说,许多老年人都是因强光刺目而发生交通事故的。过去,汽车工业忽略了老年人,使他们失去了继续驾车的信心,而现在福特"老人汽车"足以让他们找回那份自信。

当然,汽车价格也较正常价格低,以照顾退休老年人收入有所降低的特点。有关资料显示,世界上年龄最大的汽车驾驶员是加拿大阿尔伯塔省卡尔加里市一位名叫汤姆的世纪老人。1998年,当他已经101岁的时候,仍然顺利通过了视力检查和家庭医生的批准,领到了为期两年的新驾驶执照。

3. 消费者的性别结构与汽车市场营销

2012年年初在我国已经拥有家用轿车的消费者中,女性占51.4%,男性占48.6%,女性车主比例首次超过男性。2011年年初,这一数据为女性占43.1%,男性占56.9%。女性车主或准车主比例的增加使得汽车在设计和销售过程中更多地考虑到女性的偏好。

2012年年初,北京某驾校最近3个月的报名学员统计显示,女性学员占到六成。女车主的增多是一个社会现象,是社会结构、家庭结构长期变化导致的。在10年前,开车只是男人的事,随着经济的发展、收入的提高和生活质量的提高,女性开始成为购车的主力军。这种趋势在汽车业发达国家早已应验。

数据显示,早在2003年,美国CNW市场调查公司就发现,美国新车买主中有49%为女性。而且,80%的家庭购车决策权掌控于女性之手,在德国、法国、日本等这些汽车业发达国家,女性车主都接近半数。

不少车企已经察觉到这个现象,在经过细致的市场调查后纷纷在设计、营销上特意照顾到女性车主。有些车型在原有基础上增添了一些女性喜爱的亮色;个别车型在车内各处增加了化妆镜;有些紧凑型车,为了迎合女性消费者的审美特点,将外形设计得圆润、可爱。

2.2.2 自然环境与汽车使用环境

1. 自然环境

自然环境(Natural environment)是指影响社会生产的自然因素,主要包括自然资源和生态环境。自然环境对汽车企业市场营销的影响表现在以下两个方面。一方面自然资源的减少将对汽车企业的市场营销活动构成一个长期的约束条件。由于汽车生产和使用需要消耗大量的自然资源，汽车工业越发达，汽车普及程度越高，汽车生产消耗的自然资源也就越多，而自然资源总的变化趋势是日益短缺。另一方面生态环境的恶化对汽车的性能提出了更高的要求。生态与人类生存环境总的变化趋势是日趋恶化，环境保护将日趋严格，而汽车的大量使用又会明显地产生环境污染，因而环境保护对汽车的性能要求将日趋严厉，这对企业的产品开发等市场营销活动将产生重要影响。

相关链接

机动车尾气污染已成我国空气污染的重要来源

环保部2017年5月份公布的《中国机动车环境管理年报（2017）》显示：我国已连续8年成为世界机动车产销第一大国，机动车尾气污染已成为我国空气污染的重要来源，是造成细颗粒物、光化学烟雾污染的重要原因，污染防治的紧迫性凸显。

近5年来，我国机动车保有量快速增长。2016年全国机动车保有量达2.95亿辆，比2015年增长8.1%，其中新能源汽车保有量达101.4万辆。按汽车排放标准分类，国Ⅰ前标准占1.0%，国Ⅰ标准占5.4%，国Ⅱ标准占6.4%，国Ⅲ标准占24.3%，国Ⅳ标准占52.4%，国Ⅴ及以上标准占10.5%。据测算，未来5年还将新增机动车1亿多辆。

年报显示，2016年，全国机动车排放污染物初步核算为4472.5万吨，比2015年削减1.3%。其中，一氧化碳3419.3万吨，碳氢化合物422.0万吨，氮氧化物577.8万吨，颗粒物53.4万吨。

其中，按车型分类，货车排放的氮氧化物和颗粒物明显高于客车，其中重型货车是主要贡献者；而客车一氧化碳和碳氢化合物排放量则明显高于货车。按燃料分类，柴油车排放的氮氧化物接近汽车排放总量70%，颗粒物超90%；而汽油车一氧化碳和碳氢化合物排放量则较高，一氧化碳超过汽车排放总量80%，碳氢化合物超过70%。按排放标准分类，国Ⅱ及以前汽车保有量占12.8%，但一氧化碳、碳氢化合物、氮氧化物、颗粒物排放占比分别达到60.7%、60.6%、43.6%、67.1%。

环保部监测表明，随着机动车保有量快速增加，我国部分城市空气开始呈现煤烟和机动车尾气复合污染的特点。根据我国已完成的第一批城市大气细颗粒物源解析结果，大多数城市PM2.5浓度贡献仍以燃煤排放为主，但部分城市机动车排放已成首要来源。有资料显示，北京、上海等超大型城市及东部人口密集区，移动源对PM2.5浓度的贡献率高达20%~40%。在极端不利条件下，贡献率甚至会超过50%。

年报显示，2016年全国汽油消费量为11983.5万吨，柴油消费量为16469.7万吨。专家认为，车用汽油的发展方向是无硫化、降低烯烃、芳烃含量，车用柴油的发展方向是无硫化、提高十六烷值和降低多环芳烃含量。

我国已经初步建立机动车环境管理新体系，实施了新生产机动车环保信息公开、环保达标监管、黄标车和老旧车加速淘汰等一系列环境管理制度，正在研究制定机动车环保召回、清洁柴油机行动等制度，相关法律、法规、标准体系不断完善，监管能力逐步加强。2016年，各地区及有关部门从新车达标监管、在用车环保管理、黄标车和老旧车加速淘汰、车用燃料改善及车用尿素供应等方面采取综合措施，机动车环境管理工作取得了一定成效。

下一步环保部将切实加强机动车生产、使用、淘汰等全过程环境监管，开展柴油车打假专项行动，同时协调配合有关部门，从行业发展规划、城市公共交通、清洁燃油供应等方面采取综合措施，推进"车、油、路"同步，最大限度减少机动车对大气环境和人民健康的不利影响。

汽车企业为了适应自然环境的变化，应采取的对策包括以下方面。

（1）发展新型材料，提高原材料的综合利用。

汽车节能技术的突破离不开材料行业的大力支持，汽车每次突破性的科技进展，背后一定有材料和工艺的创新。新材料尤其为汽车的节能减排和安全环保打下了基础。这些材料的出现也许会让企业逐渐放弃了实木皮革，使用可再生资源代替；也可以让我们的汽车更轻更坚固，这样就可以使用更少的能源，排放更少的污染物；还可以保护行人保护车内驾驶者，挽救车祸中的生命。

例如，为了规避风险和更好地体现产品价值，汽车中使用的塑料总是以复合材料的名称出现在我们面前。对于汽车的外饰件，大多汽车厂家都采用了塑料制品，在减轻汽车重量的同时能够很好地缓冲碰撞。目前汽车的尾门和保险杠的位置普遍都使用塑料制品，使用复合多层材料组织之后，后尾门比金属尾门重量减轻30%。

又例如，宝马i3的碳纤维座舱，是在宝马公司与德国SGL碳纤维公司合资建立全新工厂内以高度自动化的方式生产的。该材料强度可媲美钢材，但密度低了50%，甚至比铝材还低30%。

再例如，镁合金是一种新兴的材料，它比铝还要轻，密度约为铝的2/3，在实际应用的金属中是最轻的，镁合金的吸振能力强、切削性能好、金属模铸造性能好，很适合制造汽车零件。镁制车身板件的应用，可以得到更好的车身操控、更佳的性能表现以及更经济的燃油成本，更轻的车身将在整体层面上提升车辆的性能。

（2）开发汽车新产品，加强对汽车节能、改进排放新技术的研究。

解决能源短缺问题的根本措施是大力开发和推广应用汽车节能技术。例如，汽车燃油电子喷射技术、主动和被动排气净化技术等都是汽车工业适应环境保护的产物。

（3）积极开发新型动力和新能源汽车，如国内外目前正在广泛研究电动汽车、燃料电池汽车、混合动力汽车、其他能源汽车等。新能源汽车作为清洁、环保、低碳、实惠的交通工具，正越来越受到消费者的欢迎。2016年1～7月，我国新能源汽车销量达到20.7万辆，同比增长122.8%。

2. 汽车使用环境

汽车使用环境是指影响汽车使用的各种客观因素，一般包括气候、地理、车用燃油、道路交通、城市建设等因素。

1）自然气候

自然气候包括大气的温度、湿度、降雨、降雪、降雾、风沙等情况及它们的季节性变化。自然气候对汽车使用时的冷却、润滑、启动、充气效率、制动等性能以及汽车机件的正常工作和使用寿命产生直接影响。因而汽车企业在市场营销的过程中,应向目标市场推出适合当地气候特点的汽车,并做好相应的技术服务,以便让用户科学地使用本企业的产品和及时解决用户的使用困难。

📖 相关链接

日本汽车最初进入加拿大市场时经常生锈,使加拿大消费者对产品质量产生了怀疑。原来加拿大的冬天天寒地冻,常常需要在道路上撒盐来融化冰雪。小汽车在公路上跑的时间一长,受盐的腐蚀,导致车身锈迹斑斑。日本汽车制造商经调查后,改进了车身的喷漆配方,添加了抗盐防锈漆,很好地解决了这一问题。

2)地理因素

这里所指的地理因素主要包括一个地区的地形地貌、山川河流等自然地理因素和交通运输结构等经济地理因素。

地理因素对汽车企业市场营销的影响有以下两点。

(1)经济地理的现状及其变化,决定了一个地区公路运输作用和地位的现状及其变化,它对企业的目标市场及其规模和需求特点产生影响。

(2)自然地理对经济地理尤其对公路质量(如道路宽度、坡度、弯度、平坦度、表面质量、坚固度、遂涵及道路桥梁等)具有决定性影响,从而对汽车产品的具体性能有着不同的要求。

因而汽车企业应向不同地区推出性能不同的汽车产品。例如,汽车运输曾是西藏自治区交通运输的唯一方式,针对西藏的高原、多山、寒冷的地理气候特点,有些汽车公司推出了适合当地使用条件的汽车,而其他公司的汽车产品因不能适应当地使用条件,产品难以经受使用考验。

📖 相关链接

为了使汽车更好地适应目标市场的地理环境,汽车生产厂家不但要针对地理环境进行设计,而且要针对驾驶环境进行测试。在西方发达国家的某些汽车生产厂家,有时还借助高新技术虚拟驾驶环境为汽车设计取得资料。

世界上最大的汽车内部系统制造商之一的约翰逊控制装置公司,曾经投资建立了自己的"舒适工程中心"。该中心的核心装置是一台汽车驾驶模拟装置,可以模拟不同条件下的汽车行驶环境,如道路上的景象、声响及汽车的承受力和减振性等。这种虚拟驾驶环境作为一种拟真的产品研制手段,可以为产品开发人员切身体验怎样把汽车设计的更为舒适提供更好的条件。

3)车用燃油

车用燃油包括汽油和柴油两种成品油,对汽车企业市场营销的影响有以下几点。

(1)车用燃油受世界石油资源不断减少的影响,将对传统燃油汽车的发展产生制约作用。例如,在20世纪两次石油危机期间,全球汽车产销量大幅度下降。

📖 **相关链接**

日本各汽车企业在20世纪70年代就成功地把握住了世界石油供给的变化趋势，大力开发小型、轻型、经济型汽车，在两次石油危机中赢得了营销主动，为日本汽车工业一跃成为世界汽车工业的强国奠定了基础，而欧美等国的汽车企业因没有把握好这一因素的变化，以致形成日后竞争被动的局面。

（2）车用燃油中汽油和柴油的供给比例影响到汽车工业的产品结构，进而影响到具体汽车企业的产品结构。例如，柴油短缺对发展柴油汽车就具有明显的制约作用。

（3）燃油品质的高低对汽车企业的产品决策具有重要影响，譬如燃油品质的不断提高，汽车产品的燃烧性能亦应不断提高。

车用燃油是汽车使用环境的重要因素，汽车企业应善于洞察这一因素的变化，并及时采取相应的营销策略。

📖 **相关链接**

长期依赖石油　我国将不堪重负

2011年，我国原油消费量为4.53亿吨，其中进口量约为2.54亿吨，石油的对外依存度同比增长1.5%，超过了56%。清华大学中国车用能源研究中心执行主任张希良表示，如果我国能源结构完全按照现有情况发展下去，石油严重短缺甚至危机到来之日将为时不远，2050年可能达到石油消耗峰值，其中汽车交通"功不可没"。

根据研究发现，汽车交通是我国石油需求增长的最主要驱动力，2000—2009年，我国汽车交通对新增石油消费总量的贡献达到47%以上。据此推测，2009—2030年，这一数字将高达45%~81%，2030年汽车交通耗油将占石油消费总量的41%~57%。

由此可见，我国不能重复发达国家曾走过的高耗油发展的传统道路，我国车用石油基液体燃料的供应总量将面临一定限制，因此必须在汽车交通发展过程中持续强化石油节约和替代。为此，我国政府应该加快出台更加严格的汽车燃油经济性标准，并考虑适时引入碳排放标准。

4）公路交通

公路交通是指一个国家或地区公路运输的作用，各等级公路的里程及比例，公路质量，公路交通量及紧张程度，公路网布局，主要附属设施如停车场、维修网、加油站及公路沿线附属设施等因素的现状及其变化。

公路交通对汽车企业市场营销的影响有以下方面。

（1）良好的公路交通条件有利于提高汽车运输在交通运输体系中的地位。公路交通条件好，有利于提高汽车运输的工作效率，提高汽车使用的经济性等，从而有利于汽车的普及；反之，公路交通条件差，则会减少汽车的使用。

（2）汽车的普及程度增加也有利于改善公路交通条件，从而对企业的市场营销创造更为宽松的公路交通使用环境。

相关链接

经过40多年的建设，我国公路交通条件已极大改善，公路里程大幅度增加，公路等级大幅度提高，路面状况大大改善，公路网密度日趋合理。预计到2020年，国家将建成"国家道路主干线快速系统"。该系统总规模3.5万千米，全部由高速公路、一级公路、二级汽车专用公路组成。这一系统以"五纵七横"十二条路线连接、各省会城市、直辖市、中心城市、主要交通枢纽和重要口岸，通过全国200多个城市，覆盖全国近一半的人口，可实现400～500千米范围内汽车当日往返，800～1 000千米范围内可当日到达。因而，我国汽车企业将面临更好的汽车使用环境。

5）城市道路交通

城市道路交通是汽车尤其轿车使用环境的又一重要因素，包括城市的道路面积占城市面积的比例、城市交通体系及结构、道路质量、道路交通流量、立体交通、车均道路密度及车辆使用附属设施等因素的现状及其变化。这一使用环境对汽车市场营销的影响，与前述公路交通基本一致。但由于我国城市的布局刚性较大，城市布局形态一经形成，改造和调整的困难很大；加之人们对交通工具选择的变化，引发了对汽车需求的增加，中国城市道路交通的发展面临巨大的压力，因而该使用环境对汽车市场营销的约束作用就更为明显一些。

通过建立现代化的城市交通管理系统、增强快速反应能力和强化全民交通意识等手段，提高城市交通管理水平。同时，国家和各城市也将更加重视对城市交通基础设施的建设，改善城市道路交通的硬件条件。随着我国城市道路交通软、硬件条件的改善，城市道路交通对我国汽车市场营销的约束作用将得以缓解。

相关链接

城市道路交通状况

近20年来，我国城市获得了前所未有的发展。但是，一些城市所出现的交通拥挤堵塞问题也是空前严重的。目前，全国32个百万人口以上的大城市中，有27个城市的人均道路面积已经低于全国平均水平；20世纪90年代中后期，上海等城市中心区50%的车道上高峰小时饱和度更是达到95%，全天饱和度超过70%，平均车速下降到10千米/时。为此，交通问题已经日益引发各城市政府的重视，并成为民众关心的焦点。2000年，国家公安部、建设部联合发文，要求全国部分城市实施道路交通的"畅通工程"，力图通过行政手段促进道路建设和交通管理协调，推动城市交通拥挤堵塞问题的缓解。

目前，许多城市里的交通问题是通过局部路段、局部道路交叉口的拥挤堵塞反映出来的。显然，按照西医"脚痛医脚，头痛医头"的观念，拓宽这些道路，在交叉口修建立交桥似乎是立竿见影的解决办法，但问题却不是这样简单。以美国的城市道路建设为例，城市里更宽更多的道路、立交桥在建成之初的确方便了人们的出行。但是，越来越多的事实表明，草率地选择多修路来解决城市交通问题，最终导致了美国城市里更为严重的交通构成失衡、交通拥挤及城市中心衰退等问题。究其原因就是不少研究者、决策者曾经错误地估计了道路建设对解决城市的交通问题的积极作用而忽略了其他方面,如交通需求、公共交通、交通管理等对解决城市交通问题的全面研究。结果,路修得多,促进了私人轿车的消费,而道路拥挤情况依旧,公共交通也日益变得更加的萎缩。

典型的如洛杉矶和底特律两个城市。到20世纪60年代,虽然两市分别修建了多达数千千米的汽车专用道路,但交通拥挤问题依旧。同时,因服务水平下降,两市的公共交通严重萎缩,客运量分别下降到总客运量的1.5%、4.5%。两城市仍有大量承担不起私车交通的市区贫穷人口,于是又引出了如何为这部分人提供必需的交通条件及市中心衰退等社会问题。美国政府认识到城市交通设施建设的局限性和公共交通的重要作用,并于20世纪60年代通过了世界上第一个比较完善的《公共交通法》。

而北京在这方面也走过一段弯路,前些年已修通投资巨大、立交众多的二环、三环主干道路81千米。但由于辐射道路干线和支线建设滞后,没有形成与环线相配套的完整道路及相应的管理系统,加上这些年机动车辆的迅猛激增和相应交通需求管理不力,环线进出口往往堵塞,形成了新的交通问题。大城市解决交通问题的重点不应局限于道路交通设施的建设,而应扩大到建立一个以社会化公共交通网络为主体,以快速交通为骨干的多层次、多元化交通方式协调运行系统。在这一系统中,道路建设、客运系统、货运系统及相应的交通管理与控制系统都将得到很好的研究和解决。

2.2.3 科技环境

科技环境(Science-technological Environment)是指一个国家和地区整体科技水平的现状及其变化。科学与技术的发展对一国的经济发展具有非常重要的作用。

科技环境对汽车企业市场营销的影响如下。

(1)科技进步促进国家综合实力的增强,国民购买能力的提高给企业带来更多的营销机会。

(2)科学技术在汽车生产中的应用,改善了产品的性能,降低了产品的成本,使得汽车产品的市场竞争能力提高。而今,世界各大汽车公司为了满足日益明显的差异需求,汽车生产的柔性多品种乃至大批量定制现象日益明显,都是现代组装自动化、柔性加工、计算机网络技术发展和应用的结果。再从汽车产品看,汽车在科技进步作用下,已经经历了原始、初级和完善提高等几个发展阶段,汽车产品在性能、质量、外观设计等方面获得了长足的进步。

(3)科技进步促进了汽车企业市场营销手段的现代化,引发了市场营销手段和营销方式的变革,极大地提高了汽车企业的市场营销能力。企业市场营销信息系统、营销环境监测系统以及预警系统等手段的应用,提高了汽车企业把握市场变化的能力,现代设计技术、测试技术及试验技术加快了汽车新产品开发的步伐,现代通信技术、办公自动化技术提高了汽车企业市场营销的工作效率和效果等。

当今世界汽车市场的竞争日趋激烈,各大汽车公司十分注重高新技术的研究和应用,以赢得未来市场竞争的主动。相对世界汽车工业而言,我国汽车工业科技水平仍处于落后水平,科技进步的潜力十分巨大,我国汽车企业应不断地加强科技研究和加大科技投入,缩小同世界汽车工业先进水平的差距,以谋求更多的营销机会。

相关链接

随着科学技术的快速发展,整个汽车行业都在发生着改变,近日有外国媒体对2017年的汽车科技趋势做了展望,为汽车企业的发展提供了各种新契机,同时也在改变着人们的生活方式。

1. V2V 技术

凯迪拉克 CTS 轿跑在2017年将发布革命性的驾驶系统,使驾驶员能够共享信息,比如天气、速度、急刹车和事故等。这就是所谓的"车对车通信"或"V2V 通信"的雏形,是一种类似 Wi-Fi 的技术,达标后将运用于每一辆新车。这将使驾驶员更加了解前方的路况,可以允许几辆车并排高速行驶,不用减速或担心发生意外事故。

2. 现实中的自动驾驶汽车

2016年,"自动驾驶"热度持续不下。硅谷技术公司、传统整车厂都纷纷发布了自动驾驶的规划路线。2017年,这一领域将持续受到关注。作为谷歌车辆开发项目的一部分,菲亚特克莱斯勒正在其位于加拿大温莎市的装配厂生产大约100台自动驾驶克莱斯勒 Pacifica 插电式混合动力 MPV。将由谷歌公司对无人驾驶车进行测试,测试此技术的稳定性和安全性。

3. 电动汽车竞争持续升温

雪佛兰 Bolt 推动电动汽车的可购性和实用性进入了一个全新水平,今年电动车的市场需求将面临关键测试。Bolt 在一次性充电后可行驶238英里(约合383千米),且其基础价格税后不超过30 000美元(约合21万元人民币)。这款空间大、零排量的掀背式汽车不仅仅和其他环保车竞争,也和家用汽车比如本田雅阁、现代索纳塔以及福特翼虎等竞争。雪佛兰 Bolt 在洛杉矶赢得了2016年度环保汽车大奖,击败了宝马330e iPerformance、克莱斯勒 Pacifica、起亚远舰和丰田普锐斯。其他电动车,包括起亚秀尔和大众电动高尔夫,正在大幅度提高其里程数,虽然目前还达不到 Bolt 的水平。同样不要忘记即将上市的特斯拉第一款中等价位车型——Model 3,其目标就是在最低的价格来挑战 Bolt 最长的里程。

4. 48V 电气系统

如果一辆混合动力车比基本款车型只高出500美元,你觉得怎么样?还有能够把车轮撞到坑洼时产生的能量转化为动力的减震器以及快速加热的座椅和方向盘?越来越多的汽车制造商开始采用48V 电气系统。除了混合动力汽车外,现代汽车一般使用12V 电气系统。更强大的48V 系统不仅使舒适性提升,性能增强,也使燃料得以充分利用,但比起混合动力汽车的300V 系统来说,成本更低且风险更小。宾利添越豪华 SUV 是目前在美国销售的唯一一款配备48V 电气系统的车型,还包括自适应悬架。舍弗勒、大陆等都推出了相关的产品。有专家预测,2017年将是这一技术逐步推广和大规模运用的一年。

5. 经济实惠的电动车轴

汽车制造商如何同时满足 SUV 越来越大的需求对和不断上涨的油价?供应商向他们提

供了电动车轴。电动车轴已在沃尔沃 XC90、宝马 i8 和插电式混合动力跑车以及丰田 RAV4 混合动力车中使用,很快就会出现在三菱欧蓝德插电式混合动力车等一些新的车型中。将后电动车轴添加到前轮驱动车型中,比起传统四轮驱动车可以大大提升其性能、驾驶体验以及应对恶劣天气的能力,同时降低成本和油耗。随着 48V 电气系统得到更广泛的应用,这类车会越来越多。

2.2.4 经济环境

经济环境(Economic Environment)主要是指那些能够影响顾客购买力和消费方式的经济因素,包括消费者现实居民收入、商品价格、居民储蓄及消费者的支出模式等。

1. 消费者实际收入状况

消费者收入包括工资、奖金、退休金、红利、租金、赠给性收入等,但由于受通货膨胀、风险储备、个人税赋因素的影响,实际收入经常低于货币收入。实际收入只是货币收入扣除通货膨胀、风险储备、税收因素影响后的收入。可能成为市场购买力的消费者收入还有"可支配的个人收入"与"可随意支配的个人收入"之分,前者是指货币收入扣除消费者个人各项税款(所得税、遗产税)及交给政府的非商业性开支(学费、罚款等)后可用于个人消费、储蓄的那部分个人收入,这是影响消费者购买力和消费者支出的决定性因素;后者则是指再扣除消费者个人基本生活用品支出(食物、衣服等)和固定支出(房租、保险费、分期付款、抵押借款等)后的那部分个人收入。因此,企业市场营销人员必须注意经常分析这种消费者收入的变动状况及消费者对其收入的分配情况。一般情况下,可随意支配的个人收入主要用于对奢侈品的需求。

📖 **相关链接**

消费者信心指数

消费者信心指数反映了消费者信心强弱,是综合反映并量化消费者对当前经济形势评价和对经济前景、收入水平、收入预期及消费心理状态的主观感受(消费者满意指数),预测经济走势和消费趋向(消费者预期指数)的一个先行指标。

2012 年 2 月消费者信心指数呈现上升态势。具体三个指数变动情况如下。

2012 年 2 月消费者信心指数为 105 点,较上月上升 1.1 点,较上年同期上扬 5.4 点;反映消费者对当前经济形势满意程度的消费者满意指数为 96.1 点,较上月上升 0.3 点,较上年同期回落 3.4 点,在三个相关指数中回落较多,2012 年 2 月消费者满意指数呈上升态势;代表消费者对未来经济前景看法的消费者预期指数为 110.9 点,较上月上升 1.6 点,较上年同期上扬 11.3 点。2011 年以来消费者信心指数走势时有起伏,尤其是 2011 年下半年以来,整体走势仍显示消费者信心指数较上年同期略有下降,尤其是消费者满意指数,在 2011 年下半年以来一直比较低,而且呈现逐月下降趋势。从 2011 年下半年以来消费者满意指数环比回落较大来看,扰动经济平稳发展的客观因素仍然存在,消费者心理仍然相对脆弱,尤其是当前物价水平上涨过快加重了消费顾虑倾向。2012 年年初,消费者信心逐渐恢复,消费者对经济的前景持有乐观心态,三个指数都有明显的回升,如图 2-2 所示。

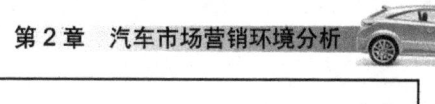

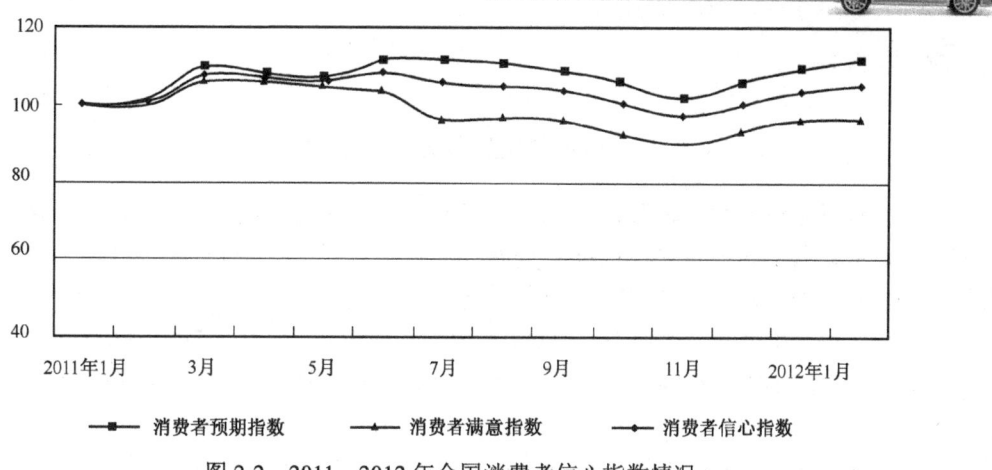

图 2-2　2011—2012 年全国消费者信心指数情况

2. 消费者储蓄与信贷状况

在消费者实际收入既定的前提下，其购买力的大小还要受储蓄与信贷的直接影响。从动态的观点来看，消费者储蓄是一种潜在的、未来的购买力。在现代市场经济中，消费者的储蓄形式有银行存款、债券、股票、不动产等，往往被视为现代家庭的"流动资产"，因为大都可以随时转化为现实的购买力。在正常状况下，居民储蓄同国民收入成正比变动，但在超过一定限度的通货膨胀的情况下，消费者储蓄向实际购买力的转变就极易成为现实。

消费者信贷是指消费者以个人信用为保证先取得商品的使用权，然后分期归还贷款的商品购买行为。它广泛存在于西方发达国家，是影响消费者购买力和消费支出的重要因素。在西方国家，消费者信贷主要有四种形式：日常用品的短期赊销、购买住宅时的分期付款、购买耐用消费品时的分期计息贷款及日益普及的信用卡信贷。因此，研究消费者信贷状况与了解消费者储蓄状况一样，都是企业市场营销活动的重要环节。

相关链接

零利率打动消费者

2012 年很多汽车经销商推出吸引消费者的多种金融优惠活动，其中奇瑞公司推出四"0"购车活动，从 2012 年 3 月 1 日起，0 首付、0 利息、0 抵押、0 担保购车。活动中有两个方案可供消费者选择，若首付 20%，余款可选择 1～5 年期还款，贷款 1 年期免利息；若首付 50%，余款 1 年后一次付清，无须月供并免除利息。

3. 消费者支出模式的变化

所谓消费者支出模式，是指消费者收入变动与需求结构变动之间的关系。其变化状况主要受恩格尔定律的支配，即随着家庭收入的增加，用于购买食物的支出比例将会下降，用于住宅、家务的支出比例则大体不变，而用于服装、交通、娱乐、保健、教育及储蓄等方面的支出比例会大大上升。

相关链接

恩格尔系数与恩格尔定律

联合国根据恩格尔系数的大小，对世界各国的生活水平有一个划分标准，即一个国家平均家庭恩格尔系数大于60%为贫穷；50%~60%为温饱；40%~50%为小康；30%~40%属于相对富裕；20%~30%为富裕；20%以下为极其富裕。按此划分标准，20世纪90年代，恩格尔系数在20%以下的只有美国，达到16%；欧洲、日本、加拿大，一般在20%~30%，是富裕状态；东欧国家，一般在30%~40%，相对富裕；剩下的发展中国家，基本上分布在小康。

1978年，中国农村家庭的恩格尔系数约68%，城镇家庭约59%，平均计算超过60%，中国是贫困国家，温饱还没有解决。当时中国没有解决温饱的人口为2.48亿人。改革开放以后，随着国民经济的发展和人们整体收入水平的提高，中国农村家庭、城镇家庭的恩格尔系数都不断下降。到2003年，中国农村居民家庭恩格尔系数已经下降到46%，城镇居民家庭约37%，加权平均约40%，就是说已经达到小康状态。可以预测，中国农村、城镇居民的恩格尔系数还将不断下降。

恩格尔系数在中国是否适用学术界一直存有争议，持否定意见的人认为，中国居民生活状况并不符合恩格尔定律，如1997年福建省城镇居民恩格尔系数在全国各省中最高，达到62%，海南省为59%，而生活水平较低的陕西省城市居民恩格尔系数为47%，宁夏市为46%。尽管有争议，但总体来看，中国城镇居民生活水平的变化还是符合恩格尔定律的。首先，恩格尔系数是一种长期的趋势，随着居民生活水平的不断提高，恩格尔系数逐渐下降已为中国城镇居民消费构成变化资料所证实。20世纪80年代以前，城市居民恩格尔系数一直在55%以上；1982—1993年，尽管各年恩格尔系数有波动，但这10年间恩格尔系数一直在50%~55%；1994年以来，恩格尔系数一直在50%以下。其次，同一年份不同收入水平的居民也符合恩格尔定律，如1997年按可支配收入排队五等分，其恩格尔系数依次为55.7%、51.1%、47.9%、43.6%和39.5%。2009年年末统计显示，2008年，我国城镇居民家庭食品消费支出占家庭消费总支出的比重（恩格尔系数）为37.9%，农村居民家庭为43.7%。

国家统计局近期发布的统计公报显示，2011年我国城镇居民食品消费支出占消费总支出的比重为36.3%，同比上升0.6个百分点。这是在2008年之后，恩格尔系数出现的又一次反弹，而且反弹幅度不小。要知道在整个"十一五"期间，我国城镇居民恩格尔系数才降低了1个百分点。

当然，恩格尔系数反映的是居民生活水平变化的长期趋势，短期波动并不会影响长期趋势，也不能说明人民生活质量就出现了恶化，但是研究个别年份恩格尔系数走势出现的逆转仍然有利于政府对症下药改善民生。

由于我国消费价格指数中食品价格占比较高，农产品价格的波动往往会放大物价上涨的压力、提升通货膨胀的预期，进而不仅可能直接降低中低收入群体的即期生活水平，还可能导致民众紧缩未来消费意愿，致使经济景气形势下滑，因此尤须加以提防。

尤其要看到的是，2012年尽管整体物价水平很可能低于2011年，但是食品价格走势仍有可能处于较高水平。特别是2012年3月食品价格又开始走高，尤其是大葱、玉米等产品领涨，网络上甚至出现了"向钱葱"这一新词，猪肉价格也出现了止跌迹象。未来如果出现较严重的灾害天气，农产品价格难保不会再次冲高。

在市场流动性过剩情况已缓解的今天，保证农产品价格不快速上涨最根本的办法仍然是加大对"三农"的投入，这也是我国粮食产量八连丰的主要原因。另外是要保证农产品生产地有合理布局。农产品价格中有很大一部分在于物流成本，减少交通收费固然有利于缓解物流成本，但更重要的确保这些城市周边就有农田。最后，应严厉打击各种囤积、炒作农产品的行为。

2012年6月21日，《证券时报》发表文章评论称，恩格尔系数反弹标志着通胀加剧和贫富差距继续被拉大，主要表现为消费品价格的全面上涨，使得城乡居民食品支出增加。同时，恩格尔系数反弹与中国经济的持续发展是不相吻合的。这说明国与民在分配上存在着国富民不强的问题，说明我国生产要素分配上存在着比较严重的问题。这种情况导致绝大多数居民收入下降、生活负担增加。

除此以外，消费者支出模式的变化还要受到两个因素的影响，一个是家庭生命周期，另一个则是消费者家庭所处的地点。显然，同样的年轻人，没有孩子的丁克家庭与普通家庭的消费方式差异较大。家庭所处的位置也会构成家庭支出结构的差异，居住在农村与居住在城市的家庭，其各自用于住宅、交通及食品等方面的支出情况也必然不同。

相关链接

2011年我国居民生活消费市场回顾

据2011年国家统计局统计数据，目前我国有4亿多个家庭、6.5亿多女性，妇女和家庭消费是我国居民生活消费的主体市场。

1. 2011年城市家庭消费存在七个突出特点

《2011年中国家庭消费现状及2012年消费预期》显示出2011年城市家庭消费的7个突出特点。

（1）家庭收入用于消费的比例增加。用于消费、储蓄、投资的比例是61∶26∶13。消费的比例与2010年相比，增加了6个百分点。其中哈尔滨被调查者的消费比例最高，为71.8%。

（2）女性个人消费约占家庭消费的1/3。

（3）家庭旅游消费额增加近六成。

（4）近7成家庭有投资，股票、房产和银行理财产品位居投资前3位。

（5）"服装服饰"和"与住房相关"的消费位居家庭及个人消费前两位。

（6）50%的女性有教育培训消费，消费额有所增加。

（7）近八成女性热衷于网上购物。

调查显示，2012年家庭及女性个人消费预期前三位的是：① 服装服饰、化妆品、家用电器消费；② 50%以上家庭有旅游消费，且额度预计超万元；③ 近8成家庭有投资计划。

2. 2011年家庭消费中存在三大突出问题

《家庭消费中的突出问题及改善家庭消费环境的对策建议》结果显示，2011年家庭消费中存在三大突出问题。

（1）消费安全是城市家庭消费中最担忧的问题。72.4%的被调查者对食品不放心，64.9%

的被调查者对保健品不放心，42.8%的被调查者对化妆品不放心，45.9%的被调查者对童装玩具不放心，65.2%的被调查者对装修材料不放心。

（2）"物价上涨"为 2011 年家庭消费最焦虑的事情。65.2%的被调查者选择了此项。其中，表示"影响非常大"的占 21.4%，表示"影响比较大"的占 45.7%。在 10 座城市中，物价上涨对兰州被调查者的影响最大；对低收入群体的影响最大。

（3）消费侵权事件频发，影响家庭消费。在 2011 年日常消费中，53.7%的被调查者遭遇过侵权事件，主要集中在餐饮（26.5%）、服装（13.5%）、美容美发（8.6%）、化妆品（8.2%）和家庭装修（6.5%）。

从经济学的角度来看，居民收入、生活费用、利率、储蓄和借贷形式都是经济发展中的主要变量，直接影响着市场运行的具体情况。因此，注意研究消费者支出模式的变动走势，对于企业市场营销活动来说，具有重大意义，不仅有助于企业未来时期内避免经营上的被动，而且还便于企业制定适当的发展战略。

企业市场营销活动的重要任务之一，就是要把握市场的动态变化，市场是由购买力、人口两种因素所共同构成的。因而了解购买力的分布、发展和投向，是企业宏观营销环境的重要内容。

2.2.5 政策与法律环境

营销学中的政策与法律环境，又叫政治环境（Political Environment），是指能够影响企业市场营销的相关政策、法律及制定它们的权力组织。市场经济并不是完全自由竞争的市场，从一定意义上说，市场经济本质上属于法律经济，因而在企业的宏观管理上主要靠经济手段和法律手段。政策与法律环境正在越来越多地影响着企业的市场营销。

政府能制定和实施与宏观经济有关的政策，它们反过来又影响市场、企业和消费者。我国的汽车政策主要包括汽车产业政策、汽车企业政策、汽车产品政策和汽车消费政策。其中产业政策、税收、政府开支、利率、贸易协定等都是常见的几种影响因素。

1. 产业政策

为了适应国内外汽车产业发展的新形式，推进汽车产业结构调整和升级，全面提高汽车产业国际竞争力，满足消费者日益增长的需求，促进汽车产业健康发展，我国颁布的《汽车产业发展政策》等，在促进汽车产业与关联产业发展、激励汽车生产企业提高研发能力和技术创新能力方面起到了很重要的作用。

相关链接

2017 年影响汽车行业新政策

政策一：2017 年 1 月 1 日起全国实行国 V 排放标准

2017 年 1 月 1 日起，国 V 排放标准将在全国范围全面实行，所有制造、进口、销售和注册登记的轻型汽油车、重型柴油车（客车和公交、环卫、邮政用途），须符合国 V 标准要求；

与此同时，车用燃油也将进行油品升级，93#、97#汽油将会被92#、95#汽油全面替代，93#、97#号汽油将载入史册。

影响：国Ⅴ排放标准实施后，新车符合该排放标准才能上牌，消费者在购车时需要留心这一指标。国Ⅳ车型不能进行外迁过户到其他城市，会影响二手车的残值和销路；此外加油站的燃油将由93#、97#变更为92#、95#，部分城市还有更高标号的98#燃油（新车油箱盖处一般会标注所需燃油标号最低标准，按照该标准选择燃油即可）。

政策二：车内空气质量强制达标 2017年1月1日起实施

根据环保部最新发布的《乘用车内空气质量评价指南》强制标准征求意见稿，车内空气中的苯、甲苯、二甲苯和乙苯等有害物质都有了更为严苛的限量值，并给出了汽车厂家强制执行的时间表：2017年1月1日起，所有新定型销售车辆必须满足本标准要求；此前已经定型的车辆，自2018年7月1日起实施强制标准要求。

影响：新标准主要针对新车，而在用车的空气质量问题，据国内车企技术专家介绍，应当勤开窗多通风，雾霾天气中，则开启内循环过滤系统，但空调滤芯需要定期更换。此外，正规渠道购买的净化器等净化系统以及碳吸附产品，也是不少车主的解决方案之一。

政策三：2017年试行新能源汽车碳配额管理

国家发改委办公厅于2016年8月发布了《新能源汽车碳配额管理办法（征求意见稿）》（以下简称《征求意见稿》），要求相关部委、企业、行业协会反馈书面意见。该管理办法2017年开始试行，2018年正式实施。《征求意见稿》称：国务院碳交易主管部门将根据规划目标，对燃油汽车规模企业设定新能源汽车与燃油汽车产销量的年度比例要求，并折算为企业应缴的新能源汽车碳配额数量。

影响：《征求意见稿》提出，燃油汽车规模企业和新能源汽车规模企业有不按规定提交年度新能源汽车碳配额报告的，由国务院碳交易部门责令限期改正，逾期未改，由国务院碳交易主管部门会同有关部门对其处以10万元以上100万元以下罚款。

在履约上，燃油汽车规模企业每年应向国务院碳交易主管部门提交不少于其上年度应缴的新能源汽车碳配额，履行上年度的配额清缴义务，逾期不履行的，对不足的配额量，按照清缴截止日前一天配额市场均价处以3~5倍罚款。

政策四：新能源车生产企业准入规则 2017年7月1日正式实施

工信部于2016年8月发布《新能源汽车生产企业及产品准入管理规则（修订征求意见稿）》。新规于2017年7月1日正式实施对于申请新能源汽车的生产企业，《修订征求意见稿》要求需要具备生产新能源汽车产品所必需的设计开发能力、生产能力、产品生产一致性保证能力、售后服务及产品安全保障能力，并符合《新能源汽车生产企业准入条件及审查要求》。按照《要求》，审查条件将有17项具体条款，其中有8项为否决条款，只要超过2项未达标，则该企业就不被准入。

影响：目前，北汽新能源、五龙长江EV、长城华冠旗下的前途汽车、奇瑞新能源、敏安电动汽车5家车企已获得新能源汽车生产资质。业内专家预计，新的准入规则实施后，预计两年内达到条件的新增新能源整车企业为10家左右，并且不再新增自制底盘的改装类生产企业。同时，预计两年后现有119家整车企业约有2/3的企业可达到条件；现有85家自制底盘的改装类企业约有1/10的企业可达到条件。

政策五：电池行业新规范 有望于2017年全面执行

2016年11月，工信部发布《汽车动力电池行业规范条件》（2017年）（征求意见稿），主要从生产能力、安全要求、研发能力、回收利用等几个方面，对2015年发布实施的《汽车动力蓄电池行业规范条件》进行了调整和完善。工信部将结合社会各界反馈的意见建议，尽快发布并在2017年实施新版《规范条件》。

《征求意见稿》指出，本规范条件所指动力电池生产企业，包括动力电池单体生产企业（以下简称单体企业）和动力电池系统生产企业（以下简称系统企业），其中锂离子动力电池单体企业年产能力不低于80亿瓦时，金属氢化物镍动力电池单体企业年产能力不低于1亿瓦时，超级电容器单体企业年产能力不低于1千万瓦时。系统企业年产能力不低于80 000套或40亿瓦时。生产多种类型的动力电池单体企业、系统企业，其年产能力需分别满足上述要求。技术方面，《征求意见稿》要求企业应建立产品设计开发机构，配备相应的研究开发人员，其占企业员工总数比例不得少于10%或总数不得少于100人。动力电池产品应符合现行国家标准、行业标准要求，并经具有资质的汽车动力电池相关检测机构测试合格。

影响：据行业人士介绍，目前动力锂电池行业已经形成了中、韩、日三国鼎立的竞争格局，三个国家产量占全球总产量的90%以上。不过中国电池生产的技术水平仍落后于日韩，真正能生产高质量产品的企业屈指可数。

截至目前，工信部共发布四批57家符合规范条件要求的企业目录。此前备受关注的LG、三星等外资企业依然并未入选。据统计，目前国内车用动力电池有60%~70%来自于外资企业。而目前外资企业被挡在目录之外，对国内新能源汽车的发展将产生不小的影响。

不过随着越来越多的电池企业，特别是外资电池企业进入目录，国产电池也依然要面临激烈的市场竞争，具有核心技术和资金规模优势的企业将获得更多的机会，反之，那些生产能力差，产品质量低的小企业也可能被兼并重组，或者被淘汰。

政策六：新能源补贴新政出炉 2017年实施

2016年12月30日，经工信部、财政部、科技部、发改委四部委会签完毕，四部正式发布了"关于调整新能源汽车推广应用财政补贴政策的通知"（下简称通知），2017年1月1日开始正式执行。通知提高了对各类型的新能源汽车补贴的技术要求，对于乘用车的补贴按照2016年的补贴标准退坡了20%，对于客车的补贴标准下滑额度则比较大，在2016年既定的标准上退坡了40%。另外，通知中也改变了补贴拨款的方式，由原先的年初拨款改为年后清算，另外还建立了相关的惩罚机制以便防止出现骗补的情况。

2. 税收

税收是以实现国家公共财政职能为目的，基于政治权力和法律规定，由政府专门机构向居民和非居民就其财产或特定行为实施强制、非罚与不直接偿还的金钱或实物课征，是国家最主要的一种财政收入形式。税收可以是直接的，也可以是间接的。直接税是指直接向个人或企业开征的税，包括对所得、劳动报酬和利润的征税。间接税指纳税义务人不是税收的实际负担人,纳税义务人能够用提高价格或提高收费标准等方法把税收负担转嫁给别人的税种。如购买税、增值税、购置税。我国的汽车购置税费高达 10%。

📖 **相关链接**

车辆购置税

车辆购置税是对在我国境内购置规定车辆的单位和个人征收的一种税,由车辆购置附加费演变而来。就其性质而言,属于直接税的范畴。现行车辆购置税法的基本规范,是从 2001 年 1 月 1 日起实施的《中华人民共和国车辆购置税暂行条例》。车辆购置税的纳税人为购置(包括购买、进口、自产、受赠、获奖或以其他方式取得并自用)应税车辆的单位和个人,征税范围为汽车、摩托车、电车、挂车、农用运输车,税率为 10%。

车辆购置税实行从价定率的办法计算应纳税额,计算公式为

$$应纳税额=计税价格×税率$$

如果消费者买的是国产私车,计税价格为支付给经销商的全部价款和价外费用,不包括增值税税款(税率 17%)。因为机动车销售专用发票的购车价中均含增值税税款,所以在计征车辆购置税税额时,必须先将 17% 的增值税剔除,即车辆购置税计税价格=发票价÷1.17,然后再按 10% 的税率计征车辆购置税。

比如,消费者购买一辆 10 万元的国产车,去掉增值税部分后按 10% 纳税。计算公式是 100 000÷1.17×0.1=8547 元。

如果消费者买的是进口私车,则计税价格的计算公式为

$$计税价格=关税完税价格+关税+消费税$$

当客观条件发生变化或不明朗的时候,就会抑制消费者的需要,出现持币待购的现象,如油价的上涨、可能出台的限制私家车使用的政策等。当客观条件有利于消费的时候,消费者的需要会变得强烈,潜在的消费需要会提前释放,如车价的大幅下降、消费税的下降等。所以创造一个有利于消费者的购车环境,是促进汽车消费的有力保障。

📖 **相关链接**

泰国免除汽车零部件进口关税

《曼谷邮报》报道,泰国政府从 2012 年 4 月份起已免除 140 多种日本汽车零部件的进口关税。此举主要是为了响应泰日经济合作伙伴协议(JTEPA)的要求,该协议有助于使泰国成为日本车企的生产基地。

被免除进口关税的 140 多种汽车零部件包括车轴、变速器、制动器、轮胎、燃料罐及发动机等。此次免除汽车零部件进口关税,将有助于泰国的汽车制造商以较低的价格从日本进口高质量的汽车零部件,从而有助于促进泰国汽车行业的发展。2003 年至 2011 期间,日本企业向泰国汽车行业的投资已超过 360 亿美元,占其向亚洲地区总投资的 24%。

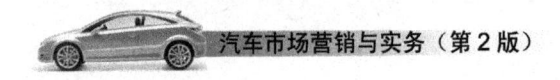

3. 政府开支

政府和其他企业一样，也购买商品和服务，不过购买的规模更大。这能刺激经济发展，也能使经济跌入萧条。

📖 **相关链接**

我国政府采购规模首破两万亿元

财政部公布的 2015 年全国政府采购规模，首次突破 2 万亿元。2015 年全国政府采购规模为 21070.5 亿元，同比增长 21.8%，占全国财政支出和 GDP 的比重分别达到 12% 和 3.1%。

从政府采购结构来看，货物类、工程类和服务类采购金额分别为 6571.4 亿元、11155.2 亿元和 3343.9 亿元，占全国政府采购规模的比重为 31.2%、52.9% 和 15.9%。货物类和工程类采购增长相对平稳，较上年增加 1341.4 亿元和 1014.1 亿元，增长 25.6% 和 10%。随着各地政府购买服务工作的推进，服务类采购大幅增长，较上年增加 1409.7 亿元，增长 72.9%，占政府采购规模的比例明显上升，比上年提升 4.7 个百分点。

从政府采购方式和组织形式来看，公开招标规模占政府采购总规模的比例下降，分散采购占政府采购总规模的比例上升。公开招标金额为 16413.5 亿元，占全国政府采购规模的 77.9%，公开招标仍占主导地位，但所占比例比上年下降 6.6 个百分点，主要是各地落实简政放权要求，提高公开招标数额标准，积极引导预算单位更加注重按采购项目特点选择采购方式，相应减少了公开招标项目数量。分散采购金额为 4365 亿元，占全国政府采购规模的比重为 20.7%，较上年上升，主要是一些地方转变监管方式，抓大放小，调整政府集中采购目录，减少了集中采购机构采购项目。

从政府采购政策功能落实情况来看，各地各部门积极落实节能环保、促进中小企业发展等采购政策，推动实现经济社会发展相关目标。全国强制和优先采购节能产品规模达到 1346.3 亿元，占同类产品采购规模的 71.5%；全国优先采购环保产品规模达到 1360 亿元，占同类产品采购规模的 81.5%。政府采购合同授予中小微企业的总采购额为 16072.2 亿元，占全国政府采购规模的 76.3%。

4. 利率

政府的经济政策影响着利率，会给消费者和企业带来冲击。对于许多消费者来说，利率上升的一个最严重的后果是贷款的月偿还额上升。利率上升还会阻碍他们通过分期付款购买大件贵重商品。

📖 **相关链接**

贷款利率和油价对购车的影响

2012 年 6 月，贷款利率和油价出现了"双降"，消费者购车依然关注油耗和性价比。根据搜狐汽车调查显示，有三成多消费者还在等待车市优惠，但是更多消费者开始准备购车，两成消费者准备贷款买车，油价已经成为消费者选车首要考虑因素之一。

1. 消费者选车最上心油耗

油价一直牵动着消费者的心。在调查中,超四成受访者表示会继续考虑小排量汽车,因为油价即便下调仍然不低,而且未来可能还会上涨。

2. 贷款买车比例降息后增加

降息部分刺激了购车需求,有近两成受访者表示会因为利率下降而考虑贷款买车。

在本次调查中,有 75.54%的受访者表示"打算近期购车或置换新车",在降油价和降息两项政策叠加下,有 14.81%的受访者选择"可以享受更多实惠,打算尽快出手新车"。但是相较于油价和利率的下调,店面优惠对消费者吸引力更大。如即便是贷款购车,消费者更关注的也是能否享受厂家免手续费、免利息的优惠。

5. 贸易协定

国际贸易中企业经常受到贸易协定的影响,有的贸易协定是为了避免本国生产商受到进口商品冲击的贸易保护,有的协定是为了促进国家之间的贸易自由。例如,日本将汽车销售到欧美时,实施自愿出口约束,这样可以对日本进口增加配额,以保护欧美国家的国内汽车生产。

📖 相关链接

政策与法律环境对市场营销的影响

1. 法律对工商业的限制和保护

(1)法律对工商业的约束。

近几年来,全世界各国有关工商业的立法稳步增长,覆盖竞争、公平交易行为、环境保护、产品安全、广告真实性、包装与标签、定价及其他重要领域。

发达国家在企业市场营销方面的立法主要有三种类型:① 保护企业相互之间的利益,维护公平竞争的立法。这种立法的目的是要说明何为不公平竞争,以及如何防止不公平竞争。国际上较为著名的此类法律有:美国 1890 年通过的旨在禁止垄断行为的《谢尔曼反托拉斯法》,1914 年通过的旨在反对不正当竞争的《联邦贸易委员会法》,1936 年通过的旨在禁止价格歧视的《帕特曼法》,1950 年通过的有关企业兼并的《反吞并法》等。② 保护消费者利益免受不公平商业行为损害的立法。这种立法的核心在于防止企业以欺骗性广告或包装招徕顾客,或以次品低价引诱顾客的行为,否则将进行法律制裁。美国等发达国家的此类立法尤多,如《消费者公平信贷法》《消费品定价法》《广告法》等。③ 保护社会公众利益的立法。为保护环境、防止经济发展与生活水平反向变化现象出现,以及避免企业在生产过程中造成的负担,制定的旨在约束企业行为的立法。这方面的立法有各种专门的国际公约,各国也有具体的立法,如美国的《国家交通安全法》《国家环境政策法》等。

无论法律的具体类型如何,都会对企业的市场营销活动构成某种约束。这种意义上,企业的市场营销人员必须掌握关于环境保护、消费者利益和社会利益方面的法律。一般来说,早期的法律重心多为保护竞争，而现代法律的重点则已经位移到了保护消费者。把握这一点对于企业开展市场营销业务尤为重要。不过，在企业立法方面一直存在着一个国际性的争论，即何处才是管制成本与管制利益的均衡点。而且，立法的公正性与执法的公正性远不是一回事，这是法律经济学上的难题，也是市场营销活动中所要经常面对的问题。

另外，立法与执法是相同意向的前后相连的两个过程，它们的承载主体各不相同。例如，美国的执法机构主要有联邦贸易委员会、联邦药物委员会、食品与药物管理局、联邦动力委员会、民用航空局、消费品安全委员会、环境保护局、消费者事务局等。显然，这些机构的行为状况对企业的市场营销行业与营销过程的影响作用不会完全相同。但这里却存在着一个具有国际普遍性的难题，即在立法机构与执法机构之间，真正熟知营销业务的人员在水平上并不完全对等。因此企业市场营销人员如果缺乏与其打交道的技巧，往往极易丧失机会与市场。

（2）国家政策和法律对工商业的保护。

新的法律和政策将随经济形式的变化而不断变化。企业管理人员在制定产品及其营销计划的时候，必须注意这些变化。

中国在加入WTO以后，国家的产业政策、税收政策及进出口管理政策产生了重大调整。以产业政策为例，国家将出台对幼稚产业的保护政策和战略性贸易政策。

所谓对幼稚产业的保护政策指对那些经济发展后起步的国家，必须选择某些具有潜在比较优势和发展前景的产业（幼稚产业）给予适当的、暂时的关税保护，以便逐步扶持其国际竞争的能力。中国加入WTO以后，农业、汽车产业、金融服务业等被国家定为幼稚产业。在这些领域国家在一定时期内实行一定的保护政策。

战略性贸易保护政策指由于不完全竞争和规模经济的存在，市场本身运动的结果处于一个"次优"的境地，政府可适当运用如关税、补贴等干预措施扶持本国战略性产业的成长，并带动相关产业的发展，从而增加本国的经济贸易福利，如谋取规模经济之外的额外收入、抢占国际竞争对手的市场份额。

中国在加入WTO以后，在承担相应开放市场义务的同时，对国内某些幼稚产业和战略性产业在一定时期内必将实行适当保护。在立法方面，反倾销法、反补贴法、进口保障法、维护公平竞争法、反垄断法等都将逐步出台。

2. 社会规范和商业道德对市场营销的影响

形成文字的法律法规不可能覆盖所有可能产生的市场弊端，而现有法律也很难全部执行。而且，除法律和规章以外，企业也要受社会规范和商业道德的约束。大量出现的商业丑闻使人们重新重视商业道德问题。因此，许多行业和专业贸易协会提出了关于道德规范的建议，许多公司制定了关于复杂的社会责任问题的政策和指导方针。

另外，公众利益团体，如那些保护消费者状况的团体，如消费者协会、动物保护委员会、妇女权益委员会等迅速崛起。他们会游说政府官员、呐喊、左右舆论导向，给企业的市场营销活动带来极大的影响。如果企业营销人员缺乏相应斡旋技巧，就难免给原有的目标市场造成威胁。

2.2.6 社会文化环境

社会文化环境（Cultural Environment）系指一个国家、地区或民族的传统文化（如风俗习惯、伦理道德观念、价值取向等）。它包括核心文化和亚文化。核心文化是人们持久不变的核心信仰和价值观，具有世代相传，并由社会机构（如学校、教会、社团等组织）予以强化和不易改变等特点。亚文化是指按民族、经济、年龄、职业、性别、地理、受教育程度等因素划分的特定群体所具有的文化现象，其根植于核心文化，但比核心文化容易改变。

社会文化环境对汽车营销的影响有以下两方面。

第一，社会文化环境影响着人们的行为（包括购买行为），对企业不同的营销活动（如产品设计、造型、颜色、广告、品牌等）具有不同的接受程度。

📖 **相关链接**

社会文化对汽车市场营销的影响实例

某些性能先进、国际流行款式、深受外国人喜爱的"留背式"轿车，在推向中国市场时却遇到了销售不畅的麻烦。其原因就在于中国的集团消费者认为这种车"不气派"，生意人认为其"有头无尾"（不吉祥），结婚者认为其"断后"（断"香火"）等。总之，这种车型被认为"不符国情"，致使有关企业不得不为改变上述文化观念，花费大量促销费用。

北方某公司曾成功地利用南方人爱"发"的心理特点，对"××大发"汽车的促销宣传取得了显著效果。

以上两例从正反两方面说明了社会文化对企业市场营销的重要影响。

第二，亚文化的发展与变化，决定了企业市场营销活动方式的发展与变化。

📖 **相关链接**

当"走出去"企业遭遇文化挑战

文化的内涵比较广泛，如属地文化、习俗、法律等，这些都是泛文化的东西。全球型企业文化可以分为三种：企业本身的主文化、东道国的属地文化、被收购或兼并企业的原文化。无论我国企业是在发达国家还是在发展中国家发展，如何处理好这三种文化之间的关系至关重要。不能仅仅强调属地文化、原文化，更需要建立属于我国企业自己的主文化。这个主文化包括价值观念、价值体系等。另外，主文化的刚性不能太强，但必须把握住在企业中的统领地位。

跨国企业几乎都有强烈的"原产地"国家背景和鲜明的本土文化。由于企业文化的差异，导致合资、合作失败的案例不在少数。例如，奔驰与克莱斯勒的合作，二者合作可谓是全球最强组合，但是由于企业文化的巨大差异，无法很好地融合，从而导致最终分手。再看沃尔沃与福特的合作也是如此。

我国企业在收购或与外国企业合资的过程中，经常容易失去自我，一味迎合外方企业文化，这点值得反思。从本质上讲，中国文化与西方文化融合存在困难。当然也要重视收购来的外国企业的属地文化和原文化。由于主文化太刚性，导致企业在"走出去"的过程中失败的案例也不少。例如，标致汽车1985年就进入中国，但是由于法国文化过于刚性，导致企业内部矛盾横生，影响产品在市场上的表现。尽管经历了广州标致的失败，但法国人似乎仍没有充分吸取教训，在东风标致和东风雪铁龙内部，文化问题还是没有完全理顺。再如，南京菲亚特，由于意方没有重视东道国的属地文化和合作方南京汽车的企业文化，最后导致合资以失败告终。

总之，社会文化环境影响着企业的营销活动。同时，营销活动对社会文化环境也有一定的能动作用。

企业的市场营销活动除了应该研究市场的宏观营销环境，还应该重视研究本企业微观营销环境的具体特点，这样才能更全面地了解各种环境因素的变化，为企业的市场营销活动提供决策依据。

2.3 汽车市场微观环境

微观环境（Micro-environment）是指与企业关系密切、能够影响企业服务顾客能力的各种因素——企业自身、供应商、销售渠道、顾客、竞争对手和公众。这些因素构成企业的价值传递系统。营销部门的业绩，建立在整个价值传递系统运行效率的基础之上。

2.3.1 企业的内部环境

企业内部环境系指企业的类型、组织模式、组织机构及企业文化等因素。其中企业组织机构，即企业职能分配、部门设置及各部门之间的关系，是企业内部环境最重要的因素。

一般而言，企业内部基本的组织机构包括高层管理部门、财务部门、研究与发展部门、采购部门、生产部门、销售部门。营销部门必须与其他部门密切合作才能有效地开展各项活动，比如：营销计划必须经高层管理层同意方可实施；财务部门负责寻找和使用实施营销计划所需的资金；研究与开发部门研制适销对路的产品；会计部门核算收入与成本，以便使管理部门了解是否实现了预期目标。用营销概念来说，就是所有这些部门都必须"想顾客之所想"，并协调一致地提供上乘的顾客价值和满意度。

企业内部环境是企业提高市场营销工作效率和效果的基础。因此，企业管理者应强化企业管理，为市场营销活动创造良好的内部环境。

2.3.2 生产供应者

生产供应者，是指向企业提供生产经营所需资源（如设备、能源、原材料、配套件等）的组织或个人。供应商的供应能力包括供应成本的高低（一般由原材料价格变化所引起）、供应的及时性（一般由供应短缺或延迟、工人罢工所引起），这些因素是营销部门需要关注的，它们短期将影响销售的数额，长期将影响顾客的满意度。

📖 相关链接

生产供应者对企业市场营销的影响

生产供应者对企业的市场营销会产生的实质性影响。1992年，通用公司只有其德国子公司欧宝（Opel）公司赢利。该公司赢利的原因就在于其供应部最高经理罗佩茨先生出色的采购才能，使得欧宝公司从价格低廉的配套零部件中受益。大众汽车公司为摆脱不景气局面，不惜重金，于1993年将罗佩茨"挖走"，任命其担任供应董事，希望借此扭转大众公司的亏损状况。就连大众公司董事长也说："就大众公司而言，罗佩茨的重要性比我还高。"罗佩茨的"跳槽"虽因涉嫌窃取了通用公司的商业秘密（在其加入大众公司的前一周尚参加了通用公司高层关于产品规划的会议），而在世界上引起了轩然大波，但此例的确说明了生产供应者对企业市场营销（经济效益）的重要性。

所以，企业应不断地处理好同生产供应者之间的关系，为企业的市场营销活动营造较为有利的"小气候"。我国不少的汽车企业对其生产供应者采取"货比三家"的政策，既与生产供应者保持大体稳定的配套协作关系，又让生产供应者之间形成适度的竞争，从而使本企业的汽车产品达到质量和成本的相对统一。实践表明，这种做法对企业的生产经营活动具有较好的效果。

对汽车企业的市场营销活动而言，企业的零部件（配套协作件）供应者尤为重要。汽车企业不仅要选择和规划好自己的零部件供应者，而且还应从维护本企业市场营销活动的长远利益出发，配合国家有关部门对汽车零部件工业和相关工业的发展施加积极影响，促进其发展，以改变目前我国的汽车零部件工业和相关产业发展相对滞后的状况，满足本企业生产经营未来发展的配套要求。特别是现代企业管理理论非常强调供应链管理，汽车主机企业应认真规划自己的供应链体系，将供应商视为战略伙伴，不要过分牺牲供应商的利益，按照"双赢"的原则实现共同发展。

2.3.3 营销中介

营销中介（Marketing Intermediaries）是指协助汽车企业从事市场营销的组织或个人，包括中间商、实体分配公司、营销服务机构和财务中间机构等。

中间商是销售渠道公司，能帮助公司找到顾客或把产品售卖出去。中间商包括批发商和零售商。寻找合适的中间商并与之进行有效的合作并不是一件容易的事。制造商不能像从前那样从很多独立的小型经销商中任意挑选，而必须面对具备一定规模并不断发展的销售机构。这些机构往往有足够的力量操纵交易条件，甚至将某个制造商拒之门外。

相关链接

奥迪经销商网络建设

2012年奥迪的经销商网络建设进入高速扩张期，在扩张的同时保证经销商和消费者的利益是非常重要的。截至2012年3月，奥迪在全国拥有237个经销商网点，2013年奥迪的经销商网点将扩展到400家。经销商数量的增长，将给潜在消费者带来更大的便利。一汽大众奥迪只有在网络数量扩张的同时重视经销商经营质量的管理，才能使经销商网络的发展健康、稳健和合理。此外，未来奥迪还将调配更多的资源，向经销商提供更好的服务与支持，其中包括培训、技术支持、IT支持，还有经销商专属项目等，以确保在网络数量提高的同时，服务质量能大幅提升。

实体分配公司帮助企业从原产地至目的地之间存储和移送商品。在选择与仓库、运输公司合作的过程中，企业必须综合考虑成本、运输方式、速度及安全性等因素，从而决定运输和存储商品的最佳方式。

营销服务公司包括市场调查公司、广告公司、传媒机构、营销咨询机构等。它们帮助企业正确地定位和促销产品。由于这些公司或机构在资质、服务及价格方面变化较大，所以企业在做选择时必须慎重比较、认真对待。

财务中间机构包括银行、信贷公司、保险公司及其他金融机构。它们能够为企业的交易提供金融支持或对货物买卖中的风险进行保险。大多数公司和客户都需要借助金融机构为其交易提供资金。

营销中介对企业市场营销活动的影响很大,比如会关系到企业的市场范围、营销效率、经营风险、资金融通等。因而企业应重视营销中介的作用,通过与之开展良好的合作,获得他们的帮助,弥补企业市场营销能力的不足,不断改善企业财务状况。

📖 **相关链接**

我国的汽车租赁

我国汽车租赁业于1989年起源于北京,进入2001年前后,掀起了第三轮的汽车租赁企业发展高峰,从此,国内汽车租赁行业有了大跨步的发展,从原来仅限在北京、上海、广州等大型城市的汽车租赁业务,发展到了中小城市,乃至县镇。

常见的汽车租赁消费构成有以下三类。

(1)单位用车:主要以三资企业、中小企业为主以及车改的大型企事业单位,一般用于满足企业经营及公务、商务活动的需要,这部分消费占整个汽车租赁市场的50%左右。

(2)商旅活动用车:针对的客户是高级白领以上的人员,用以满足这些人员在异地进行商旅活动时对交通方面的要求,同时也解决了在本地的公、私接待事务方面的需求。这部分用车占整个汽车租赁市场的40%左右。

(3)家庭、个人用车:主要以中高收入家庭为主,其主要用途为家庭旅游、探亲访友、临时外出等,这部分用车占整个汽车租赁市场的10%左右。

随着大家生活水平的提高,汽车以无可阻挡的趋势进入人们的生活。急剧增长的汽车需求与道路资源、停车资源等有限的社会资源存在着不可调和的矛盾。2006年后,国家放宽了汽车租赁公司的牌照政策,国内车价也已基本稳定,信用卡的使用越来越普及等因素,使得汽车租赁公司的数量和规模都有了较大的增长。

比如,神州租车于2007年9月孕育而生。2010年,神州租车实现了规模、品牌和产品服务等诸多方面的跨越式发展,已经逐渐形成了"融资、降价、采购、扩张、再融资"的资本运营模式;另一方面,"云战略"计划也正在为客户创造更好的、愉悦的租车体验。截至2014年,神州租车已经是一家有着近130000多台车辆、1000多个服务网点的全国性大型连锁租车企业,也是国内唯一一家服务网络覆盖全国的汽车租赁企业。

2.3.4 顾客(用户)

顾客是企业产品销售的市场,是企业赖以生存和发展的"衣食父母"。企业市场营销活动的起点和终点都是满足顾客的需要,汽车企业必须充分研究各种汽车用户的需求及其变化,才能更好地提供产品和服务。

一般来说,顾客市场可分为五类,即消费者市场、企业市场、经销商市场、政府市场和国际市场。消费者市场由个人和家庭组成,仅为自身消费而购买商品和服务。企业市场购买商品和服务是为了深加工或在生产过程中使用。经销商市场购买产品和服务是为了转卖,以获取利润。政府市场由政府机构组成,购买产品和服务用以服务公众,或作为救济物资发放。

最后是国际市场，由其他国家的购买者组成。每个市场都有各自的特点，销售人员需要对此做出仔细分析。

2.3.5 竞争者

竞争是商品经济的基本特性，只要存在着商品生产和商品交换，就必然存在着竞争。任何企业的市场营销活动都要受到其竞争者的挑战，只要存在着需求向替代品转换的可能性，潜在的竞争对手就会出现。现代市场营销理论认为，竞争者有各种不同的类型，企业应针对不同类型的竞争者分别采取不同的竞争策略。

竞争者一般是指那些与本企业提供的产品或服务相似，并且所服务的目标顾客也相似的其他企业。从营销学的角度分析，企业在市场上面临着四类竞争者。

1．愿望竞争者

愿望竞争者指提供不同产品以满足不同需求的竞争者，如出售旅游产品与出售电子产品之间的竞争。

例如，消费者要选择一种万元消费品，他所面临的选择就可能有电脑、电视机、摄像机、出国旅游等，这时电脑、电视机、摄像机及出国旅游之间就存在着竞争关系，成为愿望竞争者。

2．属类竞争者

属类竞争者又称一般竞争者，指以不同的方法满足消费者同一需要的竞争者，如航运和客运之间的竞争。

例如，自行车、摩托车、轿车等都可以作为家庭交通工具，这三种产品的生产经营者之间必定存在着一种竞争关系，这种竞争关系就是一般竞争者。

3．产品形式竞争者

产品形式竞争者也称行业竞争者，是指生产同种产品，但提供不同规格、型号、款式的竞争者。由于这些同种但形式不同的产品对同一种需要的具体满足上存在着差异，购买者有所偏好和选择，因此这些产品的生产经营者之间便形成了竞争关系，互为产品形式竞争者。

例如，轿车有手动变速、自动变速、手自一体，还有两厢车、三厢车，这就是产品形式竞争者。

4．品牌竞争者

品牌竞争者是指满足相同需求的、规格和型号等相同的同类产品的不同品牌之间在质量、特色、服务、外观等方面所展开的竞争。因此，当其他企业以相似的价格向同一顾客群提供类似产品与服务时，营销者将其视为竞争者。品牌竞争者之间的产品相互替代性较高，因而竞争非常激烈，各企业均以培养顾客品牌忠诚度作为争夺顾客的重要手段。例如，"奥迪""奔驰""宝马""大众"等品牌，这些企业之间必定存在品牌竞争的关系。

> 📖 **相关链接**

汽车消费的成本与便利考量

消费者的需要可以用不同的方式来满足。比如，一个城市禁止摩托车后，原来的摩托车用户就会购买汽车或其他的交通工具来满足自己的出行需要。即使是同一种需要也并不是只有一种实现途径，比如，消费者需要汽车时，并非一定要购买，也可以选择"租车"。满足消费者需要的不同方法和途径可以相互替代。影响消费者选择的主要因素是成本与便利。如果租车成本比自己购买的成本低很多，就有可能去租车。从另一个角度来看，如果租车对消费者的长期使用带来诸多不便，消费者自然不会选择租车，这就要看哪个因素在消费者心里占主导地位。因此，一个城市限制汽车过快增长、解决交通拥堵问题常常通过提高汽车使用成本和发展公共交通双管齐下的办法。

2.3.6 有关公众

公众是指对企业的营销活动有实际的潜在利害关系和影响力的一切团体和个人。一般包括融资机构、新闻媒体、政府机关、协会社团组织及一般群众等。

公众对企业市场营销活动的规范、对企业及其产品的信念等方面会产生实质性影响。金融机构影响一个公司在发展过程中获得资金的能力，新闻媒体对消费者具有导向作用，政府机关决定有关政策的动态，协会社团组织及一般公众的态度影响消费者对企业产品的信念等。现代市场营销理论要求企业采取有效措施与重要公众保持良好关系，树立良好企业形象，为此，企业应适时开展正确的公共关系活动。

> 📖 **相关链接**

奔驰在中国的公益之路

2015年是梅赛德斯-奔驰星愿基金五周年，奔驰援建的希望小学已经落成。在2013年雅安地震的当天，得知地震消息后，梅赛德斯—奔驰星愿基金管理委员会立即启动星愿基金的灾难救助应急机制，经由基金管委会及公司管理层共同审批决定，向灾区捐赠2000万元人民币。

2013年雅安震后，奔驰在大熊猫保护领域开展的援建项目是向都江堰熊猫基地投入资金300万元，主要用于雅安碧峰峡基地的修复，以及都江堰熊猫成长基地的相关园区环境改造和部分科研项目。另外，奔驰从2007年开始就和联合国教科文组织合作，通过"自然之道奔驰之道"项目，持续支持雅安大熊猫栖息地的保护，截至目前在大熊猫保护研究方面累计投入近900万元。

2.4 企业适应环境变化的策略

营销者必须善于分析营销环境的变化，研究相应的对策，提高企业市场营销的应变能力。只有如此，企业才能在"商战如兵战""市场无常势"中立于不败之地。

2.4.1 企业对抗环境变化的策略

对企业的市场营销活动来说，最大的挑战莫过于环境变化对企业造成的威胁。而这些威胁的来临，一般又不为企业所控制，因此企业应做到冷静分析、沉着应对。面对环境威胁，企业可以采取以下三种对策。

1. 对抗对策

对抗对策要求尽量限制或扭转不利因素的发展。比如，企业通过各种方式促使或阻止政府或立法机关通过或不通过某项政策或法律，从而赢得较好的政策法律环境。显然企业采用此种策略必须要以企业具备足够的影响力为基础，一般只有大型企业才具有采用此种策略的条件。此外，企业在采取此种策略时，其主张和所作所为，不能倒行逆施，而应同潮流趋势一致。

2. 减轻策略

减轻策略适宜于企业不能控制不利因素发展时采用。它是一种尽量减轻营销损失程度的策略。一般而言，环境威胁只是对企业市场营销的现状或现行做法构成威胁，并不意味着企业就别无他途，俗话说"天无绝人之路""东方不亮西方亮"。企业只要认真分析环境变化的特点，找到新的营销机会，及时调整营销策略，不仅减轻营销损失是可能的，而且谋求更大的发展也是可能的。

3. 转移策略

转移策略要求企业将面临环境威胁的产品转移到其他市场上去，或者将投资转移到其他更为有利的产业上去，实行多角经营。如 KD 方式转移生产、产品技术转移等都是转移市场的做法。但转移市场要以地区技术差异为基础，即在甲地受到威胁的产品，在乙地市场仍有发展前景。企业在决定多角经营（跨行业经营）时，必须要对企业是否在新的产业上具有经营能力进行审慎分析，不可贸然闯入。

总之，当企业在遇到威胁和挑战时，市场营销人员和管理者，应积极寻找对策，克服困难，迎接挑战。

相关链接

KD——散件组装

在产品生产领域，KD 指散件组装，英文全称为 KnockDown。

KD 有三种形式：CKD、SKD、DKD。CKD（Complete KnockDown）为全散件组装，SKD（Semi-KnockDown）则是半散件组装，一部分总成是现成的。DKD（Direct KnockDown）可以翻译为直接组装或成品组装，如汽车组装生产中，车身整体进口，安装车轮后出厂。

2.4.2　企业调节市场需求的策略

调节市场需求的水平、时间和特性，使之与供给相协调，是营销管理者的重要任务。现代市场营销理论总结出多种调节市场需求的方法。

1. 扭转性经营

扭转性经营，即采取适当的营销措施，改变用户对本企业产品的信念和态度，把否定需求改为肯定需求。此策略适合于用户对本企业产品存有偏见或缺乏了解等情况下采用。

2. 刺激性经营

刺激性经营，即设法引起用户的注意和兴趣，刺激需求，扩大需求规模。此策略一般适合于企业的新产品在推向市场时采用。

3. 开发性营销

当用户对现有产品已感到不满足，希望能有一种更好的产品取代时，即意味着某种新产品也有了潜在需求，企业应尽快推出适合用户需要的新产品，将用户的潜在需求变为现实需求。

4. 维持性营销

当某种产品目前的需求水平与企业期望的需求水平基本吻合，出现更大规模需求的可能性不大时，宜采用此策略，即维持营销现状，不再对此产品做更大的投资。

5. 限制性营销

当产品呈现供求不平衡时，企业可以通过宣传引导、提价等措施，以抑制部分需求，当产品供过于求时，企业可以加强促销，以扩大需求，必要时还必须减少产品的供给，实行限制性营销。

有种说法是，市场营销管理的实质就是需求管理。这说明了调节市场需求对企业市场营销的重要性，它体现了企业市场营销活动的复杂性以及市场营销决策的科学性和艺术性。

2.4.3 环境分析的具体方法

企业只有不断地适应各种营销环境的变化，才能顺利地开展营销活动。为此，企业除了在技术上应该建立预警系统，监视环境变化，加强营销环境变化的预测外，还必须掌握分析环境变化的具体方法。从而主动调整营销策略，使企业的市场营销活动不断地适应营销环境的变化。

对企业而言，并非所有的环境机会都具有相同的吸引力，也不是所有的环境威胁都产生相同的压力，因而企业对于每种营销环境的变化给企业带来的机会或环境威胁，应从数量上或程度上予以分析，运用比较的方法，找出和抓住最有吸引力的营销机会，避开最严重的环境威胁，这种分析方法就是环境分析。

环境分析的具体方法可以通过选择"潜在吸引力（或危害性）"和"成功可能性（或出现威胁的可能性）"两个指标进行。根据这两个指标的具体特点去评价某种环境变化的具体特点。环境分析方法如图 2-3 表示。如果某种环境变化对企业营销机会的"潜在吸引力"大，而企业营销活动的"成功可能性"也大，即处于图 2-3(a)中阴影部分，表明该种环境变化将对企业的营销活动非常有利，企业应当抓住这样的机会；反之，如果某种营销环境变化对企业营销活动的"潜在危害性"大，而这种"危害出现的可能性"也大，即处于图 2-3(b)中阴影部分，即表明该种环境变化将对企业的营销活动产生非常不利的影响，企业应及时调整营销策略，甚至改变营销战略，以避开或减轻营销环境变化对企业营销活动的威胁。

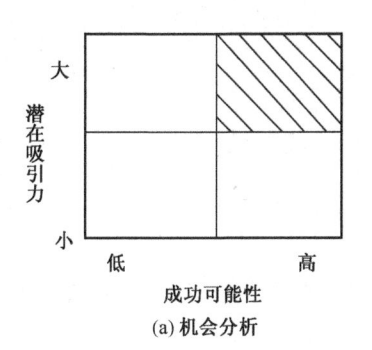

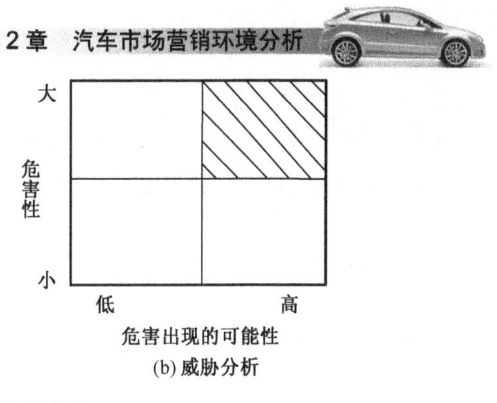

图 2-3 营销的环境分析方法

弄清自己的营销机会和环境威胁，是取得营销业绩和谋求企业发展的基本前提。如果综合地考察企业面临的营销机会和环境威胁，企业在营销环境的变化过程中所处的地位和类型可能是：理想企业、风险企业、成熟企业、困难企业，如图 2-4 所示。显然，以理想企业所处的环境最好，以困难企业所处的环境最差。对于进入新的历史时期的我国汽车企业而言，大型汽车企业（集团）更多属于风险企业，而某些中小型企业，尤其那些经营思想不正确，市场营销能力差的企业，则更多属于困难企业。因此，各汽车企业对自己所处的地位和类型应保持清醒认识。

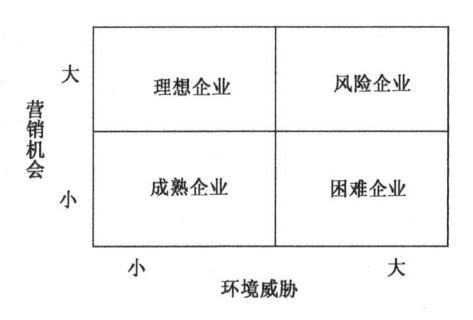

图 2-4 营销环境变化时企业类型

2.4.4 SWOT 分析法则

SWOT 分析指对企业优势（Strength）、劣势（Weakness）、机会（Opportunity）和威胁（Threats）的分析。因此，SWOT 分析实际上是将对企业各种内外部条件进行综合和概括，进而分析组织具备的优势和劣势、面临的机会和威胁的一种方法。其中，优劣势分析主要是着眼于企业自身的实力以及与竞争对手的比较，而机会和威胁分析将注意力放在外部环境的变化以及对企业可能的影响上。但是，外部环境的同一变化给具有不同资源和能力的企业带来的机会与威胁却可能完全不同，因此，两者之间又有紧密的联系。

SWOT 方法自形成以来，广泛应用于战略研究与竞争分析，成为战略管理和竞争情报的重要分析工具，具有分析直观、使用简单等显著的优点。即使没有精确的数据支持和更专业化的分析工具，也可以得出有说服力的结论。但是，正是这种直观和简单，使得 SWOT 不可避免地带有精度不够的缺陷。例如，SWOT 分析采用定性方法，通过罗列 S、W、O、T 的各种表现，形成一种模糊的企业竞争地位描述，以此为依据做出的判断，不免带有一定程度的主观臆断。所以，在使用 SWOT 方法时要注意其局限性，在罗列作为判断依据的事实时，要尽量真实、客观、精确，并提供一定的定量数据弥补 SWOT 定性分析的不足，构造高层定性分析的基础。

1. 进行 SWOT 分析时基本规则

（1）必须对公司的优势与劣势有客观的认识。

（2）必须区分公司的现状与前景。

(3) 必须考虑全面。

(4) 必须与竞争对手进行比较，如优于或是劣于你的竞争对手。

(5) 保持 SWOT 分析法的简洁化，避免复杂化与过度分析。

2. 主要步骤

SWOT 分析法常常用于制定集团发展战略和分析竞争对手情况。在战略分析中，它是最常用的方法之一。进行 SWOT 分析时，主要有以下三个步骤。

1) 分析环境因素

运用各种调查研究方法，分析公司所处的各种环境因素，即外部环境因素和内部环境因素。外部环境因素包括机会因素和威胁因素，是外部环境对公司的发展直接有影响的有利和不利因素，属于客观因素；内部环境因素包括优势因素和劣势因素，是公司在其发展中自身存在的积极和消极因素，属主动因素。在调查分析这些因素时，不仅要考虑历史与现状，而且更要考虑未来发展问题。

2) 构造 SWOT 矩阵

将调查得出的各种因素根据轻重缓急或影响程度等排序，构造 SWOT 矩阵。在此过程中，将那些对公司发展有直接的、重要的、大量的、迫切的、久远的影响因素优先排列出来，而将那些间接的、次要的、少许的、不急的、短暂的影响因素排列在后面。

3) 制订行动计划

在完成环境因素分析和 SWOT 矩阵的构造后，便可以制订出相应的行动计划。制订计划的基本思路是：发挥优势因素，克服劣势因素，利用机会因素，化解威胁因素；考虑过去，立足当前，着眼未来。运用系统分析的综合分析方法，将排列的与考虑的各种环境因素相互匹配起来并加以组合，得出一系列公司未来发展的可选择对策。

SWOT 分析在最理想的状态下，是由专属的团队来达成的。一个 SWOT 分析团队，最好由一个会计人员、一位销售人员、一位经理级主管、一位工程师和一位专案管理师组成。

3. 分析要点

1) 竞争优势

竞争优势（S）是指一个企业超越其竞争对手的能力，或者指公司所特有的能提高公司竞争力的东西。

例如，当两个企业处在同一市场或者它们都有能力向同一顾客群体提供产品和服务时，如果其中一个企业有更高的赢利率或赢利潜力，那么，我们就认为这个企业比另一个企业更具有竞争优势。

竞争优势可以是以下几个方面。

(1) 技术技能优势。例如，独特的生产技术，低成本生产方法，领先的革新能力，雄厚的技术实力,完善的质量控制体系,丰富的营销经验,上乘的客户服务,卓越的大规模采购技能等。

(2) 有形资产优势。例如,先进的生产流水线,现代化车间和设备,拥有丰富的自然资源储存,吸引力强的不动产地点,充足的资金,完备的资料信息等。

(3) 无形资产优势。例如,优秀的品牌形象,良好的商业信用,积极进取的公司文化等。

(4) 人力资源优势。例如,关键领域拥有专长的职员,积极上进的职员,很强的组织学习能力,丰富的经验等。

(5) 组织体系优势。例如,高质量的控制体系,完善的信息管理系统,忠诚的客户群,强大的融资能力等。

(6) 竞争能力优势。例如,产品开发周期短,强大的经销商网络,与供应商良好的伙伴关系,对市场环境变化的灵敏反应,市场份额的领导地位等。

2) 竞争劣势

竞争劣势(W)是指某种公司缺少或做得不好的东西,或指某种会使公司处于劣势的条件。可能导致内部劣势的因素有以下几点:

(1) 缺乏具有竞争意义的技能技术。

(2) 缺乏有竞争力的有形资产、无形资产、人力资源、组织资产。

(3) 关键领域里的竞争能力正在丧失机会。

3) 机会

公司面临的潜在机会(O)是影响公司战略的重大因素。公司管理者应当确认每一个机会,评价每一个机会的成长和利润前景,选取那些可与公司财务和组织资源匹配、使公司获得竞争优势的潜力最大的最佳机会。

潜在的发展机会可能是以下7个方面。

(1) 客户群的扩大趋势或产品细分市场。

(2) 技能技术向新产品、新业务转移,为更大客户群服务。

(3) 能够进行前向或后向整合。

(4) 进入某市场的壁垒降低。

(5) 获得并购竞争对手的能力。

(6) 市场需求增长强劲,可快速扩张。

(7) 出现向其他地理区域扩张,扩大市场份额的机会。

4) 威胁

在公司的外部环境中,总是存在某些对公司的赢利能力和市场地位构成威胁(T)的因素。公司管理者应当及时确认危及公司未来利益的威胁,做出评价并采取相应的战略行动来抵消或减轻所产生的影响。

公司的外部威胁可能是以下8个方面。

(1) 出现将进入市场的强大的新竞争对手。

(2) 替代品抢占公司销售额。

（3）主要产品市场增长率下降。
（4）汇率和外贸政策的不利变动。
（5）人口特征、社会消费方式的不利变动。
（6）客户或供应商的谈判能力提高。
（7）市场需求减少。
（8）容易受到经济萧条和业务周期的冲击。

4．总结分析

由于企业的整体性和竞争优势来源的广泛性，在做优劣势分析时，必须从整个价值链的每个环节上，将企业与竞争对手做详细的对比，如产品是否新颖、制造工艺是否复杂、销售渠道是否畅通、价格是否具有竞争性等。

如果一个企业在某一方面或某几个方面的优势正是该行业企业应具备的关键成功因素，那么，该企业的综合竞争优势也许就强一些。需要注意的是，衡量一个企业及其产品是否具有竞争优势，只能站在现有潜在用户角度上，而不是站在企业的角度上。

企业在维持竞争优势过程中，必须深刻认识自身的资源和能力，采取适当的措施。因为一个企业一旦在某方面具有了竞争优势，势必会吸引到竞争对手的注意。一般来说，企业经过一段时期的努力，建立起某种竞争优势，然后就处于维持这种竞争优势的态势，竞争对手开始逐渐做出反应；而后，如果竞争对手直接进攻企业的优势所在，或采取其他更为有力的策略，就会使这种优势受到削弱。所以，企业应保证其资源的持久竞争优势。

📖 相关链接

影响企业资源持久竞争优势的两个因素

资源的持久竞争优势受到两方面因素的影响：企业资源的竞争性价值和竞争优势的持续时间。

1．企业资源的竞争性价值

评价企业资源的竞争性价值必须进行四项测试。
（1）这项资源是否容易被复制？一项资源的模仿成本和难度越大，其潜在竞争价值就越大。
（2）这项资源能够持续多久？资源持续的时间越长，其价值越大。
（3）这项资源是否能够真正在竞争中保持上乘价值？在竞争中，一项资源应该能为公司创造竞争优势。
（4）这项资源是否会被竞争对手的其他资源或能力所抵消？

2．企业竞争优势持续时间

（1）建立这种优势要多长时间？
（2）能够获得的优势有多大？
（3）竞争对手做出有力反应需要多长时间？

如果企业分析清楚了这三个因素，就可以明确自己在建立和维持竞争优势中的地位。

当然，SWOT分析法不是仅仅列出四项清单，最重要的是通过评价公司的优势、劣势、机会、威胁，最终得出以下结论：

(1) 在公司现有的内外部环境下,如何最优地运用自己的资源。
(2) 如何建立公司的未来资源。

2.4.5 企业适应营销环境变化的措施

为了适应环境变化,企业必须在营销实践中找到一些行之有效的措施。具体措施有以下方面。

1. 加强市场营销计划的弹性

富有弹性的市场营销计划,有利于发挥营销计划的先导作用,使企业在实施营销计划时能够适应环境的变化。

因此,企业在制订营销计划时应做到以下几点。

(1) 企业要在制订好市场营销基本计划的基础上,再建立一套或几套应急计划方案。
(2) 企业要建立滚动性营销计划。
(3) 计划指标要有合理的上限和下限幅度。同时,企业在制订计划和决策的早期阶段,应使计划和决策既处于大体形成,又处于实验性状态,突发事件来临时可游刃有余。

2. 重视后备资源的建设

企业在制订应急计划后,还应落实应急措施和办法,积蓄打赢应急战的力量。

3. 提高控制水平

提高控制水平包括企业提高对流动资金、生产物资、生产指挥和中间商等市场营销重要因素的控制水平。

4. 建立快速应变的组织保证体系

企业在组织领导体制上要有"统一指挥、个人负责"的指挥系统,完善企业内部的信息流通机制,加强各部门的协调配合,提高整个组织的灵活性和协调性。

本章小结

本章从汽车市场营销环境的概念入手,阐述了汽车市场营销环境的特点以及对加快汽车企业发展的重要意义。汽车企业营销环境可分为宏观环境和微观环境两部分。宏观环境主要有政策与法律、经济、自然、人口、社会文化及科技等环境因素,微观环境主要有企业内部环境、供应商、营销中介、顾客、竞争者和公众等环境因素。汽车企业必须研究营销环境,以寻找机遇,规避威胁。

案例分析

奇瑞汽车产品分析

1. 产品环境分析

1) 宏观环境

(1) 政策法律环境。

国家的汽车工业振兴计划把奇瑞列入了扶持对象。2010年之后短期内(特指2~5年)国家整体调控将以扩大内需、促进国民消费为主，对汽车行业的支持与拉动仍将持续。奇瑞股份奇瑞销售公司主营的中低端车在未来5年会有更为广阔的市场环境。奇瑞股份麒麟销售公司主营的中高端车型受其国产化与技术日趋成熟化的支持，在未来5年将有可持续发展的动力。奇瑞股份开瑞销售公司主要以微型车为主，打拼二线三线和四线市场，在五菱的强大攻势下抢占市场份额，压力相对较大，但仍会持续增长。奇瑞股份国际公司主要针对海外市场，随着国际经济形势的复苏，2010年之后有所成长。所以在未来的3~5年仍是汽车行业的火爆年份。

政府出台的《汽车产业调整振兴规划》中明确提出，政府采购车辆中，自主品牌比例不得低于50%，这或许就是奇瑞高端品牌推广的一次契机。

（2）经济环境。

由于经济影响使外国企业推出新车的速度减慢，让奇瑞有可乘之机进入主流汽车市场。

各国受金融海啸冲击严重，各企业通过减产分割自保，对于新车型的推出采取压后减少的策略。受冲击较少的中国汽车市场，就会感到对新车型的需求得不到满足，奇瑞推出接近主流水平的新车能填补这一空白，而且国家政策扶持国内汽车企业，奇瑞有了一个比较稳固的后方支持，能放手去干，加上国际形势复杂，中国和各国频频发生外交冲突，使国人对国外品牌有抵触情绪，自主品牌如果在这个时候能推出性能质量上接近或超过国外品牌车型的汽车，会在国内汽车市场占有心理优势。

（3）社会文化环境。

随着人们教育程度的普遍提高，人们更加注重生活质量的提高，因此对于使用汽车作为代步工具也成为了一种"潮流"。

该公司在安徽省，中央领导有三位政治局常委都是安徽人，"神舟"七号飞船航天员落地后用的是奇瑞的礼宾车。

（4）人口环境。

随着人们收入水平的提高，对汽车的需求量越来越大。特别是刚刚走上工作岗位的年轻人群体，对中低档汽车的需求量较大。而且，大多数准备结婚的青年男女也会选择中低档汽车。所以，单从人口环境考虑，像奇瑞汽车这类中低档汽车的市场还是比较大的。

（5）奇瑞自身。

随着2009年奇瑞年销量接近50万辆，奇瑞的资产在2009年也得到了复苏，先后建立了重卡、电动车等项目，准备走多元化的路线，这是开创了一条新的征程，在1~2年的建设之后，未来3~8年将是创收的时期。

2）微观环境

（1）供应商。

随着国际社会对环境污染的重视，传统的汽油机很有可能在将来被替换，到那时奇瑞股份的三家国内销售公司、国际公司可能都对新能源汽车进行全面销售（据说现在奇瑞正在研究新能源汽车），至于5年后奇瑞是否能超越其他厂家，那就看奇瑞的努力了。

（2）企业内部。

企业内部面临流程过长、工作推诿、员工福利等问题。随着社会的发展，城市的生活成本将会越来越大，工资待遇、工作环境将严重影响企业的稳定；人员流动和组织机构的不健全也将危及企业的发展。

（3）顾客。
（4）竞争者。

比如：比亚迪、吉利。

2. 产品的市场细分和定位

1）奇瑞的市场细分

目前，奇瑞还没有建立以市场为导向的产销关系，就目前国内细分市场而言，低端竞争更加激烈，价格敏感度不断上升。

2）奇瑞的定位

奇瑞代表了年轻、时尚的一代对汽车的追求。比如，奇瑞的价格不高，因为目标客户群体年纪轻，购买能力不比中年人。同时，车子的外形靓丽、颜色鲜艳，这些都与年轻人、追求新奇、张扬个性的价值观和心理特征相吻合。

奇瑞在自己的品牌后面加上了"QQ"，攀附腾讯 QQ 的品牌进行传播。这种品牌策略使得奇瑞 QQ 在很短的时间内成为国内汽车市场上耳熟能详的品牌。

奇瑞打起了"民族汽车工业"领先者的旗号，深得人心。在 2005 年 CCTV 中国年度经济人物评选中，奇瑞老总入选，入选的理由是，奇瑞创造了中国民族汽车制造史上的一个奇迹。这一点在当时让很多人都对奇瑞有了更多的好感。

奇瑞产品线从下往上走并不容易，它面临的最大障碍就是品牌因素。到目前为止，用户对奇瑞的品牌认知还是建立在其经济型汽车上的，而不是服务和品牌内涵方面。奇瑞要在中高档市场有所作为，必须提升其品牌形象。而这之前它必须研发出几款真正在市场上受欢迎的中高档产品。

请问：

（1）案例中奇瑞公司面临的宏观环境和微观环境中的机会和威胁有哪些？

（2）通过资料收集，试从宏观环境和微观环境两方面分析你所熟悉的某个汽车公司的经营状况。

营销实训

实训项目：SWOT 在个人求职、职业生涯规划中的应用

1. 实训目的

掌握 SWOT 法则的内容和方法，利用 SWOT 分析工具分析个人技能、能力、职业、喜好和职业机会。

2. 实训内容和要求

（1）内容：对自己做全面细致的 SWOT 分析，了解自己的优点和弱点在哪里。

（2）要求：仔细评估自己感兴趣的不同职业中的机会和威胁所在。

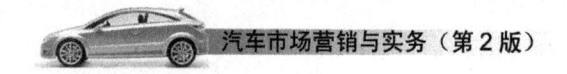

3. 实训组织

以个人为单位完成实训任务。

4. 实训操作步骤

（1）评估自己的长处和短处。

列出自己喜欢做的事情和长处所在（如果觉得界定自己的长处比较困难，可以找一些测试习题做一做，做完之后，就会发现长处所在）。同样，通过列表，找出自己不是很喜欢做的事情和弱势。找出短处与发现长处同等重要，基于自己的长处和短处做两种选择：一是努力改正常犯的错误，提高技能；二是放弃那些对自己不擅长的技能要求很高的职业。列出自认为所具备的很重要的强项和对职业选择产生影响的弱势，然后再标出那些重要的强、弱势。

（2）找出职业机会和威胁。

不同的行业（包括这些行业里不同的公司）都面临不同的外部机会和威胁，所以找出这些外界因素将有助于找到一份适合自己的工作，这对求职是非常重要的。因为这些机会和威胁会影响第一份工作和今后的职业发展。如果公司处于一个常受到外界不利因素影响的行业里，很自然，这个公司能提供的职业机会将是很少的，而且没有职业升迁的机会。相反地，充满了许多积极的外界因素的行业将为求职者提供广阔的职业前景。请列出自己感兴趣的一两个行业（如汽车、保健、金融服务或者电信），然后认真地评估这些行业所面临的机会和威胁。

（3）提纲式地列出今后 5 年内个人的职业目标。

仔细地对自己做一个 SWOT 分析评估，列出从学校毕业后 5 年内最想实现的 4～5 个职业目标。这些目标可以包括：想从事哪一种职业，将管理多少人，希望自己拿到的薪水属哪一级别。请时刻记住：必须竭尽所能地发挥出自己的优势，使之与行业提供的工作机会完满匹配。

（4）提纲式地列出一份今后 5 年的职业行动计划。

这一步主要涉及一些具体的东西。请拟出一份实现上述第（3）步列出的每一目标的行动计划，并且详细地说明为了实现每一目标，你要做的每一件事，何时完成这些事。如果觉得需要一些外界帮助，请说明需要何种帮助和如何获取这种帮助。比如，个人 SWOT 分析表明，为了实现理想中的职业目标，需要进修更多的管理课程，那么职业行动计划应说明何时进修这些课程。就此拟订的详尽的行动计划用于帮助你决策，就像公司事先制订的计划为职业经理们提供行动指南一样。

5. 实训考核

（1）考核 SWOT 分析的可行性、完整性等。（70%）

（2）考核个人在实训过程中的表现。（30%）

第3章 汽车消费者购买行为分析

本章学习目标

（1）了解汽车消费者行为的概念和特点。
（2）了解影响消费者购买行为的因素。
（3）了解消费者的购买决策过程。
（4）掌握汽车消费者的购买心理和行为分析。
（5）了解汽车集团用户市场的特点。
（6）了解汽车集团用户的购买决策过程与影响因素。

案例导入

汽车设计更多为女性考虑　女性购车比例增高

汽车是一个有着100多年历史的厚重产业，一度被认为是男性主宰的天下，但是这种现象正在悄悄地改变。虽然这个行业还没有出现IT行业里的惠普前CEO菲奥娜、EBAY玛格丽特·惠特曼那样的明星，但是也有诸如登上《财富》全球最具影响力的50名商界女性第6位的美国通用汽车公司副总裁莫林·肯普顿·达克斯等。近年来，中国车市蓬勃发展，各种商界女性评选中也逐渐多了不少车界女高管的名字，在她们当中，上海通用的李征卉、一汽大众的刘陶、东风日产的郭伟及一汽马自达的宋晓娟等就是杰出代表。

1．设计——越来越为女性考虑

眼下，女性购车者的比例越来越高。在车市的主力价位区间，很多车型因为精巧的外观、突出的女性气质，被正在崛起的女性购车者所喜爱，如飞度、雨燕、POLO、TIIDA、QQ、SPARK等。而一些追求性能与动力的跑车，如保时捷、法拉利、玛莎拉蒂等车的外形也变得越来越柔美，这里面自然有空气动力学方面的要求，但是无疑这样的外形更容易讨女性的欢迎，而"追求女孩子"正是跑车的另一种重要功能。

在家庭中，女人的发言权也越来越大，来自东风日产的一份研究报告指出，消费者在决定选购哪个汽车品牌时，女人的意见占60%。在此情况下，越来越多的车企开始聘请女性作为设计师，在设计中加入女性元素来讨好女性消费者。2011年1月，通用汽车CEO更换芭拉女士作为产品研发设计师；而福特汽车的PRDBE则是由设计师米·文德英伦率领25位男设计师完成的；雷诺汽车设计师安妮·艾桑斯则将她操持家务的心得和妈妈的关怀用于SOENIC多功能休闲车的设计；VOLVO更是专门为女性设计了一款概念车YCC，设计师团队共有6人，她们都是清一色的女性。更有一些厂商在推出新车前，特地组织女性顾客前来评点。女性的重要性已经显而易见。

2. 调查——全方位了解女性需求

在中国车市丽人特刊中，成都商报与成都全搜索网站、专业调查公司神鸟数据联合发布了女性用车全面调查，为女性消费者在选车、购车、开车、护车时提供更全面更具参考性的调查数据和建设性意见。这份调查显示，未来一年内有购车计划的女性人群中年轻女性逐渐成为主流；15万元以下的汽车车型受到大部分女性的喜爱，有能力全款购车的女性占到五成以上；除去安全性、质量和价格三个主要因素外，外观造型成为女性购车的首要考察目标；和大多数男性购车者不同，女性在选择汽车颜色时更加偏向个性，红色成为众多女性购车时的第一选择。

专业调查公司神鸟数据调查显示，颜色是购车的重要决定因素之一，尤其是对女性购车者，"外观颜色"在她们的潜意识中已被提升至仅次于"性能价格比"之后第二重要的位置，远高于"售后服务""油耗""配置"。而一名汽车企业女设计师告诉成都商报记者，如果把车比作一个移动的家，从小就爱玩过家家游戏的女性，可以说有着天生的布置家的能力，"比如我们即将上市的车型中增加了衣帽钩的细节，就是照顾到女性怕在车内把衣服弄皱的需求。其实这也是男性消费者共同的需求，只不过女性特别敏锐地把它发掘出来而已。"

也许有人认为，女性设计师对汽车造型、内饰上施加的影响，实在是微不足道，但不要忘记了，购车决策60%是由女性做出的，也许往往就是女设计师细小的一笔，就能够打动这些"决策者们"的芳心。

（案例素材来源：四川新闻网—成都商报2011年3月7日）

从逻辑上看，汽车消费者行为的分析应该是汽车市场营销分析的先导研究活动，只有充分了解消费者需求及其行为，把握他们的需要、动机、个性、态度和学习等内在心理因素，掌握他们的购买决策过程以及影响消费者行为的外在因素，才能在变化莫测的市场营销环境中了解并预期消费者行为，为汽车市场营销活动的计划和管理提供相应的依据，制定正确的市场营销策略。

3.1 汽车消费者购买行为概述

美国的菲利普·科特勒教授认为消费者购买行为是指人们为满足需要和欲望而寻找、选择、购买、使用、评价及处置产品、服务时介入的过程活动，包括消费者的主观心理活动和客观物质活动两个方面。汽车市场营销活动的目的也是要了解消费者的这些行为特征，这就需要把握汽车消费者的心理活动以及汽车市场的发展趋势，从而找到新的营销机会。

汽车用户从总体上分为消费者个人和集团组织两大类，前者构成汽车的消费者市场，后者构成汽车的组织市场。消费者购买行为是指消费者为满足个人或家庭生活而发生的购买商品的决策过程。集团用户的购买行为主要是指工商企业为从事社会生产和建设活动，以及政府部门和非营利组织为履行职责而购买汽车产品的决策过程。企业的营销人员通过对消费者和集团组织购买行为的研究，探索其购买行为的规律，从而制定有效的市场营销策略，实现企业营销目标。

3.1.1 汽车消费者购买行为的特征

由于汽车商品本身的使用特点、产品特点及价值特点与一般商品有很大差别，因此，企业要在市场竞争中能够适应市场、驾驭市场必须研究和掌握消费者购买行为的基本特征。

1. 购买者多而分散

汽车消费者的购买行为涉及每一个人和每个家庭，购买者多而分散。因此，汽车消费市场是一个人数众多、幅员广阔的市场。由于消费者所处的地理位置各不相同，闲暇时间不一致，造成购买地点和购买时间的分散性。

2. 购买量少，多次购买

汽车消费者购买汽车商品是以个人和家庭为购买和消费单位的，由于受到消费人数、需要量、购买力、道路交通状况等诸多因素的影响，消费者为了保证自身的消费需要，往往购买量小，但随着家庭生命周期和家庭结构以及经济状况的变化，也会再次或多次购买。

3. 购买需求的差异性大

汽车消费者购买汽车商品因受年龄、性别、职业、收入、文化程度、民族、宗教等影响，其需求有很大的差异性，对汽车的要求也各不相同。而且随着社会经济的发展，汽车消费者的消费习惯、消费观念、消费心理不断发生变化，从而导致消费者购买需求差异性大。

4. 非专家购买

因为汽车商品的技术性较强、操作比较复杂，绝大多数汽车消费者购买汽车商品时缺乏相应的汽车专业知识、价格知识和市场知识。所以，在绝大多数情况下，消费者购买汽车商品时往往受感情因素的影响较大。因此，汽车消费者很容易受广告宣传、汽车外观造型及其他促销方式的影响，产生购买冲动。

5. 购买行为的流动性大

汽车消费者购买商品必须慎重选择，随着市场经济的快速发展，人口在地区间的流动性较大，因而导致消费者购买行为的流动性很大，汽车消费者购买行为也表现出在不同产品、不同地区及不同企业之间流动。

6. 购买行为的周期性

对有些商品，消费者需要常年购买、均衡消费，如食品、副食品、牛奶、蔬菜等生活必需品；而有些商品消费者需要季节性购买或节日性购买，如一些时令服装、节日消费品；还有些商品，消费者需要等商品的使用价值基本消费完毕才重新购买，如打印机和家用电器。这就表现出消费者的购买行为有一定的周期性。在汽车消费者的购买行为上，部分"80后""90后"在成家立业初期更多地得到父母的支持，首次购车年龄总体较"70后"有所降低。喜欢新鲜事物的特点，导致"80后"换车周期更短，偏向追求更新的车型。并且，在购车选择过程中，互联网成为最主要的信息来源，"80后""90后"购车前会进行较为详细的网上调查，而网络口碑逐步成为影响对品牌车型看法最主要的因素，而且购车过程相对更短，一般在2周之内完成，这与互联网信息便捷程度有关。

7. 购买行为的时代特征

消费者的购买行为常常受到时代精神、社会风俗习惯的导向，从而使人们对商品产生一些新的需要。如 APEC 会议以后，唐装成为时代风尚，随之流行起来；又如社会对知识的重视，对人才的需求量增加，使人们对书籍、文化用品的需要明显增加。这些都显示出消费者的购买行为有时代特征。在汽车消费者的购买行为上，部分"80后""90后"相对于"70后"更加感性，决策过程中将更容易冲动和附带更多的感情因素。购买渠道上，除了仍占主导的4S 店以外，网上购车、线下团购成交在"80后""90后"中逐渐兴起，并且由于超前的消费观念，会较"70后"更乐于接受分期付款方式购车。

在汽车品牌营销上，由于"80后""90后"主要的信息来源是互联网，例如论坛、微博、博客、视频、SNS 等，所以针对互联网尤其是这些渠道的广告投放力度应该加强；因为口碑因素，即消费者产出信息在首购中的重要性，社交网络口碑营销策略应成为各商家关注的重点。汽车企业应该和汽车消费者保持积极的互动，及时洞察消费者兴趣和爱好的变化，把握消费需求的动向；整车厂应该倡导并鼓励品牌忠诚用户积极分享自己鲜活的使用经历和体验，尝试将分享这种经验和当下潮流联系起来，这样能够给品牌带来意想不到的收获。

8. 购买行为的发展性

随着社会的发展和消费者消费水平、生活质量的提高，消费需求也在不断向前推进。过去只要能买到商品就行了，现在追求名牌；过去不敢问津的高档商品如汽车等，现在普通人开始消费了；过去自己承担的劳务现在由劳务从业人员承担了等。这种新的需要不断产生，而且是永无止境的，使消费者购买行为具有发展性特点。因此，针对目前"80后""90后"消费群体的特点，整车厂必须做出具有针对性的改变。比如在研发设计上，在满足国人审美标准的前提下，应该将个性化放在重要位置，无论从外观、内饰都更加关注消费者的个性化需求，个性化将成为吸引"80后""90后"并赢得其满意度和忠诚度的重要手段。提倡个性化的同时，时尚的设计元素和高科技的配置也会成为吸引眼球的重要手段，以满足"80后""90后"对时尚新潮的追求。

从上述的汽车消费者购买行为特征可以看出，认清各类消费者购买行为的特征，有助于企业更有针对性地制定汽车市场营销策略，规划企业经营活动，为市场提供消费者满意的汽车商品和服务，更好地开展汽车市场营销活动。

3.1.2 汽车消费者购买行为要素

消费者的行为并非不可捉摸，通过精心设计和调查，消费者的行为是可以被理解和把握的，消费者行为虽然多种多样，但是在这些千差万别的行为背后存在着共性，因此，消费者的购买行为要素其实可以概括成"5W1H"（Who, What, When, Where, Why, How），也就是以下 6 个方面。

1. 谁购车

这是分析汽车购买的主体和影响购买决策的角色。消费者购买的汽车不一定是自己使用，消费者使用的汽车也不一定是由自己购买的。一般地，消费者在购买活动中的角色可分为五种：消费倡导者、消费决策者、消费影响者、购买者和使用者。

（1）消费倡导者，即本人有消费需要或消费意愿，或者认为他人有消费的必要，或者认为其他人进行了某种消费之后可以产生所希望的消费效果，这个人即属于消费的倡导者。

（2）消费决策者，即有权单独或在消费中有权与其他成员共同做出决策的人。

（3）消费影响者，即以各种形式影响消费过程的一类人，包括家庭成员、邻居与同事、购物场所的售货员、广告中的模特、消费者所崇拜的名人明星等，甚至素昧平生、萍水相逢的过路人等。

（4）购买者，即直接购买商品的人。

（5）使用者，即最终使用、消费该商品并得到商品使用价值的人，有时称为"最终消费者""终端消费者""消费体验者"。

当然这些不同的角色也可以相互重叠。传统观念认为，购买汽车的重要角色是决策者，如一个家庭中的"父亲"是购买汽车的决策者，但是在现代家庭中独生子女的意见往往影响着购买者的决策，而且女性在家庭购买决策中的影响作用也越来越明显。

2．购买何种车

这是对消费者购买对象的分析。对大多数消费者而言，购买什么样的汽车是整个消费购买决策的核心内容，同时这也是汽车市场营销人员的研究重点。企业可以通过市场调研，了解消费者市场需要什么样的汽车，尽量在性能、外观、质量、价格等方面满足消费者的需要。

3．何时购买汽车

这是对汽车消费者购买时间的分析。购买时间一般与消费者的需求迫切性有关，如果急需使用，当然很快就会购买。表面上看，购买时间只与单个消费者有关，但从整个汽车消费市场来看，还是有一定的规律可循，如购车者都喜欢在周末或节假日去看车，被称为"金九银十"的九、十月和春节前是销售旺季，而春节后是销售淡季等。了解这些基本规律，往往能起到事半功倍的作用，如汽车新产品投放、广告宣传、促销活动等时机的选择就可以参照这些规律进行，比较常见的如"周末车市""年末冲刺汽车展销会"等活动。

4．何处购车

这是对消费者购买地点的分析，主要从两个方面来分析：

（1）汽车购买者决定在何处购车；

（2）汽车购买者实际在何处购车。

虽然消费者购买地点的选择与购买习惯、个人偏好、是否方便快捷等因素有关，但在购买汽车这类价值较高的产品时，消费者一般都会选择信誉好、服务好的汽车销售中心。所以提高信誉和服务质量是吸引消费者的不二法门。

5．为何购车

这是对汽车购买者购买欲望和动机的分析。消费者的购买动机是多种多样的，不同的人会有不同的购买动机。例如，对要买同一款车的人来说，有的人是将其作为代步工具，有的人是因为个人兴趣，有的人是为了表现其生活方式，也有的人纯粹是随大流。企业应该通过对消费者的调查和预测，准确地把握消费者购车的原因，然后有针对性地进行营销。

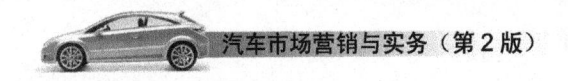

6. 如何购车

这是对消费者购买方式和付款方式的分析。购车者采取什么样的方式购车,是现场付款还是分期付款,是订购还是现场提车,企业应该充分考虑消费者的不同购买方式和不同要求,制定出相应的汽车市场营销策略。

在实际评估消费者购车信息时,还应在"5W1H"的基础上再加一个"H"(How much),这是对消费者购车预算的分析,这同样会影响企业营销计划的制订和营销策略的选择。

3.1.3 消费者购买行为模式

消费者的购买行为是一个复杂的过程,是受一系列相关因素影响的连续行为。一般来说,购买行为首先是受到某种(内部或外部)刺激而产生某种需要,进而产生购买动机,最后产生了购买行为,如图 3-1 所示。

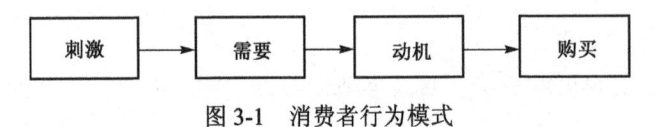

刺激 → 需要 → 动机 → 购买

图 3-1 消费者行为模式

在消费者的购买行为形成过程中,有两个关键方面:刺激和反应。刺激分为两种:① 营销刺激,包括产品、价格、渠道、促销等因素,即汽车企业的可控因素刺激;② 其他刺激,包括经济、政治、文化、法律、科学技术、竞争等因素。营销刺激和其他刺激一起构成了汽车购买者的外在刺激。反应指购买者受到刺激后的一种最终反应,也就是做出的关于汽车购买的产品选择、品牌选择、经销商选择、购买时机和购买地点选择的决策。当然,购买者从接受刺激到做出反应,其间还要经历一个过程,这也就是具有一定特征的汽车购买者购买动机的形成,其中主要是指使消费者产生"不足之感",进而产生"求足之愿",即产生购买动机。

但是需要注意的是,消费者即使做出了购买决策也不一定发生购买行为,因为可能受其他条件(如资金不足)限制而最终不能执行购买决策,即不能产生相应的购买行为。企业如果能帮助消费者解决阻碍其购买行为发生的其他条件,则有助于消费者最终产生购买行为。例如,汽车经销商为购车者提供分期付款或与银行合作为消费者购车提供贷款,帮助消费者解决资金问题,即可促进消费者购车行为的发生。

3.2 影响消费者购买行为的因素

3.2.1 影响消费者购买行为的内在因素

影响消费者购买行为的内在因素很多,主要有消费者的个体因素与心理因素。购买者的年龄、性别、经济收入、教育程度等因素会在很大程度上影响消费者的购买行为。消费者心理是消费者在满足需要活动中的思想意识,支配着消费者的购买行为。影响消费者购买的心理因素有动机、感受、态度、学习。

1. 个体因素

1）年龄

一个人在不同年龄阶段，所需要的商品和服务是不断变化的，审美观和价值观也会不同，从而表现出不同的购买行为。例如，年轻人通常容易接受新鲜事物，喜欢标新立异和追求个性。如果一辆汽车的目标市场是年轻人，相应的广告策略和促销策略都要符合年轻人求新求变的性格特征。

📖 **相关链接**

哈弗 H2 蓝标的定位——年轻与运动

哈弗 H2 是长城汽车旗下哈弗品牌推出的一款小型城市 SUV，其 4330/1815/1700mm 的车身尺寸非常接近紧凑型 SUV，并且轴距也控制在 2500～2600mm。在当今 SUV 车型日渐进入"微时代"的大环境下，长城应势推出的这款小型 SUV，成为又一款极具潜力的自主品牌 SUV 车型。外观方面，该车采用大嘴式进气格栅，前大灯加入 LED 灯组，并且双色组成的车身颜色凸显出这款车个性的一面。

哈弗汽车旗下车型继 H2 红标后又推出了 H2 蓝标，蓝标与红标市场定位不同，红标版定位家用车市场，侧重多用、便捷，设计风格大气；蓝标版定位运动风格，侧重炫酷、新颖，消费者群体为年轻人群。

从外观看，蓝标 H2 的设计时尚动感，充满野性的运动激情。蓝标哈弗 H2 长宽高分别为 4365mm、1814mm、1695mm，轴距为 2560mm，车身修长、饱满，俯冲动感的双腰线勾勒整车运动气息。D 柱嵌入了精致的"HAVAL" LOGO，与动感的小尾翼相得益彰。宽大的银色金属风格后保险杠给车尾增添了粗犷的越野元素，利剑式后尾组合灯，线条流畅，辨识度极高。哈弗 H2 蓝标版内饰明显区别于红标版，延续蓝标家族时尚活力的设计语言。蓝标哈弗 H2 采用展翼式运动氛围座舱设计，大面积的横向线条设计，提升整车内饰的横向视觉效果。中控台采用多层次立体设计，战斗机风格按键配合红色氛围灯，营造运动驾驶质感。搪塑软质仪表、仿碳纤维饰板、柔软皮质包裹，多种不同质感材质的组合将内饰的质感烘托出来，让蓝标哈弗 H2 尽显运动感与高档感。

2）职业

职业往往决定着一个人的地位以及他所扮演的角色，同时也决定着他的经济状况，从而影响其消费模式。教授、律师及政府官员大多喜欢购买黑色轿车，代表庄重、沉稳与威严；年轻的公司职员则喜爱色彩鲜艳的轿车，代表青春活力。

3）经济收入

消费者的收入是有差异的，同时又不断地变化着，因此会影响消费的数量、质量、结构及消费方式，从而影响购买行为。

（1）消费者绝对收入的变化影响购买行为。

引起消费者绝对收入变化的主要因素是消费者工资收入的变化、财产价值意外变化等。同时，政府的税收政策变化、企业经营状况的变化，都会导致消费者绝对收入的变化。同样是在购买汽车的问题上，当该消费者收入较低时，首先关注的往往是汽车的价格和耗油量；而一旦收入提高，可能就会对汽车的安全性能和外观提出要求，对汽车售后维修、零部件的供给更为关注。

（2）消费者相对收入的变化影响购买行为。

消费者相对收入、变化是指当其绝对收入不变时，由于其他社会因素，如商品价格、分配方式等产生变化，而使收入发生变化。

（3）消费者预期收入的变化影响购买行为。

消费者在购买贵重商品时，往往要对往后的收入情况做出一定的预期，尤其是打算采用贷款或分期付款购买方式时，这种行为的影响会更明显。现今，对于大多数中国消费者来说，汽车仍然属于一种奢侈品，因此，汽车生产企业必须考虑到消费者对未来收入的预期可能对其购买行为产生比较大的影响。除了消费者自身的工作环境和自身能力，总体经济环境和社会的稳定程度及社会保障体制的健全与否都会影响到消费者对未来收入的预期。

相关链接

中国汽车市场的"迭代"特点也在消费者对汽车价格的选择中凸显

根据易车网与罗兰贝格咨询公司对我国购车用户行为的挖掘，从价位偏好可以看出中国已购车用户当中一些明显的消费偏好趋势，经济入门型和中高端改善型汽车销售份额增长显著。就整体市场层面而言，自主品牌的销量和市场份额的提升是2015年中国汽车市场一个明显的特点，而这其中，SUV车型的不断推新和火爆销售尤为突出。

中国汽车市场的"迭代"特点也在消费者对汽车价格的选择中凸显。一方面是大量的初次购车用户，集中在12万元以下的经济入门车型消费；另一方面则是25万元以上车型的改善型消费份额提升明显。这种"两头热"的消费特点，让中国汽车市场的用户需求研究更加多样化。在中高端改善型需求中，针对SUV和MPV车型的增购换购也是一个主要选择，甚至挤占了A级和更小型轿车的份额，直接造成这一市场的萎缩。而SUV和MPV也成了唯一还保持份额增长的两个细分市场，预计MPV车型很快将迎来市场份额的"天花板"，增长后劲不足。

自主品牌的增长主要来自SUV产品，尤其是12万元以下低端SUV产品的快速扩张；而在12~18万元的主流市场，自主品牌和外资品牌各自都在借助SUV产品实现"上升"和"下探"；至于价格更高的18万元以上市场，虽然自主品牌份额也有1%的增长，但依旧是合资品牌占比近半的最大利润来源。

低线城市作为首次购车人群最集中的区域，其产品选择无疑更倾向于经济性。从易车指数的销量指数来看，18万元以下细分市场中，四五线城市的增长最为明显。而在18万元以上的市场，四五线城市的消费也依然保持了增长。

4）教育程度

一般来说，消费者受教育程度越高，对精神生活方面的消费需求就越多。同时，其购买行为也会显得越理智。受教育程度高的消费者在购买汽车时，可能会更重视该车的性能及外观设计与时尚程度，而不只是单纯关心其价格。

2．心理因素

1）动机

（1）需要引起动机。

需要是人们对于某种事物的要求或欲望，指引和推动人为实现目标的各种行动。因此，需要是消费者购买行为的起点。了解消费者的需要，正是研究消费者购买行为的切入点。

就消费者而言，需要表现为获取各种物质需要和精神需要。根据美国心理学家马斯洛的"需要层次"理论，可将人的需要分为五个层次，即生理需要、安全需要、社会需要、尊重需要和自我实现的需要，形成一个自下而上的层次。当人的低级需要得到满足后，就会开始追求更高一级的需要。不同需要层次的消费者对汽车的要求是不同的，如果消费者购买汽车只是为了解决自己的出行问题，那么他想要的可能就是一辆经济实惠、简单实用的汽车。如果消费者为了获得他人尊重彰显自己的身份，那么他想拥有的就是一辆豪华气派、足以体现车主身份的汽车。消费者不同层次的需要通常通过他的意向、愿望、兴趣体现出来。营销人员可以在与消费者的交谈中了解消费者的需要层次，明确洽谈的重点。

需要产生动机，消费者购买动机是消费者内在需要与外界刺激相结合使主体产生一种动力而形成的。

（2）购买动机的类型。

动机是为了使个人需要得到满足的一种驱动和冲动。消费者的购买动机是指消费者为了满足某种需要，产生购买商品的欲望和意念。购买动机可分为两类：生理性购买动机和心理性购买动机。

生理性购买动机指由人们因生理需要而产生的购买动机，如饥思食、渴思饮、寒思衣，又称本能动机，包括维持生命动机、保护生命动机、延续和发展生命动机。生理动机具有经常性、习惯性和稳定性的特点。

心理性购买动机是指人们由于心理需要而产生的购买动机。根据对人们心理活动的认识，以及对情感、意志等心理活动过程的研究，可将心理动机归纳为以下三类。① 感情动机。指由于个人情绪和情感方面的因素而引起的购买动机。根据感情不同的侧重点，可以将其分为三种消费心理倾向：求新、求美、求荣。② 理智动机。这是指建立在对商品的客观认识的基础上，经过充分的分析比较后产生的购买动机。理智动机具有客观性、周密性的特点。在购买中表现为求实、求廉、求安全的心理。③ 惠顾动机。这是指对特定的商品或特定的商店产生特殊的信任和偏好而形成的习惯，进而重复光顾的购买动机。这种动机具有经常性和习惯性特点，表现为嗜好心理。

消费者的需要有了明确的目标时，会转化成动机，动机是消费者行为的直接动因。动机源于需要，但将需要转化为动机的是商品的效用，没有效用的商品，即使具有购买能力，消费者也不会去购买；如果商品的效用很大，即使当前不具备购买能力，消费者也会筹措资金购买。汽车消费者购买汽车的动机概括起来大致有以下几种。

第一，求实购买动机。在购买过程中追求汽车的实际功效和作用，讲究经济实惠、经久耐用、使用方便，而不太注重汽车的外观。它是汽车消费中最具有普遍性、代表性的一种购买动机。

第二，求新购买动机。以追求汽车外观的新颖、时尚为主要目的的一种购买动机。具有这种购买动机的消费者比较注重汽车造型、颜色等外在的观感，而不太注重汽车的实用价值与价格高低，比较容易出现冲动性购买。

第三，求名购买动机。以追求名牌汽车、高档汽车来显示自己的身份和地位为主要目的的购买动机。

第四，求廉购买动机。消费者对汽车价格比较敏感，以价格的高低作为选购汽车的主要标准，不太注重汽车的品牌与服务。在经济收入不高的消费者中是一种普遍的购买动机。

第五，从众购买动机。消费者的购买行为受到周围人群影响较大，以大多数的购买行为为准则，以同众人一致作为追求的目标。这类消费者往往缺乏经验和市场信息，认为从众可以避免个人决策失误，有安全感。

第六，储备购买动机。以占有一定的紧俏商品为主要目的的购买动机。比如，消费者在听说政府将出台某项政策限制私人汽车过快增长的消息后，有可能会提前购买；或者当听说由于原材料涨价等原因可能导致汽车价格上涨时，也会产生购买动机。

第七，自我表现购买动机。以提高自己的社会声誉、地位为主要目的的购买动机。这类消费者只重视汽车的社会象征意义，而不太重视汽车的实际效用。这类消费者在享有一定社会地位的各界名流中比较多见。

消费者的购买动机是复杂的、多层次的，在实际购买活动中，通常不只存在一种购买动机，而是多种购买动机综合作用的结果，只不过在各种不同的场合下，各种动机的作用各有主次。

相关链接

女车主带来的汽车后市场商机

北京西郊汽配城的一家汽车用品店十分拥挤，这家店销量最大的多是车内挂饰、摆件、香水、方向盘套、卡通脚垫、靠垫。店主说："这些薄利多销的小物件，都是女车主在买。"一位正在购物的女顾客则说："我车里的毛绒玩具、挂件多达18件，后窗基本已封死，后座也成了史努比等的座位。每次看见这些可爱的物件我就无法克制购买冲动。"

女性车主的增加，无疑给汽车后市场带来了更多的商机，很多女性车主都希望通过自己精心的布置，让爱车变得时尚、个性、辨识度高，不但能得到身边人的称赞，还能吸引更多关注的目光。

一项调查显示，高达50%以上的女性车主对自己的爱车"过度"宠爱，这些宠爱体现在洗车频率高，保养也比男性准时。

一位汽车服务公司营业员说："就洗车这项业务而言，我们店女顾客明显多于男顾客。有一位女顾客，每周都要来两次。"某品牌4S店销售经理也表示："一般车辆在出保期后，都会流失很大一部分客户。但保留的客户中有60%左右为女性，女性一般比男性更加注重保养的时间，如果没有特殊情况都会按时保养。她们大多都会选择4S店，并且很在意服务态度和质量。"他透露了一个更加大胆的设想："有可能的话，我们会特地为女性车主准备一辆车，在等待车辆保养时,载她们去离店最近的购物城,以防女车主等待时会不耐烦。"

业内专家认为,女性车主数量的上升,对汽车后市场来说意味着很大的商机,如果能顺势推出吸引她们的产品和服务,将在激烈的竞争中出人头地。

人们的购买动机不同,购买行为必然是多样的、多变的。要求企业营销深入细致地分析消费者的各种需求和动机,针对不同的需求层次和购买动机设计不同的产品和服务,制定有效的营销策略,获得营销的成功。

2)感受

促成消费者的购买行动,还要看他对外界刺激或情境的反应,这就是感受对消费者购买行为的影响。感受指人们的感觉和知觉。所谓感觉,就是人们通过感官对外界的刺激或情境的反应或印象。随着感觉的深入,各种信息在头脑中被联系起来进行初步的分析综合,形成对刺激或情境的整体反应,就是知觉。知觉对消费者的购买决策、购买行为影响较大。在刺激或情境相同的情况下,消费者有不同的知觉,他们的购买决策、购买行为就截然不同。消费者知觉是一个有选择性的心理过程,主要体现在三个方面。

(1)选择性注意。在消费者获取汽车信息的时候,并不是所有关于汽车的信息都能照单全收,消费者只是对与自己需要有关的、特别留意的、独特的信息才能留下深刻印象。比如,在车展时,一些惊险刺激的汽车表演、美轮美奂的展台、别处心裁的布置,就能引起消费者的注意。

(2)选择性曲解。这是指消费者以个人意愿去曲解信息的倾向,常会造成先入为主的观念。如果汽车营销企业能始终坚持诚信经营、优质服务,努力提高企业的品牌形象,就会在消费者心中占据牢固的地位,这将是企业的一笔宝贵的财富。

(3)选择性记忆。消费者不可能将所有注意过的信息全部记住,而是有倾向性地记住自己喜欢的、感兴趣的、印象特别深刻的信息。营销人员在向消费者推销汽车时,必须留意消费者的兴趣点在哪里,而且介绍要简明扼要,不能有太多的信息干扰消费者。

📖 相关链接

台湾三阳"野狼"摩托车广告效应

20世纪70年代,我国台湾摩托车市场竞争激烈,其中三阳工业推出125CC重型摩托车时的广告策略堪称经典。1974年3月26日,台湾两家主要的日报上,刊出一则没有注明厂牌的摩托车广告,面积是8栏50行,四周是宽阔的网线边,中间保留成一块空白。空白上端有一则漫画式的摩托车插图。图的下面有6行字,内容是"今天不要买摩托车,请您稍候6天。买摩托车您必须慎重地考虑。有一部意想不到的好车,就要来了。"次日继续刊出这则广告,内容只换了一个字:"请您稍候5天。"这天的广告引起了反应。同业们听说了是三阳的广告,纷纷向三阳发牢骚,询问"为什么这两天叫消费者不要买摩托车"?因为第一家摩托车店的营业额都减少了。第3天,继续刊出这则广告,内容仍只换了一个字,改为:"请您再稍候4天。"这天的广告又引起了反应,连广告主本身的各地经销店都抱怨销售减少了。第4天,内容取消了"今天不要买摩托车"一词,改为:"请再稍候3天。要买摩托车,您必须考虑到外形、耗油量、马力、耐用度等。有一部与众不同的好车就要来了。"这天的广告又引起了反应。广告主所属的推销员们大叫"受不了"。这几天的广告影响了他们的推销量。这3天中，里里外外的反应，使得广告主自己也有顶不住的感觉，几乎想中止这套预告性广告。广告代理业方面的专案小组负责人，则苦苦劝告广告主：要忍耐，要坚持。第5天的广告，内容稍改为："让您久候的这部无论外形、冲力、耐用度、省油等都能令您心满意足的野狼125摩托车，就要来了。烦您再稍候两天。"第6天的广告内容又稍改为："对不起，让您久候的三阳野狼125摩托车，明天就要来了。"第7天，这种新产品正式上市，果然造成大轰动。广告主发送各地的第一批几百辆新车，立即全部卖完。以后，接连不断的畅销，若干地区的经销商自己派人到工厂去争着取车，以应付购买的需要。"野狼"成为市场上的热门货，经销商的销售信心大增。广告主的市场声誉，亦随之大大改观。广告主以往所出产的其他型号摩托车，销路也连带趋好。当时，广告代理业的专案小组调查得知，台湾全省每天约有200部摩托车的成交量。让消费者停止购买6天，至少可积存700~800部的成交量，一定可以从中争取得到不少的成交，自然造成了难得的畅销局面。负责核发摩托车牌照的各地公路监理所（站），亦证明了在那几天中，申请牌照的新摩托车确实少了许多。过了那几天，又突然增加了好多。

分析感受对消费者购买行为的影响目的是要求企业营销掌握这一规律，充分利用企业营销策略，引起消费者的注意，加深消费者的记忆，正确理解广告，影响其购买。

3）态度

态度通常指个人对事物所持有的喜欢与否的评价、情感上的感受和行动倾向。作为消费者，态度对消费者的购买行为有着很大的影响。企业营销人员应该注重对消费者态度的研究。消费者态度来源于：与商品的直接接触、受他人直接或间接的影响、家庭教育与本人经历。

消费者态度包含信念、情感和意向，它们对购买行为都有各自的影响。

（1）信念，指人们认为确定和真实的事物。在实际生活中，消费者不是根据知识，而常常是根据见解和信任作为他们购买的依据。

（2）情感，指商品和服务在消费者情绪上的反应，如对商品或广告喜欢还是厌恶。情感往往受消费者本人的心理特征与社会规范影响。

（3）意向，指消费者采取某种行动的倾向，是倾向于采取购买行动，还是倾向于拒绝购买。消费者态度最终落实在购买的意向上。

态度影响着消费者对汽车的认知、学习、评估、选择、决策，态度导致人们喜欢或不喜欢某些事物，一经形成就成为一种模式，要改变消费者的态度是比较困难的。在购车行为中，消费者的态度可以是积极的，也可以是消极的。在一般情况下，汽车企业不要试图改变消费者的态度，而应该考虑如何改变自己的产品或形象，以符合消费者的态度。1989年，美国福特汽车公司用16亿英镑收购了美洲虎，这个数字相当于美洲虎实际资产的近5倍。福特收购美洲虎的主要原因是，当时汽车行业的人已经预感到，随着经济的稳定乃至复苏，豪华车市场将再度出现热潮。欧洲用户普遍对欧洲自己生产的豪华车有相当的好感，而不愿意购买福特的豪华车。为了能够在欧洲创立自己的顶级豪华车品牌，福特才斥巨资收购了美洲虎。

在营销过程中，力求选择消费者信任的信息传达者或信息输送渠道，让消费者积极参加试乘试驾活动，有机会体验和了解产品，从而促使消费者产生积极肯定的态度。因此，研究消费者态度的目的在于企业充分利用营销策略，让消费者了解企业的商品，帮助消费者建立对本企业的正确信念，培养对企业商品和服务的情感，让本企业产品和服务尽可能适应消费者的意向，使消费者的态度向着企业的方面转变。

相关链接

别克赛欧轿车进军中国市场始末

在我国，2000年以前的经济型轿车市场中还没有一款完全意义上的进口轿车，虽然价格便宜，但给消费者的印象是低质低价，缺乏一种具有竞争力的车型，这时通用将在海外市场上的一款欧宝车引进中国，取名赛欧，俗称小别克。别克赛欧推出后，在中国轿车市场引起很大轰动，这是通用抓住国内10万元轿车空白的一次成功的市场开拓。在赛欧还没有正式上市的日子里，上海通用借助新闻和公关的力量就把赛欧"10万元家庭轿车"的概念炒作得深入人心，再加上赛欧与别克品牌的渊源，消费者对这款未曾谋面的轿车充满期待。赛欧成功的造就了10万元家庭轿车的概念，"制定"了中国家庭轿车的新标准，使中国消费者知道了10万元的家庭轿车应该配备什么样的标准。可以说，上海通用在前期只花费了新闻公关的宣传费用，就巧妙地借助媒体的力量和自身品牌的力量将这款经济型轿车提前推向市场，产生了强烈的市场等待效应。凭借着别克品牌效应和10万元轿车的概念，别克赛欧在中国轿车市场取得了巨大成功。2001年，上海通用又针对中国家庭市场推出赛欧的家庭版——赛欧SRV，将全新的汽车消费观引入中国普通消费者心中。2002年的产销量达到5万辆，成为这一级别市场最大赢家。

4）学习

学习是指由于经验引起的个人行为的改变。即消费者在购买和使用商品的实践中，逐步获得和积累经验，并根据经验调整自己购买行为的过程。也就是说，消费者在购买和使用汽车的活动中，会想方设法获取知识、经验与技能，通过积累经验、掌握知识，不断地提高自身对汽车的认识，提高自身的评估决策能力，完善购买行为。学习是通过驱策力、刺激物、提示物、反应和强化的相互影响、相互作用而进行的。

驱策力是诱发人们行动的内在刺激力量。例如，某消费者重视身份地位，尊重需要就是一种驱策力。这种驱策力被引向某种刺激物——高级名牌西服时，驱策力就变为动机。在动机支配下，消费者需要做出购买名牌西服的反应。但购买行为发生往往取决于周围"提示物"的刺激，如看了有关电视广告、商品陈列，他就会完成购买。如果穿着很满意的话，他对这一商品的反应就会加强，以后如果再遇到相同诱因时，就会产生相同的反应，即采取购买行为。如反应被反复强化，久之就成为购买习惯。这就是消费者的学习过程。

企业营销要注重消费者购买行为中"学习"这一因素的作用，通过各种途径给消费者提供信息，如重复广告，目的是加强诱因，激发驱策力，将人们的驱策力激发到马上行动的地步。同时，企业提供的商品和服务要始终保持优质，消费者才有可能通过学习建立起对企业品牌的偏爱，形成其购买本企业商品的习惯。例如，厂商通过汽车展销会、顾客联谊会、广告等措施来加强消费者对汽车产品的了解，激发消费者的联想，强化消费者的需要。

📖 **相关链接**

消费者购车行为各有不同

1. 一见钟情派

看重第一眼感觉，或是其整体风格能够引起其认同感和舒适感，再加上足够的品牌质量。消费者更偏向外观，目标明确，定位准确；该买啥车，深思熟虑；看好了就买，干脆利索，出手果断。财大气粗底气足，潇洒中不乏理智精明。

2. 慎重比较派

综合各种情况，注重实际。不唯价格，不求花俏；冷静等待，不急不躁。不为低价和新车所动，只待购车时机成熟。消费者购车时比较理性，采用性价比方法进行筛选，即性能越高，价格相对低的好。

3. 理性分析派

车比三家，物有所值。站在专业角度对目前的车市进行一番分析再下定论，不仅要看车的情况，还要看本地的路况更适合什么车。

3.2.2 影响消费者购买行为的外在因素

1. 政治因素

影响市场购买活动的政治因素主要是国家政策。每个国家都有不同的政策。例如，在美国允许私人持有武器，而在我国就不允许。又如，为了保护环境，欧盟许多国家对汽车的排放量都做出了详细的规定，不符合环保规定的汽车在这些国家不允许生产，也不允许销售。国家政策会对消费者的购买行为产生极大的影响。例如，2010年年底，北京出台汽车"限购令"，对北京地区的消费者购车行为产生了很大的影响。

📖 **相关链接**

汽车限购令

为解决城市交通拥堵问题，部分城市出台限购汽车政策，意在缓解交通压力，北京成为国内首个发布汽车限购令城市。2010年12月23日，北京正式公布《北京市小客车数量调控暂行规定》，比如外地人在北京购车须连续5年以上缴纳北京社保和个税的证明，港澳台居民、华侨及外籍人员需1年居住证明，外地牌照交通高峰时段禁行五环路（含）以内，个人买二手车也需要参加购车摇号等。2012年6月30日21时，广州宣布对中小型客车进行配额管理，比如采用"有偿竞拍+无偿摇号"模式分配中小客车增量配额指标，不论新车还是二手车，其随车号牌必须搭配使用满三年后，才能在过户或报废时，由原车主保留原来的号牌。同时，车主必须在原车过户或报废后六个月内，购买与原车同规格级别的新车或二手车，搭配原号牌使用，给想换车的车主增加了难度。2013年12月15日，天津市宣布从2013年12月16日零时起实行小客车增量配额指标管理。杭州市自2014年3月26日零时起，按照公开、公平、公正的原则，对行政区域内小客车实行增量配额指标管理，增量指标须通过摇号或竞价方式取得。深圳市自2014年12月29日18时起，在全市实行小汽车增量调控管理。

2. 相关群体

相关群体是指那些影响人们看法、意见、兴趣和观念的个人或集体。由于人们往往有迎合所处群体的倾向，因此，相关群体会产生某种趋于一致的压力，会影响个人的实际产品选择和品牌选择。从研究消费者行为的角度看，可以把相关群体分为两类：参与群体与非所属群体。

1）参与群体

参与群体是指消费者置身于其中的群体，主要有以下两类。

（1）主要群体是指个人经常性受其影响的非正式群体，如家庭、亲密朋友、同事、邻居等。

（2）次要群体是指个人并不经常受到其影响的正式群体，如工会、职业协会等。

2）非所属群体

非所属群体是指消费者置身之外，但对购买有影响作用的群体，它有两种情况，一种是期望群体，另一种是游离群体。期望群体是个人希望成为其中一员或与其交往的群体；游离群体是遭到个人拒绝或抵制，极力划清界限的群体。

企业营销应该重视相关群体对消费者购买行为的影响；利用相关群体的影响开展营销活动；还要注意不同的商品受相关群体影响的程度不同。商品能见度越强，受相关群体影响越大。商品越特殊、购买频率越低，受相关群体影响越大。对商品越缺乏知识，受相关群体影响越大。例如，许多厂家喜欢选择影视或体育明星作为产品形象代言人，就是针对消费者这种崇拜性购买行为的。

相关链接

明星代言汽车

1. 北京现代悦动与金城武

北京现代请金城武做悦动的代言被广泛关注。金城武性格内向，为人低调，即使身在娱乐圈也绝少绯闻。虽然出演过很多有名的电影，演技也逐渐提升，但因缺乏炒作，据称金城武在日本的人气已在走下坡路。悦动是北京现代的主打车型，其代表了北京现代"进取"的力量，与金城武的低调气质多少有点不搭。虽然两者不是那么的贴切匹配，但最终还是在争议中成功了，作为广告本身，关注越多，效果越显著。

点评：金大帅哥低调内敛，深受女士喜欢，想不红都不行，反之悦动亦然。

2. 奔驰与李娜

6月19日，"'娜'是不一般"的李娜迎来了第二次的开心。这一天，在温布尔登网球公开赛迎来第125周年之际，同样有着125年历史的梅赛德斯-奔驰宣布，邀请李娜担任其全球品牌使者。据悉，李娜也是第一个担任奔驰全球品牌使者的中国人。尽管奔驰和李娜对双方合作涉及的金额只字未提，但有媒体爆出了3年共计450万美元的数字。

点评：其实在李娜击败对手的那一瞬间，就知道奔驰很快就会过来找其代言，果不其然，预感很快就成为现实，不管这一数字是高还是低，但奔驰在李娜获得大满贯冠军后邀请其做全球形象代言人的快速反应，还是让营销界颇为称赞。因为奔驰在一个特殊的时间和地方，与目前最具商业开发价值的中国体育明星牵手，为企业、产品、形象做了一次很好的全球推广。尤其值得一提的是，经过与耐克公司的协商，奔驰的标志还出现在李娜的球衣上。

3. 新帕萨特与姜文

在新一代帕萨特上市之前，上海大众汽车就正式宣布签约著名导演、影帝姜文，作为旗下全新一代帕萨特形象代言人。集演员、导演、时尚先生于一身的姜文，以执著的完美主义演绎出旁人难以企及的事业巅峰。以演员论，他是金马影帝，几乎饰演的每一个角色都撼动人心；以导演论，他是中国最具才华的导演之一，几乎每一部作品都堪称经典。

点评：姜文数年磨一剑，拍出的《让子弹飞》一下赚钱了，帕萨特这些年也赚钱了，作为一部经典的大众车，同样是十年磨一剑。作为影视界与汽车界的全能代表，姜文和全新一代帕萨特一同扮演了成功的领航者和决策者，从容千里，同时却又稳健而不刻意炫耀。

4. 奔驰新C级与李冰冰

如今，新兴贵族越来越年轻化，奔驰为了树立全新的品牌形象，也开始走时尚路线。奔驰想走大众路线，就从相对"平民"的新C级车入手。在奔驰新C级的广告片中，李冰冰演绎的一位成功女性驾驶奔驰新C级的生活场景，显得游刃有余且激情四射，她多次对奔驰新C级车"真是太不可思议"的咏叹或多或少影响了那些新兴贵族的选择。

点评：李冰冰最后"你也要试试"的挑逗让很多喜欢她的小孩发出了"长大后也要像冰冰一样有出息，买奔驰"的跟帖，广告效果很直白。

5. 奥迪A5与张曼玉

提到张曼玉，给人印象最深刻的就是《花样年华》中身着旗袍、婀娜多姿的形象。张曼玉配上旗袍，演绎出的是一种内敛的妩媚和精致的诗意。那么，当张曼玉式的优雅遇到百年品牌奥迪的经典，又会绽放何等惊艳的火花？在广告大片中，张曼玉的纯黑色造型简洁清晰而又不失妩媚和韵味。飞扬的黑色半透明幔纱，犹如浓淡相宜的水墨在画面中眩晕流淌，将张曼玉优雅的气质和奥迪 A5 车身流线型的设计感衬托得更为灵动。

点评：奥迪 A5 是一款不错的车，也注定是一款小众的车，这和《花样年华》很多人因为看不懂而不去看一样，也很小众，但并不影响这是一部好电影，同样，也不影响奥迪 A5 是一部好车。

3．社会阶层

社会阶层是指一个社会按照其社会准则将其成员划分为相对稳定的不同层次。不同社会阶层的人，他们的经济状况、价值观念、兴趣爱好、生活方式、消费特点、闲暇活动、接受大众传播媒体等各不相同。这些都会直接影响他们对商品、品牌、商店、购买习惯和购买方式认知。

同一个社会阶层内的人，行为具有高度的相似性。但是，一个人所处的社会阶层不是一成不变的，每个人都有可能因为自身或外界的原因而改变所处的社会阶层。在汽车的购买行为中，各社会阶层显示出不同的产品偏好和品牌偏好。例如，劳斯莱斯，被视为身份和地位的象征，英国王室在很长一段时间内使用劳斯莱斯品牌；劳斯莱斯的购买者几乎都集中在每个社会的高阶层。汽车行业中的营销行为也往往将注意力集中在一个或少数几个阶层上。

但是没有一种汽车品牌或型号可以满足所有阶层的需要。企业营销要关注本国的社会阶层划分情况，针对不同的社会阶层的爱好要求，通过适当的信息传播方式，在适当的地点，运用适当的销售方式，提供适当的产品和服务。

相关链接

中国汽车消费者六大族群

2015 年 11 月，易车网联合罗兰贝格咨询公司，以海量大数据计算为基础，从人口属性、车型访问偏好、地域特征、用车情况、兴趣爱好等外延广泛的层面，通过聚类分析聚合出最典型的 6 类汽车消费人群，这几类人群在各项指标的分布上，几乎涵盖了目前中国汽车市场最主要、最广泛的典型消费群体。

1．成熟多金"大叔"

在典型汽车消费族群中，"大叔"代表着有一定年龄、社会阅历和经济基础的主流男性消费者。他们表现为年龄成熟的成功人士；集中在一二线城市；消费层次高，品牌选择最为多元化，偏好高端品牌车型；极为偏好大中型 SUV。

2．事业上升型男

中年男性，中等收入；二三线城市白领精英；稳重传统，相对保守；重视实用、品质。他们的品牌选择几乎是"死忠德粉"，其偏爱的车型也集中在最为传统的三厢轿车。从奥迪、大众到现代，看似跨度极大的品牌选择之间，一直遵循着稳健中庸的主线。

3．经济适用男青年

年轻一族，中低收入；实用主义，用途简单；偏好经济实用轿车。他们明显走向纯性价比路线，品牌偏好在这个群体中已经不太明显，选车观念是以车型为主、品牌次之。其偏爱车型集中在轿车，最大的特点就是喜欢那些经济、实用、热门紧凑车型，但品牌选择已经横跨中日美等不同国别。

4．活力小镇男青年

三四线城市，低收入青年；年轻活力，喜爱运动；偏好国产 SUV、MPV。他们限于购买力，依然遵循性价比路线，但在品牌和车型选择上他们明显更有个性。

5．成熟知性御姐

年龄成熟，经济优裕；注重品质、享受；偏好外资中高端轿车和 SUV 车型。她们比"大叔"更有个性，首先是超过一半的比例都对德系品牌偏爱，但在具体选择上又颇具自身个性，相比男性，她们对车型的选择更加多样化，高价位的个性小车同样占比不小。

6．年轻活力女青年

年轻时尚，中低收入；追求个性，品牌和车型选择多元化；偏好中、日系经济车型。

4．家庭状况

汽车的购买单位往往由一家一户组成，在企业营销中应关注家庭对购买行为的重要影响。研究家庭中不同购买角色的作用，利用有效营销策略，使企业的促销措施引起购买发起者的注意，诱发主要影响者的兴趣，使决策者了解商品，解除顾虑，建立购买信心，使购买者购置方便。还要研究家庭生命周期对消费购买的影响，企业营销可以根据不同的家庭生命周期阶段的实践需要，开发产品和提供服务。

相关链接

家庭生命周期

消费者的家庭状况，因为年龄、婚姻状况、子女状况的不同，可以划分为不同的生命周期，在生命周期的不同阶段，消费者的行为呈现出不同的特性。

1．单身阶段

处于单身阶段的消费者一般比较年轻，几乎没有经济负担，消费观念紧跟潮流，注重娱乐产品和基本生活必需品的消费。

2．新婚夫妇

经济状况较好，具有比较大的需求量和比较强的购买力，耐用消费品的购买量高于处于家庭生命周期其他阶段的消费者。

3．满巢期（Ⅰ）

这指最小的孩子在 6 岁以下的家庭。处于这一阶段的消费者往往需要购买住房和大量的生活必需品，常常感到购买力不足，对新产品感兴趣并且倾向于购买有广告的产品。

4. 满巢期（Ⅱ）

这指最小的孩子在6岁以上的家庭。处于这一阶段的消费者一般经济状况较好但消费慎重，已经形成比较稳定的购买习惯，极少受广告的影响，倾向于购买大规格包装的产品。

5. 满巢期（Ⅲ）

这指夫妇已经上了年纪但是有未成年的子女需要抚养的家庭。处于这一阶段的消费者经济状况尚可，消费习惯稳定，可能购买富余的耐用消费品。

6. 空巢期（Ⅰ）

这指子女已经成年并且独立生活，但是家长还在工作的家庭。处于这一阶段的消费者经济状况最好，可能购买娱乐品和奢侈品，对新产品不感兴趣，也很少受到广告的影响。

7. 空巢期（Ⅱ）

这指子女独立生活，家长退休的家庭。处于这一阶段的消费者收入大幅度减少，消费更趋谨慎，倾向于购买有益健康的产品。

8. 鳏寡就业期

尚有收入，但是经济状况不好，消费量减少，集中于生活必需品的消费。

9. 鳏寡退休期

收入很少，消费量很小，主要需要医疗产品。

5. 社会文化状况

每个消费者都是社会的一员，其购买行为必然受到社会文化因素的影响。文化因素有时对消费者购买行为起着决定性的作用，企业营销人员必须予以充分的关注。

📖 **相关链接**

不可思议的"车屁股"

中国人的轿车观是眼瞅着"官车"培育起来的，因为买车不容易，面子、气派得放在首位。如今，虽然轿车已经"下凡"到民间，销量也一直在蒸蒸日上，但是轿车还是难逃其社会标签的"装饰"功能。三厢车肥硕的屁股，似乎是财富的象征，并形成了中国特殊的"车屁股"文化。

十几年前，没有屁股的富康尽管在"老三样"里是最好的，价格也最低，但却被摒弃在"官车"的选择之外。后来，中国迎来私家车时代，好开、好停、有自由装载空间、最适合家庭使用的两厢车，却仍然因为没有"屁股"就没有"面子"而备受冷落。

上海大众引进的两厢POLO，是中国第一辆真正与欧美同步的车型，技术、质量都堪称精品，可是叫好不叫座。后来，一汽大众推出高尔夫，本来是一款在世界上卖得最多的车型，到了中国却无声无息。

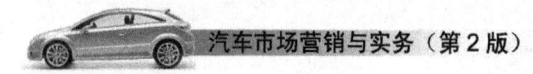

在之后，标致 307、福特福克斯、本田飞度、日产颐达，都是当今两厢车的经典，本来想让许多了解世界汽车时尚的中国年轻人也先来体验一下，可是在这些车型被引进中国后，厂家都先费时费力地"为中国人量身定做"出一个"屁股"来。

3.3 消费者购买行为分析

汽车产品是典型的大宗耐用消费品，与其他商品相比，价格高，使用时间长，用户从产生购买意愿到购买完成必定会经历一个复杂的过程。如果汽车生产、销售企业能重视对购买者购买过程的研究，重视对购买者购买行为的分析，掌握购买者购买行为的基本规律和特点，将有助于汽车生产企业组织生产出让用户更加满意的产品，有助于销售企业实施更加有效的营销策略和手段，提高市场营销的效率，有助于销售人员抓住产品特色，突出重点和卖点，提高成交率。

3.3.1 消费者购买的类型

消费者的购买行为会因为购买决策类型不同而变化，在购买日常生活用品和购买耐用品时会存在很大不同。越是复杂的决策，参与决策的人就可能越多。消费者本身在购买决策的过程中会发生复杂的心理活动，从而支配消费者的行为。

1. 根据消费者的介入程度和产品品牌差异程度划分

1）复杂的购买行为

当消费者选购价格昂贵，并对其性能缺乏了解的商品时，为慎重起见，他们往往需要广泛地收集有关信息，并经过认真的学习，产生对这一产品的信念，形成对品牌的态度，并慎重地做出购买决策。

例如，汽车属于价格昂贵的商品，通常情况下购买汽车的消费者不熟悉汽车行业或汽车构造，因此，当消费者选购汽车之前往往要有一个学习、了解汽车的过程，这个过程可以分为三个步骤：首先，消费者产生对产品的信念；其次，对产品和品牌形成态度；最后，做出购买决策，采取购买行动。因此，汽车的购买就属于复杂的购买行为。

复杂的购买行为指消费者购买决策过程完整，要经历大量的信息收集、全面的产品评估、慎重的购买决策和认真的购后评价等各个阶段。

对于复杂的购买行为，营销者应制定策略帮助购买者掌握产品知识，运用各种途径宣传本品牌的优点，影响最终购买决定，简化购买决策过程，如图3-2所示。

购买者的介入程度

		高	低
品牌差异程度	大	（1）复杂的购买行为	（3）多样化的购买行为
	小	（2）减少失调感的购买行为	（4）习惯性的购买行为

图 3-2　消费者购买行为的四种类型

> **相关链接**

对汽车销售人员的要求

在汽车销售过程中，现场的销售人员对交易成功与否起着很重要的作用。消费者通常会征询销售人员的意见，并根据他们的介绍和反应做出判断。对于销售人员来说，则必须认真观察消费者的举动，并尽可能收集有关信息，以评估消费者的需要。同时，在做产品介绍和示范时，要体现出"专业化"的特点。专业化可以给消费者带来安全感和信任感，同时突出该产品品牌优势，强调品牌的市场地位、影响和特点，从而提高该品牌汽车在消费者心目中的地位。

上海大众对于销售人员提出了这样的要求，要求销售人员在和客户接触过程中必须了解消费者需求。其服务内容如下。

（1）通过与消费者初步沟通，明确消费者对帕萨特的认知和偏好。

（2）有针对性地介绍帕萨特产品的基本知识和帕萨特助理式服务的基本知识。

（3）帮助消费者明确对产品的需求，包括型号、颜色、车型、基本装备和选装件等。而在车辆介绍服务中又提出强调专业化的要求。

（4）介绍车辆时语言表述应当简洁，专业术语使用得当，并辅以通俗性的解释。

（5）特点介绍时，应当注意连贯性，不能跳跃。

（6）进行全面的现场介绍，包括销售公司的基本经销战略、帕萨特的销售政策、历史、产品特点、相关的技术指标及一些售后服务的内容。

在复杂的购买行为中，朋友和亲属的意见也会影响消费者的购买决定。曾经有美国学者做过统计，企业每得罪一位顾客就会直接或间接失去25位顾客。在汽车营销活动中，企业应当注意这个统计数据。

2）减少失调感的购买行为

当消费者高度介入某项产品的购买，但又判断不出各品牌有何差异时，消费者往往会在购买以后认为自己所买产品具有某些缺陷，或其他同类产品有更多的优点，进而产生失调感，怀疑原先购买决策的正确性，从而对所购产品容易产生失调感。为了改变这样的心理，追求心理的平衡，消费者广泛地收集各种对已购产品的有利信息，以证明自己购买决策的正确。

对于这类购买行为，营销者应该向消费者提供完善的售后服务，通过各种途径经常提供有利于本企业产品的信息，帮助消费者消除不平衡心理，坚定其对所购产品的信心，使消费者相信自己的购买决定是正确的。

3）多样化的购买行为

如果消费者购买的产品品牌差异虽大，但可供选择的品牌很多时，他们并不花太多的时间选择品牌，而且不专注于某一产品，而是经常变换品种，购买产品有很大的随意性，并不深入收集信息和评估比较就决定购买某一品牌，在消费时才加以评估，但是在下次购买时又转换其他品牌。品牌的选择变化经常是因为想尝试新品种，而不一定是对产品的不满意。

对于消费者寻求多样性的购买行为，当企业处于市场优势地位时，应该注意货源要充足，力图通过占有货架、避免脱销和提醒购买的广告来鼓励消费者形成习惯性购买行为。而当企业处于非市场优势地位时看，则应以较低的价格、折扣、赠券、免费赠送样品和强调试用新品牌的广告来鼓励消费者改变原有的习惯性购买行为。

4）习惯性的购买行为

消费者有时购买某一产品，并不是因为特别偏爱某一品牌，而是习惯于购买自己熟悉的品牌。购买时并不深入收集信息和评估品牌，在购买后可能评价也可能不评价产品。例如，购买牙膏，如果消费者长期保持购买同一个品牌的牙膏，那只是出于习惯，而非对品牌的忠诚。

对于习惯性的购买行为，企业要特别注意给消费者留下深刻的印象，企业的广告要强调本产品的主要特点，要以鲜明的视觉标志、巧妙的形象构思赢得消费者对本企业产品的青睐。为此，企业要进行大量的、不断反复的广告宣传，以加深消费者对产品的熟悉程度。

2．根据消费者的购买目标划分

1）全确定型

全确定型，指消费者在购买商品以前，已经有明确的购买目标，对商品的名称、型号、规格、颜色、式样、商标及价格的幅度都有明确的要求。这类消费者在购物时，一般都是有目的地选择，主动地提出所要购买的商品，并对所要购买的商品提出具体要求，当商品能满足其需要时，则会毫不犹豫地买下商品。

2）半确定型

半确定型，指消费者在购买商品以前，已有大致的购买目标，但具体要求还不够明确，最后的购买行为须经过选择比较才完成。如购买空调是原先计划好的，但购买什么牌子、规格、型号、式样等心中无数。这类消费者购物时，一般要经过较长时间的分析、比较才能完成其购买行为。

3）不确定型

不确定型，指消费者在购买商品以前，没有明确的或既定的购买目标。这类消费者购物时主要是参观游览、休闲，漫无目标地观看商品或随便了解一些商品的销售情况，有时感到有兴趣或合适的商品偶尔购买，有时则观后离开。

3．根据消费者的购买态度划分

1）习惯型

习惯型，指消费者由于对某种商品或某个购物场所的信赖、偏爱而产生的经常、反复的购买行为。由于经常购买和使用，他们对这些商品十分熟悉，体验较深，再次购买时往往不再花费时间进行比较选择，注意力稳定、集中。

2）理智型

理智型，指消费者在每次购买前对所购的商品，要进行较为仔细的研究比较。购买行为感情色彩较少，头脑冷静，行为慎重，主观性较强，不轻易相信广告、宣传、承诺、促销方式及促销人员的介绍，主要看重商品质量、款式。

3）经济型

经济型，指消费者购买时特别重视价格，对于价格的反应特别灵敏。购物时，无论是选择高档商品，还是中低档商品，首选的是价格，他们对"大甩卖""清仓""血本销售"等低价促销最感兴趣。一般来说，这类消费者的选择与自身的经济状况有关。

4）冲动型

冲动型，指消费者容易受商品的外观、包装、商标或其他促销形式的刺激而产生的购买行为。购买一般都是以直观感觉为主，从个人的兴趣或情绪出发，喜欢新奇、新颖、时尚的产品，购买时不愿进行反复的选择比较。

5）疑虑型

疑虑型，指消费者具有内倾性的心理特征，购买时小心谨慎和疑虑重重。购物时一般会比较缓慢、费时多。常常是"三思而后行"，常常会犹豫不决而中断购买，购买后还会疑心是否上当受骗。

6）情感型

这类消费者购物时多属情感反应，往往以丰富的联想力衡量商品的意义，购买时注意力容易转移，兴趣容易变换，对商品的外观、造型、颜色和名称都比较重视，以是否符合自己的想象作为购买的主要依据。

7）不定型

这类消费者购物时多属尝试性，其心理上选择的标准尚未稳定，购买时没有固定的偏爱，在上述几种类型之间游移，这种类型的购买者多数是独立生活不久的年轻人。

相关链接

分析中国汽车消费情况和消费者上网习惯

易传媒、硬石伟业和全球领先的媒介公司尚扬媒介 2011 年 10 月联合发布了一项调查报告，该报告将中国汽车消费者分为五类人群，以揭示中国汽车消费情况和消费者上网习惯。

随着中国 20 多年来的经济起步，拥有汽车的渴望已经深深植入了每个逐渐富裕的中国人的心中。2001 年以来，由于政府政策的鼓励，中国的个人汽车消费量不断上升，汽车市场规模也呈持续上升趋势。中国是全球唯一在过去 5 年中保持 20%以上增长速度的市场。在 2009

年，中国取代了美国成为世界最大的汽车市场。而2011年4月，中国遭遇27个月以来首次销售负增长，这意味着中国汽车行业效益开始放缓。汽车销售优惠政策退出、油价上涨以及部分城市治堵限购是导致整个车市销量回落的主要因素。即使销售有所下滑，相关人士预计2011年汽车市场的整体利润仍将高于2010年。

易传媒副总裁王华说："网络已成为帮助消费者决定品牌喜恶的有力媒介，它自然也成为了汽车购买决策过程中重要的一环。汽车商和销售人员在初始阶段作为信息源的比重在不断下降。今天，更多的消费者在踏入汽车展厅前早已决定了要买哪辆车。"

曾经，购车是一件极其复杂的事，涉及许多流程：无数次到汽车展厅参观、通过宣传手册对比性能、咨询专家意见、向亲朋好友讨教经验、最后通过试驾获得切身感受。如今，消费者在网上就能完成以上大部分的工作。

各种网络平台上的海量信息唾手可得，这使得在价格、产品和性能上的跨品牌和跨车型的对比变得快捷又高效，消费者或许在他们走进车行之前就已经排除了某些品牌和型号。在未来，汽车特许经销店或许会缩减到只扮演试驾中心、销售点和售后维修厅的角色。

硬石伟业总监孙德军说："由于互联网在汽车购买中的作用越发显著，了解消费者真实的上网行为也就变得至关重要。这份调查报告的突破之处在于，它结合了消费者上网浏览的真实数据与问卷调查所收集的数据。我们请在过去3个月内浏览过汽车相关网站的消费者来回答网上问卷，得到结果后，我们把他们背后真实的上网浏览行为与他们的人口统计和生活态度数据相结合，综合得出结论。"

该报告发现了五类不同的汽车消费人群，他们在人生态度、生活方式、汽车喜好及上网浏览行为上有着截然不同的偏好，这五类人群分别如下。

1. 潮人型消费者（10%）

"我喜欢追逐潮流时尚，比如手机，我就是个实实在在的果粉，iPhone 7、iTouch 什么的我都有，我一直在关注最近刚刚问世的 iPhone 7P……"

"我的车应该能够很好地反映出我的个性，开在路上引人瞩目，夺人眼球。"

潮人型消费者乐于尝试新鲜事物，对潮流与科技有着敏锐的嗅觉，他们以先行者的姿态走在时代的前端。他们有着不同程度的自恋情结，喜欢成为众人瞩目的焦点，因此对"个性化"服务有着执着的迷恋，他们希望能根据自己的需求改变汽车的颜色、内饰，甚至标牌。在买车的时候他们相对更看重汽车的外观设计和科技含量，而对油耗和操控性则考虑得比较少。电视、户外广告、手机是他们接触车类信息比较集中的渠道。

根据我们的调查，80%的潮人型消费者表示将购买人生中第一辆车，其中52%的人表示计划在未来两年内入手。本田、丰田和福特是他们未来优先考虑购买的汽车品牌。

2. 享乐型消费者（20%）

"要享受生活，要心情放松，如果心情紧张，那不叫享受，那叫受罪。人就是要活在当下，而不是考虑很多无关紧要的事情。"

"我更注重车带给我的舒适驾驶乘坐感受，没有什么比舒适性更重要的了。"

享乐型消费者具有较为现代的价值观，他们注重享受，追寻快乐。对他们而言，人生得意须尽欢。生活是充满乐趣的，而人生在世就应该尽情享受快乐的时光。他们热衷于西方的事物，信奉及时行乐的生活方式，因此在购车时，他们也愿意贷款提前消费。选车时，他们对车子的动力性能、操控性、内部空间及内外装饰的要求较高，而对品牌相对来说没有太在意。在接受车类信息时，他们对车展活动、试乘试驾和电台相对于其他人群接触频率高。

相对于其他类型的消费者而言，别克、福特、马自达、长城都是他们更有可能考虑购买的品牌。

3. 炫耀型消费者（20%）

"相比起个人和家庭，工作在我的时间和精力中所占比重最大。对我而言，工作的认同感能够带给我最大的满足感和成就感……"

"对我而言，车不仅仅是一款代步工具，更多的是我身份地位的体现。"

炫耀型消费者十分在意别人的眼光，希望通过显示富裕的生活和事业的成功来获得他人尊重。他们追求更高的社会地位以取得更大的成就。在购车方面，他们热衷购买新款车型，以此在别人面前更有面子。在车型方面，他们是五个消费群体里最偏好SUV的。品牌、制造工艺和内饰是他们选车时重点考量的因素，而对耗油量和动力则考虑较少。杂志、户外广告与口碑传播是他们接触车类信息的主要媒体。

调查发现，炫耀型消费者的年收入是五类人群中最高的。现有车主中，奔驰和奥迪的拥有率较其他人群更高。49%的炫耀型消费者想在一年内买车，奥迪、宝马是他们将来考虑购买的品牌。

4. 奋斗型消费者（24%）

"工作就是使自己不断变得强大，我不愿意放松自己，希望一直保持良好的紧张状态……"

"我觉得一个人到了一定的阶段就必须买一辆车，这是一种事业有成的体现。"

奋斗型消费者认为，工作是实现自身价值的重要方式，他们积极乐观，有很强的上进心。对他们而言，生命不息，奋斗不止。因此，他们不惜加班加点来赚更多的钱，用不断的努力来最大限度地改善自己的现状。奋斗型消费者中男性比例高达81%。他们购车时相对更注重舒适性与品牌，而对外观的要求相对为低。网络与亲友的口碑则是他们接触车类信息的主要渠道。

根据我们的调查，在奋斗型消费者的现有车主中，大众的拥有率高达27%，而对将会买车的人来说，大众与雪弗兰是购买时考虑较多的品牌。

5. 居家型消费者（26%）

"我认为每个人都应该扮演好在家庭里的角色，负担起这个角色应尽的责任。可能会牺牲个人的空间和时间，但这种牺牲是必需的，值得的。"

"我会非常关注车辆的安全性，如气囊的数量和配置，是否有GPS等。安全对我和家人都是重要保障。"

居家型消费者以传统价值为导向，重视家庭的和谐。在选车方面，他们更看重车的耗油量，低碳低排是首选，另外安全性、性价比、二手车残值也是他们选择新车时着重考虑的因素，而外观、高科技配置相对而言不那么重要。相对来说，他们比其他群体更多从报纸获取汽车类信息。

调查发现，居家型消费者年龄偏大，且女性的比例更高。19%的居家型消费者表示希望在半年内购置新车，其中大众品牌比较受欢迎。现有车主中，丰田、别克和雪弗兰的占有率相对平均较高。

这五类消费者在收集汽车相关资讯时所用的媒介也迥然不同。由于这份报告是基于过去3个月中浏览过汽车资讯的网民的网上调查，因此不难想象他们在互联网的使用率上有所偏重，高达69%。电视（42%）和车展/试驾（35%）在作为汽车信息源居亚军和季军。潮人型消费者更喜欢使用手机上网来浏览汽车资讯。炫耀型消费者对口碑和杂志的媒介依赖性显著高于平均。与之相反的是，奋斗型和居家型消费者不太会从杂志中寻找汽车资讯。

在上网浏览行为方面，潮人型消费者更喜欢浏览社交网站上的内容，而较少看财经类网站的资讯；享乐型消费者的网上浏览比率总体都低于平均值；奋斗型消费者更偏爱视频类网站；居家型消费者比其他类型人群更喜欢财经类内容。

汽车类资讯网站的浏览高峰期也因人群而异。炫耀型消费者整体上比其他类型的人群更愿意浏览汽车相关的内容。早上10点至11点之间、下午4点至5点间和晚上9点至10点间是他们浏览汽车类资讯的黄金时间。奋斗型消费者则倾向于在晚上浏览汽车相关信息，汽车资讯浏览量在晚上8点到9点，10点至11点到达高峰。

中国的汽车市场竞争异常激烈。随着商家与消费者的沟通平台从线下转移到线上，市场营销人员必须全面了解消费者的上网行为以更好地与他们在网上交流。本调查为营销者提供了所需的消费者真实的上网行为数据，让他们能更好地分析机会点，并对如何介入消费者的网络轨迹有所启发。

对于市场营销者而言，帮助这五类消费者更好地了解汽车品牌是一个极大的机会点。广告主应该在关键时刻为他们提供所需信息，用优质难忘的网上体验使潜在消费者产生兴趣以此提高品牌喜好度。

尚扬媒介中国区媒介策划与消费者洞察总监卢玮瑜表示："数字革命会继续改变消费者与媒介及品牌的互动关系。理解真实的网络浏览行为有助于广告主更好地计划将来的沟通策略。未来成功的汽车经销商应该能够在消费者进入汽车展厅前就帮助他们做好决定。"

（本文素材来源：易传媒）

3.3.2 消费者购买的决策过程

消费者购买行为是一个复杂的决策过程，其购买决策过程一般可分为以下五个阶段，为此，经销商需要制定相应的营销策略。

1. 确认需要

消费者购车的原始动力来自于需要，需要源于消费者对现状的不满足，如有些人感到上下班不方便、有些人经常要外出、有些人追求时尚、有些人希望改善生活等，集团用户可能因为业务要扩展、人员要增多、工作效率要提高等原因需要购车。当消费者意识到对某种商品有需要时，购买过程就开始了。消费者的需要可以由内在因素引起，也可以由外在因素引起。比如，来自于同事、朋友、亲戚或周围人群的经历，或来自于媒体的宣传、政府的政策，或来自于汽车产销企业的汽车广告、展销会、促销活动等。此阶段企业必须通过市场调研，确认促使消费者认识到需要的具体因素，营销活动应致力于做好两项工作：① 发掘消费驱策力；② 规划刺激、强化需要。

2. 寻求信息

当消费者的需求得到确认后便会采取一系列购买前的信息收集和整理活动，用以指导购买决策。一般情况下，消费者要考虑买什么品牌的商品、花多少钱、到哪里去买等问题，还需要了解商品信息。消费者寻求的信息一般有：产品质量、功能、价格、品牌型号、已购买者的评价等。

消费者的信息来源通常有以下 4 个方面：① 商业来源，如大众媒体上的广告、营销人员的介绍、产品说明书等；② 个人来源，如朋友的推荐、熟人的购买经验等；③ 大众来源。如行业部门的测评报告、非营利组织的调查报告等；④ 经验来源，这是对过去的经历或经验的回忆，主要是以前购买过、使用过或乘坐过该汽车的一些主观印象和感受。

信息的收集和整理通常要花费消费者一定的时间和精力，时间的长短与消费者的个性、知识、经验和风险承担能力的大小有关。在目前信息高度发达的社会里，消费者要收集汽车信息是比较容易的，但是来自不同渠道的大量信息有时会让消费者难以筛选出主要的、有价值的、真正适合自己的信息。因此企业营销任务不仅要设计适当的市场营销组合，尤其是产品品牌广告策略，宣传产品的质量、功能、价格等，而且提供给消费者的信息应该简洁、简单和易于理解，以便使消费者做出选择。

3. 比较评价

消费者进行比较评价的目的是能够识别哪一种品牌和类型的商品最适合自己的需要。消费者对商品的比较评价，是根据收集的资料，对商品属性做出的价值判断。消费者对商品属性的评价因人因时因地而异，有的评价注重价格，有的注重质量，有的注重品牌或外观等。比如，一对年轻的夫妻想购买一辆有儿童安全带的汽车时，就会把没有这种功能的车型排除在外。企业营销首先要注意了解并努力提高本企业产品的知名度，使其列入消费者比较评价的范围之内，才可能被选为购买目标。同时，还要调查研究消费者比较评价某类商品时所考虑的主要方面，并突出进行这些方面的宣传，对消费者购买选择产生最大影响力。

个人消费者对方案的评估和选择通常是主观的、带有一定的随意性。比如，一个消费者原来打算购买 10 万元以内的轿车，当营销人员向他介绍一款价格 12 万元、配置更好的新款车型时，他原先的方案可能会发生动摇，最终会倾向于选购一辆价格相差不多，但配置更好、性能更优的新车型。作为营销人员，在与消费者接触过程中不仅需要了解影响消费者方案评估的主要因素是什么，而且同样要知道消费者的消费需求是具有一定伸缩性的，适当的诱导可以激发消费者的潜在需求。

4. 决定购买

消费者通过对可供选择的商品进行评价，并做出选择后，就形成了购买意图。在正常情况下，消费者通常会购买他们最喜欢的品牌，但有时也会受他人态度和意外事件这两个因素的影响而改变购买决定，如缺货、销售人员的态度差、购买现场的氛围不好、没有预想的购买方式、出现新的信息等。消费者修改、推迟或取消某个购买决定，往往是受已察觉风险的影响。"察觉风险"的大小，由购买金额大小、产品性能优劣程度及购买者自信心强弱决定。

企业营销应尽可能设法减少这种风险，不断为消费者创造各种便利条件，坚定其购买信心，以推动消费者进行购买。

5．购后评价

消费者购买商品后，购买的决策过程还在继续，这时会评价已购买的商品。每个消费者都会有一个心理预期，如果在消费者在使用过程中，汽车带来的实际价值超过消费者的期望，那么消费者就会有较高的满意度，如果汽车给消费者带来的价值没有想象中的大，消费者就会感到不满意。

消费者购后评价对汽车企业是非常重要的，它不仅会影响消费者是否会再次购买，更重要的是消费者会将自己的评价告诉周围的人，而且这种评价被其他潜在消费者认为是最可靠、最真实的信息。因此，企业营销应密切注意消费者购后感受，并采取适当措施，消除不满，提高满意度。如经常征求顾客意见，加强售后服务和保证，改进市场营销工作，力求使消费者的不满降到最低。

另外，汽车营销人员在向消费者介绍产品时，不能有不切实际的承诺，不能信口开河，夸大其词，让消费者产生过高的心理预期，更不能欺骗消费者。只有实事求是，努力提高售后服务水平，提升产品实际价值，才会给消费者带来物超所值的惊喜。

3.4 集团用户购买行为分析

集团用户对汽车的使用目的、功能要求与私人用户不同，在购买决策、购买模式、购买方式、购买过程等购买行为上存在很大区别。在现阶段，集团用户是一个覆盖面很大的市场，是汽车厂商的重要营销对象，分析集团用户的购买行为，了解他们的购买特点，也是汽车产销企业一项重要的工作。

3.4.1 汽车集团用户市场的特点

1．购买者数目相对较小

与私人购买者的人数相比，集团用户的数量要少得多，而且汽车集团用户类型相对比较集中，如政府机关、大型企业集团、专业运输公司等。特别是在商用车市场，汽车集团用户更加集中。

2．购买数量较大

汽车集团用户购买汽车的数量往往比较大，总消费金额较高。一些专用汽车就是专门为某些集团消费者用户量身定做的，所以一些汽车集团用户的订单左右着汽车生产企业的命运。

3．供需双方关系密切

汽车集团用户有时对汽车会有一些特殊的要求，特别是在商用车市场，希望汽车生产企业能按照他们的要求进行生产或改装，所以在购买时会与经销商或生产企业沟通，提出他们的要求，对在使用过程中出现的问题会及时反馈给厂商，要求给予解决。对汽车经销商或生产企业来说，为与这些大客户建立长期稳定的供货关系，当然也会经常去了解他们的需要，为他们提供特别服务。因此，供需双方的关系比较密切。

4．需求具有衍生性

汽车集团用户对汽车的需求最终取决于服务对象的需求。比如，当一个地区经济发展以后，当地居民旅游消费非常旺盛，旅游公司对旅游大巴的需求就会增加。所以，汽车厂商不仅应关注自己的产品，还必须重视社会经济发展与集团用户购买行为之间的关系。

5．需求缺乏弹性

汽车集团用户对汽车的购买行为是一个有计划、有步骤的实施过程，一些外界因素的变化一般不会影响整个购买计划，不像私人消费者的需求具有伸缩性和替代性。比如，集团消费用户在购车时，车价的高低对他们的购买行为影响不大，他们不会因为汽车价格在一定时期内较高而停止购买，也不会在没有需求时因为汽车价格下降而盲目购买。汽车集团用户在购车时因为需求的特殊性，或因为受一些具体规定的限制，对车型和供应商的选择余地不大，这也是需求缺少弹性的一大原因。

6．购买专业性强

汽车集团用户的购买过程是由经过专业训练的人员来完成的。这些专业人员熟悉所购汽车的特性，了解汽车质量的判别方法，具有较强的选购和比较能力。

7．影响购买的人员众多

汽车集团用户购买决策通常由集体讨论决定，在决策前会征求技术专家、具体使用者、需求者等多方意见，决策时需要对各方面的要求与意见进行反复权衡比较，所以影响购买决策的人员众多。汽车厂商应了解影响汽车集团用户购买决策的人员有哪些，他们的具体需求是什么，在这些人员中，哪些是主要影响者，哪些是次要影响者，以抓住主要矛盾，制定营销方案。一般可将影响购买的人员分为以下六种。

（1）使用者，即具体使用汽车的人员。

（2）影响者，这是从企业的内部和外部直接或间接影响购买决策的人。

（3）采购者，指企业中具体执行采购决定的人。

（4）决定者，指企业里有权决定购买产品和供应商的人。

（5）控制者，指控制企业外界信息流向的人，如采购代理商、技术人员、秘书等，他们可以阻止供应者的推销人员与使用者和决定者见面。

（6）信息"门卫"，或者称为"把关人员"，是拥有购买特权或本来就是采购经理的人员，通常是相关问题或产品的专家。

8．购买的行为方式比较特殊

汽车集团用户购买汽车的方式与私人购买有较大的区别，除了向汽车经销商购买以外，还可以有以下几种。

（1）直接购买。

汽车集团用户购买量大的时候，购买者直接向生产厂家进行采购，而不通过中间供应商。

（2）互惠采购。

供应商与采购者互购对方的产品，双方互惠互利。

（3）租赁。

某些专用汽车的单价很高，用户也不是经常使用，用户可用租赁的方法获得使用权，同时也解决了资金困难的问题。

（4）招投标购买。

这是政府机关采购时常用的一种购买方式。它事先公布采购条件和要求，众多的投标人按照同等条件进行竞争，招标人按照规定的程序从中选择订约方，这一系列程序真正实现了"公开、公平、公正"的市场竞争原则，公开招标，能让信息充分公开，让社会上合格的、潜在的供应商都得到平等参与竞争的机会。

（5）协议供货。

大宗标准化商品的采购者和供应商通过长期商业往来，形成了比较可靠的商业信用基础，采购者同意和供应商通过协议达成长期供货合同，为此建立了此种采购方式，这种方式在西方发达国家有比较长的历史。在供货合同中，规定了商品的品种、规格、数量、供货期限、付款方式、索赔等条款。

9．需求的波动性较大

汽车集团用户的需求受政策与宏观经济的影响较大，因此波动性较大。比如，政府部门为削减财政开支，实行公车改革，取消部分公务用车，改发相应的用车补贴，此举将直接减少政府机关和部分事业单位对汽车的需求。企业集团在经营状况不好的时候，也会削减或推迟汽车购买行为。

3.4.2 汽车集团用户购买行为的类型

汽车集团用户的购买行为模式主要有三种类型。

1．直接重购

直接重购是指集团用户根据过去的一贯需要，按原有的购买决策进行重复购买。这种购买行为是建立在以往的购买决策和购买经验上的一种购买行为，无须进行新的决策，是一种简单的购买行为。直接重购可以简化购买过程，节省购买者的时间，降低购买风险，保持产品与服务的一致性，是汽车集团用户比较愿意选择的一种购买方式。

影响集团用户直接重购的主要因素是需求变化与对产品服务的满意度。如果集团消费用户的需求与以往一致，没有变化，而且对原有供应商的产品与服务的满意程度较高，一般会选择直接重购。

2．修正重购

修正重购是指用户为了取得更好的采购效果而修正采购方案，改变产品规格、型号、价格等条件或改变新的供应商的情形。这种购买行为需要对原有的购买决策进行一定程度的修正，对新增项目进行重新决策，因而比直接重购复杂。

汽车集团消费用户修正重购的原因之一是市场需求发生变化，如某运输公司原有线路上的普通客车已不再适应市场的需要，需要改成高级客车；原因之二是原有供应商的产品质量和服务不能满足集团用户的要求，如汽车经常出现故障，而供应商相应的维修服务也没有做好，导致用户对原供应商的满意度下降，决定更换产品或供应商。对汽车经销商而言，一方面要不断提高服务质量，努力提高集团用户的满意度，另一方面要不断加大新产品的开发，以适应不断发展的市场需求。

3．新购

新购是指汽车集团消费用户对所需汽车的第一次购买。新购时购买决策是所有购买行为中最复杂的一种，因为涉及多方面的购买决策。

新购时，因为没有先前的经验，决策的风险很高，在采购过程中需要大量的信息和广泛的参与，并有可能是一个长期、慎重的选择过程。新购用户对供应商来说是一个巨大的机会，因为有可能成为将来的长期合作对象。

3.4.3 汽车集团用户的购买决策过程

汽车集团消费用户的购买决策比私人用户更加透明、更加理性。决策过程的各个阶段目的明确，任务清晰。一般可分为 8 个阶段。

1．问题识别

提出需求是企业购买决策过程的起点。需求的产生既可以是企业内部的刺激，也可以是企业外部的刺激，需求一般由使用者提出。

2．确认需求

确认需求，指对所需产品的数量和规格进行确认。

3．产品规格

产品规格，指由专业技术人员对所需产品的规格、型号、功能等技术指标做出具体分析，并做出详细的说明，供决策部门和采购人员参考。

4．寻找供应商

为了选购满意的产品，采购人员要通过各种途径，选择服务周到、产品质量高、声誉好的供应商。

5．征求供应建议书

对找到的能满足集团用户需求的多个候选供应商，购买者应请他们提交供应建议书，尤其是汽车这类价值高的产品，还要求他们写出详细的说明，经过比较排除，对经过筛选后留下的供应商，让他们提出正式的说明。

6. 选择供应商

在收到多个供应商的有关资料后，决策部门或采购部门应根据资料选择比较满意的供应商。

7. 发出正式订单

企业的采购中心最后选定供应商以后，采购部开订单给选定的供应商，在订货单上列举技术说明、需要数量、期望交货期等。

8. 绩效评价

产品采购以后买主会及时评估供应商的履约情况，并根据评估结果，决定今后是否继续采购某供应商的产品。在一般情况下，评估供应商主要考虑4个方面的因素，即质量、服务、配送和价格。

营销企业应根据汽车集团用户的不同购买类型和购买阶段采取相应的企业营销策略，见表3-1。

表3-1 企业营销策略

购买阶段	购买类型		
	直接重购	修正重购	新购
（1）问题识别	用广告和营销人员使买主确信问题解决的能力	名单内企业：维持原来的质量、服务水平。名单外企业：关注发展趋势	名单内企业：维持与使用者和买主的紧密关系。名单外企业：确立信任关系
（2）确认需求	提供技术帮助和信息	强调能力、信誉和问题解决能力	同阶段（1）
（3）产品规格	提供详细的产品或服务信息以供决策	同阶段（2）	同阶段（1）
（4）寻找供应商	名单内企业：维持可靠性。名单外企业：证实自己的能力	名单内企业：监视问题。名单外企业：证实能力	同阶段（1）
（5）征求供应建议书	十分理解客户问题，及时提供供应建议书	十分理解客户问题，及时提供供应建议书	及时提供供应建议书
（6）选择供货商	同阶段（4）	同阶段（4）	同阶段（1）
（7）发出正式订单	同阶段（4）	同阶段（4）	同阶段（1）
（8）绩效评估	名单内企业：认真对待，不断改进和提高产品质量与服务。名单外企业：积极关注	名单内企业：认真对待，不断改进和提高产品质量与服务。名单外企业：积极关注	名单内企业：认真对待，不断改进和提高产品质量与服务。名单外企业：积极关注

3.4.4 影响汽车集团用户购买行为的主要因素

相比较而言，私人购车的主要影响因素来自内心，情感色彩较浓。汽车集团用户购车的主要影响因素来自外部环境和各种关系，理性色彩较浓。一般可以分成以下几种。

1. 环境因素

外部环境因素影响着集团用户的车辆需求数量、规格、档次、价格等具体内容，是影响集团用户购买决策的主要因素。外部环境包括经济运行状况、政治环境、社会舆论监督、科技进步等。

2．组织因素

组织因素是指集团用户内部的组织架构、决策程序、管理制度等因素。集团用户内部组织因素不同，影响购买决策的人员和结果也会有很大的不同。

3．人际因素

人际因素是指集团用户内部各机构不同人员之间的相互关系，主要是各购买决策的参与者之间的关系。不同参与者在购买决策中的角色和影响力不同，这与参与者在集团用户内部的地位、职权、部门、说服力有关，营销者必须充分了解不同参与者之间的相互关系，确定其在购买决策中所扮演的角色与影响力，明确自己的营销重点对象，有针对性地展开营销活动。

4．个人用户

集团用户的购买决策最终是由具体的参与者制定的，虽然在购买决策过程中理性成分较多，个人的情感成分较少，但参与者的个人经历、喜爱偏好、受教育程度、性格特点、对风险的态度还是会影响最终的决策内容，特别是在对供应商的选择、对采购绩效的评价等方面个人因素的影响较大。在营销过程中应考虑到决策参与者的个人因素，采取有针对性的促销和公共措施。

相关链接

国家严格控制公车购置

2008年5月21日，国务院常务会议提出，中央国家机关当年公用经费支出一律比预算减少5%，以用于抗震救灾，还特别提出严格控制公车购置、暂停审批党政机关办公楼项目等。地震带来的连锁反应将直接导致下半年的公务车采购遭遇寒流。

汽车界有句俗话："得公务车者得天下。"政府汽车采购市场一直是国内最大、最集中的公共消费市场。数据显示，我国政府汽车采购金额近年来呈上升趋势，2004年500亿元，2005年600亿元，2006年700亿元。据估算，公务车市场占据汽车市场份额的10%~15%。2008年5月开始，国家的财力、物力和人力都集中于救灾当中；很多企业的部分流动资金用于赈灾，购买商务车的计划也会延后。中高级汽车生产企业将由此失掉公务采购的大蛋糕，加上地震灾区市场份额的损失，汽车市场受到了很大的影响。

事实上，该政策的出台，已迫使汽车企业将眼光更多地转向私家车市场。从当时国内汽车市场看，一方面消费者持币待购，另一方面消费者的消费心理也更加成熟，非理性消费在减少，理性消费在增加，原本供给公务车市场的中高档轿车不得不直面严峻的市场竞争，在供求和价格的天平上进行较量。

2008年6月的市场数据显示，受政府采购影响最大的中高档车已经掀起降价潮，皇冠3.0T车型的优惠幅度已达2.2万元，2.5L特别版车型优惠幅度加大至1.8万元；宝马3系的最高优惠幅度也增至3万元;在经销商处奔腾手动车型优惠幅度攀升至5 000元,自动车型优惠幅度升至2万元;本田思域全系也保持着1.8万元的优惠幅度。

本章小结

本章通过对汽车消费者的特点和类型,以及购买行为及影响因素的分析,为汽车营销的决策者提供了参考的依据。同时,也对汽车集团用户的特点、行为类型、决策过程和影响购买行为的因素进行了分析。各类不同的汽车用户,对汽车的需求及其购买行为有着不同的表现,企业应该在营销活动中注意区别对待。

案例分析

阿雯选车的故事

阿雯是上海购车潮中的一位普通的上班族,35岁,月收入万元。以下真实地记录了在2004年4月至7月间,她在购车决策过程中如何受到各种信息的影响。

阿雯周边的朋友与同事纷纷加入了购车者的队伍,看他们在私家车里享受如水的音乐而不必用力抗拒公车的拥挤与嘈杂,阿雯不觉开始动心。另外,她工作地点离家较远,加上交通拥挤,来回花在路上的时间要近3小时,她的购车动机越来越强烈。只是这时候的阿雯对车一无所知,除了坐车的体验,直觉上就是喜欢漂亮的白色、流畅的车型和几盏大而亮的灯。

1. 初识爱车

阿雯是在上司的鼓动下上驾校学车的。在驾校学车时,未来将购什么样的车不知不觉成为几位学车者的共同话题。

"我拿到驾照,就去买一部1.4自排的Polo。"一位MBA同学对波罗情有独钟。虽然阿雯也蛮喜欢这一款小车的外形,但她怎么也接受不了自己会同样购一款Polo,因为阿雯有坐Polo 1.4的体验,那一次是4个女生(在读MBA同学)上完课,一起坐辆小Polo出去吃中午饭,回校时车从徐家汇汇金广场的地下车库开出,上坡时不得不关闭了空调才爬上高高的坡,想起爬个坡便要关上空调实在阻碍了阿雯对Polo的热情,虽然有不少人认为Polo是女性的首选车型。

问问驾校的师傅吧。师傅总归是驾车方面的专家,"宝来,是不错的车",问周边人的用车体会,包括朋友的朋友,都反馈过来这样的信息:在差不多的价位上,开一段时间,还是德国车不错,宝来好。阿雯的上司恰恰是宝来车主,阿雯尚无体验驾驶宝来的乐趣,但后排的拥挤却已先入为主了。想到自己的先生人高马大,宝来的后座不觉成了胸口的痛。如果有别的合适的车,宝来仅会成为候选吧。

不久,一位与阿雯差不多年龄的女邻居,在小区门口新开的一家海南马自达专卖店里买了一辆福美来,便自然地向阿雯做了"详细介绍"。阿雯很快去了家门口的专卖店,她被展厅里的车所吸引,销售员热情有加,特别是有这么一句话深深地打动了她:"福美来各个方面都

很周全，反正在这个价位里别的车有的配置福美来都会有，只会更多。"此时的阿雯还不会在意动力、排量、油箱容量等抽象的数据，直觉上清清爽爽的配置，配合销售人员正对阿雯心怀的介绍，令阿雯在这一刻已锁定海南马自达了。乐颠颠地拿着一堆资料回去，福美来成了阿雯心中的首选。银色而端正的车体在阿雯的心中晃啊晃。

2. 亲密接触

阿雯回家征求先生的意见。先生说，为什么放着那么多上海大众和通用公司的品牌不买，偏偏要买"海南货"？它在上海的维修和服务网点是否完善？两个问题马上动摇了阿雯当初的方案。

阿雯不死心，便想问问周边驾车的同事对福美来的看法。"福美来还可以，但是日本车的车壳太薄。"宝来车主因其自身多年的驾车经验，他的一番话还是对阿雯有说服力的。阿雯有了无所适从的感觉。好在一介书生的直觉让阿雯关心起了精致的汽车杂志，随着阅读的试车报告越来越多，阿雯开始明确自己的目标了，8万至15万的价位，众多品牌的车都开始进入阿雯的视野。此时的阿雯已开始对各个车的生产厂家，每个生产厂家生产哪几种品牌，同一品牌的不同的发动机的排量与车的配置，基本的价格都已如数家珍。上海通用的别克凯越与别克赛欧，上海大众的超越者，一汽大众的宝来，北京现代的伊兰特，广州本田的飞度 1.5，神龙汽车的爱丽舍，东风日产的尼桑阳光，海南马自达的福美来，天津丰田的威驰，各款车携着各自的风情，在马路上或飞驰或被拥堵的时时刻刻，向阿雯亮着自己的神采，阿雯常用的文件夹开始附上了各款车的排量、最大功率、最大扭矩、极速、市场参考价等一行行数据，甚至 4S 店的配件价格也一一记录。经过反复比较，阿雯开始锁定别克凯越和本田飞度。

特别是别克凯越，简直是一款无懈可击的靓车啊！同事 A 此阶段也正准备买车，别克凯越也是首选。阿雯开始频频地进入别克凯越的车友论坛，并与在上海通用汽车集团工作的同学 B 联系。从同学的口里，阿雯增强了对别克凯越的信心，也知道了近期已另有两位同学拿到了牌照。但不幸的是，随着对别克凯越论坛的熟悉，阿雯很快发现，费油是别克凯越的最大缺陷，想着几乎是飞度两倍的油耗，在将来拥有车的时时刻刻要为这油耗花钱，阿雯的心思便又活了。还有飞度呢，精巧，独特，省油，新推出 1.5 VTEC 发动机的强劲动力，活灵活现的试车报告，令人忍不住想说就是它了。何况在论坛里发现飞度除了因是日本车系而受到抨击外没有明显的缺陷。正巧这一阶段广州本田推出了广本飞度的广告，阿雯精心地收集着有关广本飞度的每一个文字，甚至致电广本飞度的上海 4S 店，追问其配件价格。维修人员极耐心地回答令飞度的印象分又一次得到了增加。

到此时，阿雯对电视里各种煽情的汽车广告却没有多少印象。由于工作、读书和家务的关系，她实在没有多少时间坐在电视机前。而地铁里的各式广告，按道理是天天看得到，但受上下班拥挤的人群的影响，阿雯实在是没有心情去欣赏。

只是纸上得来终觉浅，周边各款车的直接用车体验对阿雯有着一言九鼎的说服力，阿雯开始致电各款车的车主了。

朋友 C 已购了别克凯越，问及行车感受，说很好，凯越是款好车，值得购买。

同学 D 已购了别克赛欧，是阿雯曾经心仪的 SRV，质朴而舒适的感觉，阿雯常常觉得宛如一件居家舒适的棉质恤衫，同学说空调很好的呀，但空调开后感觉动力不足。

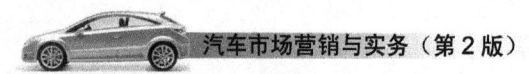

朋友 E 已购了飞度（1.3），她说飞度轻巧，省油，但好像车身太薄，不小心用钥匙一划便是一道印痕，有一次去装点东西感觉像"小人搬大东西"。

周边桑塔纳的车主，Polo 的车主，等等，都成为阿雯的"采访"对象。

3．花落谁家

阿雯的梦中有一辆车，漂亮的白色，流畅的车型，大而亮的灯，安静地立在阿雯的面前，等着阿雯坐进去。但究竟花落谁家呢？阿雯自己的心里知道，她已有了一个缩小了的备选品牌范围。但究竟要买哪一辆车，这个"谜底"不再遥远……

请问：

（1）根据消费者介入度与购买决策分类理论，阿雯选车属于哪一类购买决策，为什么？

（2）试运用消费者决策过程的五阶段模型分析阿雯选车所经历的相关阶段。

营销实训

实训项目：汽车消费者市场调研策划、执行及调研报告撰写

1．实训目的

通过实训，使学生了解市场调研的全过程，掌握市场调研方案策划、调研执行及调研报告的撰写三大环节的具体程序、技巧和方法。

2．实训内容和要求

（1）内容：市场调研策划方案的具体框架内容、策划的步骤；调研执行管理细则；完整的调研报告文案。

（2）要求：通过实训，要求学生掌握具体调研方案的策划、调研过程的管理、执行及调研报告撰写的格式要求。

3．实训组织

以策划小组为单位完成实训任务。

4．实训操作步骤

根据所选策划项目进行调研策划。

（1）设计调研方案。

（2）进行市场调研。

（3）撰写调研报告。

5．实训考核

（1）考核调研策划方案，从方案的完整性、可行性两方面考核。（40%）

（2）考核调研报告，从报告的格式、内容两方面进行考核。（60%）

第4章 汽车市场分析

本章学习目标

（1）了解汽车市场调研的基本内容、步骤，掌握汽车市场调研和数据分析的基本方法。
（2）掌握调查表设计和撰写调查报告的技能。
（3）理解汽车市场调研是企业开展营销活动的基础，通过调研汽车市场信息，从中发现消费者需求动向，为细分汽车市场、选择目标汽车市场提供依据。
（4）掌握汽车市场细分的概念和细分标准。
（5）掌握目标市场选择的五种汽车市场覆盖战略。
（6）学会汽车市场细分、目标汽车市场选择、汽车市场定位的方法。

案例导入

奔驰车系分级

1. 豪华轿车的典范：S级

自从50多年前的第一代S级诞生起，S级就牢牢霸占着世界第一豪华轿车的位子。1972年甚至拿到了欧洲年度车的荣誉，要知道这个奖项一般都是给家用车的。上代S级（W220，1998—2005年）在7年中销售了48万多辆，是有史以来销量最大的豪华轿车。今天，W221已经推出，新车在很多方面为豪华轿车树立了新标准。

2. 行政级车的标杆：E级

作为一款中高级轿车，奔驰E级提供了人们所能想要的一切：一流的舒适性，宽敞的空间、高质量的内饰、简单实用的操作、出色的安全性和稳健可靠的行驶性能。这就是中高级轿车的标志性产品应有的表现。在E级面前，无论是5系还是A6，都不能撼动E级的霸主地位，5系空间不够大，撞击安全性只有欧洲NCAP 4星，A6的减震舒适性不好，对于路面不平因素反应过于激烈了。而舒适、空间、安全又恰恰是中高级车最重要的东西，在这三方面，E级总是最好的。

3. 190E的继任者：C级

对于绝大多数人而言，奔驰C级的名气并不大。的确，作为一款高档中级轿车，一直是老二，尽管A4的销量追不上它，但是它的销量要追上这个级别的霸主3系更加困难。C级是款中规中矩的奔驰车。

4. A级的兄弟，也是最大的对手：B级

奔驰B级是基于A级平台的混型车，这样的车型定位很符合美国人的口味。B级在欧洲的主要对手是途安、赛飞利这些小 MPV，显然，B 级更贵也更高档。B 级车的特点就是能提供比 A 级更加出色的空间和行驶表现，而"混型车"的称谓则显得很时髦。事实上它也的确是款时髦的家用车，线条丰富的造型很漂亮，奔驰式的空间能提供相当好的实用性，出色的加工质量和一流材质的内饰很吸引人。至少它的车身已经为它赢得了足够的喝彩。

5. 奔驰最小的车：A 级

A 级是奔驰的中小型轿车，竞争对手是高尔夫这些出色的家用轿车。A 级的高车顶设计是相当有吸引力的，而它的夹层地板又为下斜安装发动机提供了可能性。结果就是：在小巧的车身中能提供出色的空间。

6. 家族的运动领袖：SL 级

如果问谁是奔驰家族的运动统帅，那么 SL 当之无愧！50 多年来，它一直是奔驰乃至整个德国汽车工业的代表，他集中了奔驰所有的先进技术，当然也是现在世界上最先进的汽车技术之一了。它的科技含量极高，但操作却又十分简单，不会让人觉得麻烦。内饰工艺质量高，用料档次高，车内空间大，宽敞。总之，SL 不只是奔驰的家族领袖，更是德国汽车工业强盛的标志性产品。

7. 豪华 SUV 的鼻祖：M 级

1997 年，奔驰率先进军豪华 SUV 汽车市场。当时的 M 级在陆虎发现、揽胜面前显得轻巧，它的公路行驶性能比那些传统越野车出色得多，空间大，车身坚固而且实用性强，又有奔驰的形象，上市后自然是销量极好。

8. 越野之王：G 级

奔驰 G 的顾客的收入是 S 级顾客的 1.5 倍以上。它拥有框架式车身，前、中、后三个差速器锁，越野低速挡的 G 级在野外无所不能，如果对扭矩要求高，可以买 G400CDI，有 560 牛·米，而顶级 G55 有 700 牛·米的扭矩，是越野车中最厉害的。当然了，在拥有了出色的越野性能后，G 级的公路性能很糟糕，操控稳定性差，舒适性差，但 G 级的顾客是不在乎的，因为他们往往是已经拥有了几辆公路性能极其出色的车的。

9. 兼顾越野与豪华的全能车：GL 级

这是奔驰最新的车款，本来打算用它来代替已经连续生产了 30 多年的 G 级，可是由于 G 级车仍然还有许多其他车型所代替不了的性能，所以奔驰公司决定将它命名为 GL，与 G 加以区分。它的越野性能不亚于 G，并且比 G 有更高的舒适性。

4.1 汽车市场营销调研

汽车市场营销调研是企业开展营销活动的基础。企业没有调研就没有决策权，没有经过调研的决策是盲目的决策，企业熟悉竞争对手比熟悉自己更重要。汽车市场调研是企业了解汽车市场和把握顾客的重要手段，是辅助企业决策的重要工具。对于营销人员来说，掌握和运用汽车市场调研的理论、方法和技能是非常必要的。

4.1.1 汽车市场调研的含义、功能及作用

1. 汽车市场调研的含义

汽车市场营销调研就是指通过科学的方法,系统地收集企业所需要的信息资料,为企业细分汽车市场、选择目标市场提供依据。这些信息资料包括环境资料、竞争对手资料和消费者的资料等。这些信息将用于识别和界定市场营销的机会和问题,改进和评价营销活动,监控营销绩效,增进对营销过程的理解。

汽车市场营销调研包括汽车市场调查(Marketing Investigating)和汽车市场研究(Marketing Research)两部分。汽车市场调查是借助于电话机、传真机、互联网等现代沟通工具以及其他各种电子化、自动化工具和手段,科学系统地收集、整理和分析与企业营销活动有关的信息,寻找可以利用和发展的汽车市场机会,帮助企业更加有效地制定营销决策。

2. 汽车市场营销调研的功能

汽车市场营销调研具有三种功能:描述、诊断和预测。

1)描述

营销调研的描述功能是指收集并陈述事实,例如,某汽车品牌的历史销售趋势是什么,消费者对该汽车产品及其广告的态度如何。

2)诊断

营销调研的第二种功能是诊断功能,指解释信息或活动,例如,改变汽车颜色对销售会产生什么影响。

3)预测

最后一种功能是预测功能,通过调研汽车市场信息,从中发现消费者需求动向,为汽车市场营销决策提供依据。例如,汽车企业下一季度的销售量是多少,汽车市场需求可能发生什么样的变化。

3. 汽车市场营销调研的作用

汽车市场调研对营销的重要作用大体上可以归纳为以下四个方面。

1)有助于经营者了解汽车市场状况,发现和利用汽车市场机会

汽车市场机会是指企业能取得竞争优势和差别利益的营销条件。环境威胁是指营销环境中对企业营销活动不利的因素,如自然环境(Natural Environment)中的资源短缺和原材料成本的增加、环境污染等为企业的发展提出了更高的要求。

汽车市场由供给和需求组成,它们之间彼此为对方提供汽车市场。在商品日益丰富的情况下,作为供应一方的生产者面临既有产品竞争和资金、人才的竞争,也有技术水平和技术

设备的竞争;作为需求一方的消费者,在一个日益庞大、种类繁多的商品群面前必然会有所选择。而在这种汽车市场条件下,谁能赢得消费者的垂青,谁就是成功者;反之,则面临着被挤出汽车市场的命运。因此,生存危机是企业必须时时注意的问题,然而机遇也同时存在,这就要看企业如何把握和抓住时机。而汽车市场调研有助于经营者了解汽车市场状况,发现和利用汽车市场机会。

2)有助于企业制定正确的营销战略

在现代汽车市场营销中,营销经理如果对影响目标汽车市场和营销组合的因素有充分的了解,那么营销活动将是主动的而不是被动的。主动的营销活动意味着通过调整营销组合战略来适应新的经济、社会和竞争环境,而被动的营销活动则是等到对企业有重大影响的变化出现时,才决定采取行动。汽车市场调研在主动的营销活动中发挥重要的作用,具有主动性的营销管理者不仅要在不断变化的汽车市场中寻求新的机会,而且会通过战略计划的制订尽力为企业提供长期的营销战略,基于现有的和将来的内部能力以及预计的外部环境的变化,战略计划可以用来指导企业资源的长期使用。一个好的战略规划是在出色的汽车市场调研基础上形成的,它有利于企业实现长期利润和汽车市场占有率目标。

3)它有助于企业开发新产品,开拓新汽车市场

任何企业的产品都不会在汽车市场上永远畅销,企业要想生存和发展就需要不断地开发新产品。汽车市场调研在新产品开发中发挥着重要作用,通过汽车市场调研可以了解和掌握消费者的消费趋向、新的要求、消费偏好的变化以及对汽车产品的期望等,然后设计出满足这些要求的产品,使企业的销售出现新的高潮。

4)有助于企业在竞争中占据有利地位

在营销实践中,任何汽车市场调研都是为了更好地了解汽车市场,搞清楚战略失败的原因或减少决策中的不确定性。汽车市场调研是企业有效地利用和调动汽车市场情报、信息的主要手段,它在很大程度上决定着企业的前途,帮助企业在竞争中占据有利地位。

4.1.2 汽车市场营销调研的内容

调研目的不同,调研的具体内容不尽相同,但就总体、全面的调研而言,大致包括以下一些方面:营销环境的研究、消费者研究、汽车市场竞争研究、营销组合因素的研究、企业内部状况调查。

1. 总体营销环境研究

营销环境分为宏观环境(一般性环境或总体环境)和微观环境(个体环境),这里的环境是指一般性环境或总体环境,包括政治法律、经济、社会文化、人口、自然及科技状况六个因素;个体环境(微观环境)是指与企业的营销活动直接发生关系的组织与行为者的力量和因素,包括供应商、企业(企业内部环境)、营销中介、消费者或客户、竞争者(企业)、公众等。总体营销环境因素对个体环境营销因素有制约作用。如:经济环境中的人口数目制约着企业消费者和购买者的数目,而经济因素中的国民生产总值、收入、消费趋势、消费结构

等对个体都有重要意义。环境因素是动态变化的，这些变化既可为企业带来机会，也可能形成某种威胁。企业应时刻关注环境变化。

2．消费者需求及购买行为的研究

消费需求调查一般从汽车市场容量和一定时期的消费者的购买力两个方面进行调研。汽车市场容量指本期商品需求的最大规模。具体调研该产品每年的消费量是多少，购买者的采购频率是多少，产品是如何使用的。一定时期的商品购买力主要调研物价水平、居民收入及购买力状况等方面。

用户及消费者购买行为研究的方向和内容主要包括：
（1）用户的家庭、地区、经济等基本情况，以及变动情况和发展趋势。
（2）社会的政治、经济、文化教育等发展情况，对用户的需要将会发生什么影响和变化。
（3）不同地区和不同民族的用户，他们的生活习惯和生活方式有何不同，有哪些不同需要。
（4）了解消费者的购买动机，包括理智动机、感情动机和偏爱动机。特别是研究理智动机时产品设计、广告宣传及汽车市场销售活动的影响及产生这些动机的原因。
（5）研究用户对特定的商标或特定的商店产生偏爱的原因。
（6）具体分析谁是购买商品的决定者，使用者和具体执行者，以及他们之间的相互关系。
（7）了解消费者喜欢在何时、何地购买，他们购买的习惯和方式，以及他们的反应和要求。
（8）了解用户对某种产品的使用次数，每次购买的单位数量及对该产品的态度。
（9）调查某新产品进入汽车市场，哪些用户最先购买，其原因和反应情况。
（10）对潜在的用户的调查和寻找等。

3．汽车市场竞争研究

商品经济社会是一个竞争激烈的社会，企业要在竞争中取胜，必须"知己知彼"，每个企业都应充分地掌握并分析同行业竞争者的各种情况，认真地分析我方的优点和缺点，从而知己知彼，学会扬长避短，发挥竞争优势。 竞争者的情况对企业的经营决策同样具有很大的影响力。汽车市场竞争研究一般从以下几个方面入手。
（1）竞争对手有几个。
（2）竞争对手的市场份额、变动趋势怎样。
（3）竞争对手的生产能力。
（4）竞争对手的缺点和优点。
（5）竞争者在经营、产品技术等方面的特点及产品情况，包括竞争对手的产品数量、质量，有何特色，有何变化，汽车市场占有率是多少等。
（6）竞争者的价格，其常用价格策略、定价方法、技巧与我方比如何。
（7）竞争者用什么渠道策略，竞争者的促销情况如何，如其推销队伍、广告策略、公关手段、服务水平等。

常用指标：竞争优势（Competitive Advantage）、汽车市场份额（Market Share）、汽车市场占有率、竞争形态的改变。

4．营销组合的研究

价格研究，价格对汽车产品的销售量和企业盈利的大小都有着重要的影响。价格研究的内容包括：有哪些因素会影响汽车产品价格；企业汽车产品的价格策略是否合理；汽车产品的价格是否为广大消费者所接受，价格弹性系数如何等。

分销渠道的研究。其内容包括：企业现有的销售力量是否适应需要，如何进一步培训和增强销售力量；现有的销售渠道是否合理，如何正确地选择和扩大销售渠道，减少中间环节，以利于扩大销售，提高经济效益等。

广告策略的研究。其内容包括：如何运用广告宣传作为推销商品的重要手段，以及正确地选择各种广告媒介；如何制定广告预算，怎样才能以较少的广告费用取得较好的广告效果，了解广告的接收率及广告推销效果，以评估广告效果；确定今后的广告策略等。

促销策略的研究。其内容包括：如何正确地运用促销手段，以达到刺激消费，创造需求，吸引用户购买；对企业促销的目标汽车市场进行选择研究；企业促销策略是否合理，效果如何，是否被广大用户接受等。

5．企业内部状况调查

"知己知彼，百战不殆"是句古训，它同样适用企业营销，经营者对于企业内部各方面情况也应调查了解，为决策提供有效依据。在企业内部各环境要素（人、财、物、技术）中，人员是企业营销策略的确定者与执行者，是企业最重要的资源。企业管理水平高低、规章制度决定着企业营销机制的工作效率；资金状况与厂房设备等条件是企业进行一切营销活动的物质基础，这些物质条件的状况决定了企业营销活动的规模；企业文化和企业组织结构是两个需要格外注意的内部环境要素。

具体的如企业资源情况分析、产品竞争力分析（质量、技术含量、成本、价格、服务能力、研究和开发新产品能力）、财务能力、综合管理能力、价值链活动分析（供、产、销）、企业文化分析（企业形象、行为规范、共同的价值观）、产品汽车市场占有率（反映竞争力及汽车市场地位），汽车市场上同类商品的供求调查（主要是供求缺口），商品销售情况调查（产品销售曲线、产品处于寿命周期的哪个阶段）。

4.1.3 调研问卷的设计

调研问卷设计要点包括：明确调研目的和内容；分析被调研人群特点，问卷设计的语言措辞选择得当；协同工作；在问卷设计中，为数据统计和分析提供方便；问题数量适当、结构合理、语言文明规范。

1．调研目的和调研方法的确定

调研的目的即调研究竟是为什么，一般而言，调研是为营销提供汽车市场准确信息，为决策提供依据，只有调研的目的明确，才能够真正地进行有效的调研。

2．问卷中的提问形式

调研问卷的提问主要有两种形式：封闭式问题和开放式问题。

1）封闭式问题

封闭式问题是指问卷设计人员罗列出所有可能的答案选项，被调查者只能从中选择答案。

这样的问题有利于统计，它的局限性是无法获知同一问题的其他信息。在封闭式问题的回答中，有以下几种方式回答。

（1）两项选择法，被调查者只能二选一。

（2）多项选择法，一个问题，有多个答案，但只能选择一个。一个问题，多个答案，多项选择法。如"您主要是通过什么途径获得汽车信息的？"选项有：A 电视，B 报纸，C 广播电台，D 宣传小册子，E 传单，F 别人推荐，G 网络，H 其他。

（3）程度评定法，提出的问题给出不同程度的答案，被调查者从中选择一个自己认同的作为答案。如，"您对我们公司汽车售后服务的看法？"选项有：A 非常满意，B 没有不满意，C 不太满意。

（4）语意差别法，是指语意表达相反或者递进式的表达，让被调查者选择一个。如"现在有'汽车召回事件会影响你对汽车品牌形象的印象'和'汽车召回事件不会影响你对汽车品牌形象的印象'两种说法，您的看法是什么？"选项有：A 有影响，B 没有影响，C 应该不会有太大影响，D 肯定没有影响，E 说不清 。

（5）递进应答式，后一个问题和前一个问题有一定的关联性。

2）开放式问题

所谓开放式问题是指提出的问题，没有明确的答案，被调查者根据自己的情况自由回答。此方式适宜于访谈型调研，这种调研现场需要有一个和谐的气氛，要能够让被调查者打开心扉，谈出自己真实的想法。此种提问方式的答案不唯一，不易统计，如：您对以前使用的轿车品牌有什么满意和不满意的地方？开放式问题的优点是它能够给调研者提供大量、丰富的信息。缺点是信息太杂，不宜统计。

3．调查问卷中问题的用词设计

调查问卷中的问题能否表达得清楚明了，是被调查者能否真实回答问题的关键所在。如果用词清楚，就意味着使用合理的用词，表达清楚。在设计问题时，避免使用专业术语，不能有含糊其辞的表达。同时，避免一个句子有两个问题出现，如：您认为 H 品牌的轿车的经济性和安全性如何？此问题应分为两个问题，一个关于经济性，另一个关于动力性。这样的问题回答时就容易出现偏差，因此，最好是一个问题阐明一个方面的内容。

在设计问题的过程中，须征求调研小组各成员的建议，力争把问题表达清楚，为被调查者的回答创造有利条件。

4．确定问卷问题的逻辑顺序

在整个问卷的问题排序上，要遵循一个原则，对于一般性的问题，要先问，因为这些问题相对简单，被调查者易于回答。同时，这些问题也是让被调查者回答其他问题前的一个热身。思考性的问题放在中间，敏感性的问题放在最后，这样的一个顺序，符合人的逻辑思维。

当把这些问题按顺序排列完后，重新思考每一个问题的必要性，并且力求把问题减短，问题是否回答了调研目标所需的信息，当确认这些问题足以回答所有需要调研的信息时，才能够最后订稿。

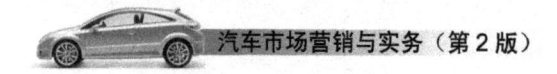

5. 问卷的平面设计及排版

在整个问卷的平面设计中,避免看上去杂乱,要对每一部分的问题进行区隔,力求排版整齐,有层次感,增强被调查者的心理感受。

调查问卷在整个调研过程中作用重大,一份有效的调研问卷,是经过调研人员及公司主管多次讨论、修正的结果,在问题设计过程中,也许要进行多次研究,并最终形成问卷。形成问卷的过程,也是对所调研的问题进行梳理的过程,只要能达到调研目的的问卷就是合理的问卷,当然,运用科学的方法设计的问卷会更有效。

6. 问卷问题设计需注意的问题

在整个问卷问题的设计中,应注意以下几个问题:避免诱导性的问题,例如,对于汽车行业首屈一指的品牌,您对我们的车型有什么建议?避免不确切的词,避免提问可能令人难堪的问题,例如,请问您的月薪?避免问时间太久远的事情,例如,请问您去年看了几次我们品牌的广告。

4.2 营销调研的实施步骤、方法

4.2.1 营销调研的实施步骤

营销调研的实施步骤如图 4-1 所示:

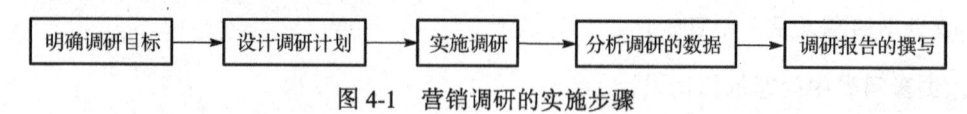

明确调研目标 → 设计调研计划 → 实施调研 → 分析调研的数据 → 调研报告的撰写

图 4-1 营销调研的实施步骤

1. 明确调研目标

明确调研目标、要求注意以下几点:
(1) 理解调研的背景,所要解决的问题,以及调研所处的社会、政治、经济、技术环境。
(2) 把调研目标与目的,转化为调研问题和具体内容。

2. 设计调研计划

调研计划是汽车市场调研的依据。调研计划的内容一般包括如下内容:
(1) 调研背景;
(2) 调研目的和调研内容;
(3) 调研对象和调研范围;
(4) 总的调研方法及具体的数据收集方法;
(5) 抽样方法和样本量;
(6) 调研实施的具体计划和质量控制方法;
(7) 数据分析方案,包括对数据的差错、编辑和统计分析;
(8) 调研进度安排;

（9）调研经费预算；
（10）设计调研问卷和测试调研问卷；
（11）其他问题。

3．实施调研

主要是将调研问卷发放到调研对象或网上或按照 E-mail 地址向被访问者发出调研问卷，邀请并激励访问者完成调研问卷。在这一阶段，特别注意调研过程的管理和控制，发现问题及时解决。

4．分析调研的数据

对数据进行查错、净化，剔除无效问卷；统计预处理；指标、作图和统计分析。目前汽车市场调研公司比较通用的分析软件有 SPSS、SAS、EXCEL 等，在利用 Internet 进行汽车市场调查时，重点是如何利用有效工具和手段实施调查和收集整理资料。获取信息不再是难事，关键是如何在信息海洋中获取想要的资料信息和分析出有用的信息。

5．调研报告的撰写

调查报告的写法应根据调查内容、问题性质以及调查目的来决定，一般包括以下部分。
（1）封面。包括报告标题、撰写人、撰写时间。标题应点明报告的主题并要求简捷、醒目。
（2）目录。
（3）调研报告的主体。包括内容摘要、关键字、正文。

正文部分主要包括：调研背景、调研目标、调研内容、相关说明、调研结果、调研方法、数据分析、主要结论与建议。
（4）参考资料与附件。

6．撰写调查报告应注意的问题

（1）要尊重事实，不能先入为主。调查研究一般都有明确的目的。到哪里去，调查什么，事先都有设想和调查提纲。撰写时，不能以主观设想的调查提纲为依据，只能依据调查所得事实。事实怎样就怎样写，不允许用调查之前设想的结论去套用或改造客观事实，更不能虚构。

（2）要善于抓住本质。调查所得信息是各种各样的，甚至会有截然相反的意见。写作时要善于抓住那些最能说明问题的材料，不要眉毛胡子一把抓，堆砌很多材料还说明不了问题。

（3）定性分析与定量分析相结合。定量分析有大量数据做支撑，能增强说服力，定性分析能发挥人的主观能动性，把握汽车市场发展的趋势和方向，二者应有效地结合。

（4）多用群众的生动语言。调查报告可以而且应当对调查所得材料进行加工提炼，集中概括，但是对于群众中生动的语言，要尽量采纳，并保持其原来面貌，使文章既说明问题，又能生动直观地反映出汽车市场状态。

4.2.2 营销调研的主要方法

营销调研方法按获取资料途径又可分为直接调查方法和间接方法。直接调查法是汽车市场研究人员通过面访、电话、传真或因特网等从被调查者处直接获取信息的一种方法。如：访问法、观察法、实验法、计算机辅助电话调研（CATI）、计算机辅助个人面访调研（CAPI）、E-mail问卷调研法、网上问卷调研法、专题讨论法等，直接从被调查者那里收集到的资料通常被称为一手资料。间接调查法主要是汽车市场调研人员通过图书、报纸杂志、互联网或汽车市场调研人员、搜索引擎收集整理消费者、竞争对手和营销环境等信息资料的一种方法，利用间接调查方法搜集到的资料通常被称为二手资料。

1. 传统的营销调研方法

传统的营销调研方法有访问法、观察法、实验法。

1）访问法

访问法包括问卷调研法、深度访谈法、小组座谈法、投射法，是调查人员向被调查人员询问，根据被调查人员的回答来收集信息资料的方法，可分为口头询问和书面询问。

2）观察法

观察法是现场对被访问者的情况直接进行观察、记录，以取得汽车市场信息资料的一种调研方法，如神秘购物法，伪装购物法、垃圾分解法。这种方法的最大优点是可以客观地收集、记录被调查者的现场情况，调查结果较真实可靠。不足之处是观察的是表面现象，无法了解被调查者的内心活动及观察法无法获得的资料，如购买动机、收入状况等。

3）实验法

实验法是研究人员通过设计一定的试验条件，将调研项目置于试验环境中收集信息的一种方法。实验法是消费品汽车市场普遍采用的一种调查方法，应用范围很广。凡是某种商品投入汽车市场，或是商品改变品种、包装、价格、商标等，均可应用这种方法进行小规模的实验、试销，由此了解消费者的反应和意见。这种方法的优点是可以有控制地观察分析某些汽车市场变量之间的内在联系，并且这种调查所取得的资料、数据较为客观、可靠。其缺点是影响销售的因素很多，可变因素难以掌控，测试结果容易出现误差，试验所需时间长，费用开支较大。

2. 网络营销调研的方法

1）网络营销调研的直接法

网络调研的直接法是汽车市场研究人员通过电话、传真或互联网等从被访者处直接获取信息的一种方法。如：计算机辅助电话调研（CATI）、计算机辅助个人面访调研（CAPI）、E-mail问卷调研法、网上问卷调研法、专题讨论法等。

计算机辅助电话调研（Computer Assisted Telephone Interviewing，CATI）又分为辅助人

工调研、人工与自动切换调研、全自动电话语音调研（CATS）。

网上问卷调研法，须设计一份调研问卷，投放到网上。网上调研问卷不宜太烦琐。

2）网络营销调研的间接方法

网络营销调研的间接方法主要是汽车市场调研人员通过互联网搜索引擎收集消费者、竞争对手和营销环境等信息的一种方法。常用的搜索引擎有：sohu.com、baidu.com、google.com、emarketing.net.cn（中国汽车市场研究协会网站）等，目前，人类知识的一半以上已经上网，汽车市场调研应充分利用网络收集信息，达到事半功倍的效果。

3）网络调研的优缺点分析

网络调研是调研方法当中的一部分，也是增长最快、应用前景最为广阔的一种方式。它的海量信息、数万个免费搜索引擎的使用对传统汽车市场调研和营销策略产生了极大影响，它大大丰富了汽车市场调研的资料来源，扩展了传统的汽车市场调研方法，具有无可比拟的优势。如：不受时空限制、费用较省、实时信息、信息量大等优势，电子商务调研充分发挥现代通信技术的广泛性、开放性、自由性和互动性等特点，使研究人员超越了时空限制，能在更大的时空范围内更广泛地收集信息。

所以，既要重视利用现代化的通信技术、互联网等手段进行调研，还应该考虑网下的情况及社会环境，利用传统的手段、方法开展调研，并使两者有机地结合起来。 在现代汽车市场营销活动中常常是将传统的调研与网络调研有机地结合起来。

4.2.3 常用的数据分析方法

1. 时间序列分析方法

1）移动平均法

时间序列的第一项数值开始，按一定项数求序时平均数，逐项移动，边移动边平均。这样，就可以得出一个由移动平均数构成的新的时间序列。它把原有历史统计数据中的随机因素加以过滤，消除数据中的起伏波动情况，使不规则的线型大致上规则化，以显示出预测对象的发展方向和趋势。

移动平均法又可分为：简单移动平均法、加权移动平均法、趋势修正移动平均法和二次移动平均法。

2）指数平滑法

指数平滑法也叫指数修正法，是一种简便易行的时间序列分析方法。它是在移动平均法基础上发展起来的一种分析方法，是移动平均法的改进形式。

2. 回归分析法

前面的分析方法仅限于一个变量，或一种经济现象，而我们所遇到的实际问题，则往往是涉及几个变量或几种经济现象，并且要探索它们之间的相互关系。例如成本与价格及购买力、收入等都存在着数量上的一定相互关系，质量和用户满意度之间的因果关系。对客观存在的现象之间相互依存关系进行分析研究，测定两个或两个以上变量之间的关系，寻求其发展变化的规律性，从而对汽车市场进行推算和预测，称为回归分析。回归分析是通过规定因变量和自变量来确定变量之间的因果关系，建立回归模型，并根据实测数据来求解模型的各个参数，然后评价回归模型是否能够很好地拟合实测数据；如果能够很好地拟合，则可以根据自变量作进一步预测。回归分析法也就是，根据系统观测到的时间序列数据，通过曲线拟合和参数估计来建立数学模型的理论和方法。

3．相关分析

对于两个或两个以上相关现象之间的因果关系，我们将考虑下面的几种分析方法：相关分析、回归分析和方差分析。其中相关分析和回归分析适合于因变量和自变量均为连续变量的情况，如"质量"和"用户满意度"的相关关系；而方差分析则适用于因变量为分类变量、自变量为连续变量的情况，如"收入"对"用户满意度"的影响，将用到相关分析。相关分析研究的是现象之间是否相关、相关的方向和密切程度，一般不区别自变量或因变量。

4．方差分析

在相关分析和回归分析中，往往要求自变量和因变量均为连续变量，而对于因变量为连续变量、自变量为分类变量的情况，一般要使用方差分析的方法。比如说，如果我们要分析不同年龄或不同收入的被调查者对产品的满意情况是否有明显的差异，或者说年龄或收入对"用户满意度"有没有影响，就不能用上面提到的相关分析或回归分析，而只能用方差分析方法。

比如说在对某品牌的调查中，高收入、低收入和中等收入的被调查者的用户满意度是否有显著性差异，这时就必须对高收入和低收入、低收入和中等收入、中等收入和高收入的被调查者进行两两比较，显得十分烦琐。因此，常用综合性更强的方差分析来取代。

5．聚类分析

聚类分析是物以类聚的一种统计分析方法。用于对事物类别的面貌尚不清楚，甚至在事前连总共有几类都不能确定的情况下进行分类的场合。

聚类方法大致可归纳如下。

（1）系统聚类法，先将 n 个元素（样品或变量）看成 n 类，然后将性质最接近（或相似程度最大）的 2 类合并为一个新类，得到 $n-1$ 类，再从中找出最接近的 2 类加以合并变成了 $n-2$ 类，如此下去，最后所有的元素全聚在一类之中。

（2）分解法，其程序与系统聚类相反。首先所有的元素均在一类，然后用某种最优准则将它分成两类，再用同样准则将这两类各自分裂为两类，从中选 1 个使目标较好者，这样由两类变成了两类。如此下去，一直分裂到每类中只有 1 个元素为止，有时即使是同一种聚类方法，因聚类形式（即距离的定义方法）不同而有不同的停止规则。

（3）动态聚类法，开始将 n 个元素粗糙地分成若干类，然后用某种最优准则进行调整，一次又一次地调整，直至不能调整了为止。

（4）有序样品的聚类，n 个样品按某种因素（时间或年龄或地层深度等）排成次序，要求必须是次序相邻的样品才能聚在一类。聚类分析方法既可对样品进行聚类，也可以对变量（指标）进行聚类。对样品进行聚类，称为 Q-型聚类。

对消费者的收入与消费习惯进行分析常用聚类分析法。聚类分析实质上是寻找一种能客观反映元素之间亲疏关系的统计量，然后根据这种统计量把元素分成若干类。这些方法在统计课或管理课上学过，这里只提基本概念，不展开介绍。

4.3 STP 策略

一般说来，企业无法为一个广阔汽车市场上的所有顾客服务。因为这样一个汽车市场上的顾客人数太多，分布太广，顾客的需求差异也很大。因此，企业不应到处与人竞争，而应采用"田忌赛马"的策略，用自己的优势与别人的劣势竞争，也就是确定最有吸引力的、本企业可以提供最有效服务的细分汽车市场，在细分汽车市场上确立自己的经营优势。现代策略营销的核心可称为 STP 营销，即细分汽车市场（Segmenting）、选择目标汽车市场（Targeting）和汽车市场定位（Positioning）。也就是说，企业进入汽车市场都要采取三个步骤：第一步，按一定的标准将汽车市场细分成若干个子汽车市场（Segmenting）；第二步，评估选择适当的子汽车市场作为目标汽车市场（Targeting）；第三步，确定产品在目标汽车市场上的定位（Positioning）。汽车市场细分和目标汽车市场是营销组合策略运用的基础，如图 4-2 所示。

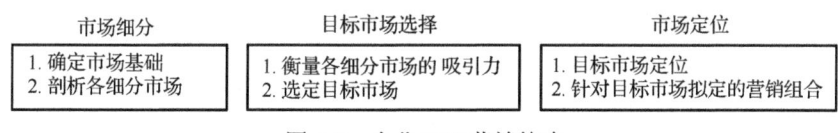

市场细分	目标市场选择	市场定位
1. 确定市场基础 2. 剖析各细分市场	1. 衡量各细分市场的吸引力 2. 选定目标市场	1. 目标市场定位 2. 针对目标市场拟定的营销组合

图 4-2　企业 STP 营销策略

4.3.1　汽车市场细分

1. 汽车市场细分的概念

所谓汽车市场细分汽车市场就是企业的管理者按照细分变量，把整个汽车市场细分为若干需要不同汽车产品的子市场的过程。所谓选择目标汽车市场，即根据一定的标准，评价各细分汽车市场的吸引力，然后选择一个或几个要进入的汽车市场。最后企业需要在目标汽车市场里给产品定位，即塑造出产品与众不同的差异化，给目标消费者以深刻的印象，从而确定企业的竞争地位。

汽车市场细分的概念是于 20 世纪 50 年代中期，由美国著名汽车市场学家温德尔·斯密在一些企业汽车市场营销经验上总结出来的。当时企业郁于旧的观念，把消费者看成具有同样需求的集团，因而大量生产单一品种的产品，采用广告促销的形式，虽然取得一时赢利的效果，但随着"卖方汽车市场"逐渐转化成"买方汽车市场"，那种只靠推销单一产品的策略已很难奏效。许多企业开始注意适应消费者的需求差异，有针对性地提供不同的产品，并运用不同的分销渠道和广告宣传形式，开展营销活动。

需求本身的"异质性"是汽车市场可能细分的客观基础，在同一细分汽车市场内部，消费者的需求大致相同；在不同的细分汽车市场之间，则存在着明显的差异性。这一概念的提出不仅立即为理论界接受，更受到企业的普遍重视，并迅速得到利用，使市场营销活动由大量营销进入目标营销阶段，至今仍被广泛使用。

2. 有效汽车市场细分的依据

有效的汽车市场细分首先应满足可衡量性，细分汽车市场的需求特征必须是可以识别的和可以衡量的，亦即细分出来的汽车市场不仅范围比较明晰，而且也能大致判断该汽车市场的大小。

有效的汽车市场细分应满足可进入性，细分出来的汽车市场应是企业营销活动能够抵达的，亦即是企业通过努力能够使产品进入并对顾客施加影响的汽车市场。一方面，有关产品的信息能够通过一定的媒体顺利传递给该汽车市场的大多数消费者；另一方面，企业在一定时期内有可能将产品通过一定的分销渠道运送到该汽车市场。否则，该细分汽车市场的价值就不大。

有效的汽车市场细分应满足可赢利性，细分汽车市场的规模足够大，有足够的利润吸引企业去经营。

有效的汽车市场细分应具有稳定性，各细分汽车市场的特征在一定时期内能保持相对不变，具有可持续发展的潜力，使企业占领汽车市场后有一定的发展空间，能够制定较稳定的营销策略。

3. 汽车市场细分的变量

凡是影响消费者需求的一切因素，都可以作为汽车市场细分的依据，根据这些因素来细分汽车市场，主要有四种细分方法。

1）地理细分

地理细分，就是把汽车市场划分为不同的地理区域。地理主要包括国家、地区、气候、城市规模、人口密度、地形、地貌、交通条件、资源条件等。例如，寒冷地带的汽车用户更加关注汽车的保暖、暖风设备，对汽车的防冻和冷启动性能、汽车的防滑安全措施要求较高；炎热潮湿地带的汽车用户对汽车的空调制冷，底盘防锈，漆面保护等有较高的要求；平原地区的汽车用户希望汽车底盘偏低，悬架软硬适中，高速行驶稳定性好；而丘陵山地区的汽车用户更关注车辆的爬坡能力和操控性等。

2）人口细分

人口细分是根据人口统计变量依据，划分不同的群体，包括年龄、性别、家庭生命周期、收入、职业、教育程度、宗教、种族、国籍等。例如：服装、化妆品、理发等行业的企业长期以来一直按"性别"细分汽车市场；汽车、旅游等行业的企业一直按"收入"细分汽车市场。然而，更多的企业则采用"多变数"细分汽车市场，即把两个或两个以上的人文变数结合起来细分汽车市场。比如，同时以性别、年龄（老、中、青、儿童）和收入（高、中、低）三个变数细分汽车市场，可细分出 18 个子汽车市场。

📖 **相关链接**

家庭生命周期阶段和购买行为模式

1. 单身阶段

年轻、不住在家里。几乎没有经济负担，新观念的带头人，易受娱乐导向影响。购买行为：一般厨房用品和家具、汽车、模型游戏设备、度假。

2. 新婚阶段

年轻、无子女。经济比下一阶段要好，购买力最强，耐用品购买力高。购买：汽车、冰箱、电炉、家用家具、耐用家具、度假。

3. 满巢阶段

与子女同住。家庭用品采购的高峰期，流动资产少，不满足现有经济状况。储蓄部分钱，喜欢新产品，如广告宣扬的产品。购买洗衣机、烘干机、电视机、婴儿食品、玩具娃娃、手推车、雪橇和冰鞋。购买：新颖别致的家具、汽车、旅游用品、非必需品、船、牙齿保健服务、杂志。

4. 空巢阶段

年长的夫妇，无子女同住。拥有自己的住宅，经济富裕有储蓄，对旅游、娱乐、自我教育尤感兴趣，愿意施舍和捐献，对新产品无兴趣。购买：度假用品、奢侈品、家用装修用品。有助于健康、睡眠和消化的医疗保健用护理产品。

5. 鳏寡阶段

收入锐减，对医疗用品特别关注，特别需要得到关怀、情感和安全保证。

3）心理细分

消费者的心理差异影响消费者需求和偏好。心理因素主要包括社会阶层、生活方式、个性等。如简约的生活方式或奢华的生活方式，外向的性格或内敛的性格，偏向于追求名牌或对品牌较为随意等形成了对汽车档次、品牌、价格、功能、款式和色彩方面的差异性需求。

（1）社会阶层。

社会阶层是指在一个社会中具有相对的同质性和持久性的群体，它们是按等级排列的，每一阶层成员具有类似的价值观、兴趣爱好和行为方式。一个人的社会阶层归属不仅仅由某一变量决定，而是受到职业、收入、教育、价值观和居住区域等多种因素的制约。社会阶层的不同会直接影响到人们对汽车、衣服、家具、娱乐、读书习惯和零售商的偏好。

目前有许多阶层为特定的阶层设计产品或服务，营造适合这些阶层的特色。如按收入可分为大款、白领、工薪等阶层。按职业可分为农民、工人和知识分子阶层等。不同阶层的人以不同的消费来显示其不同的身份和社会地位，像一些"大款"喜欢购买高档的奢侈品，白领阶层追求时尚和名牌，工薪阶层则更注重实惠。

（2）生活方式。

生活方式又叫生活格调，是指消费者对自己的工作、休闲和娱乐的态度、特定习惯和倾向方式。不同生活方式的群体对产品和品牌有不同的需求。服装、化妆、家具、餐饮、游乐等行业的企业，比较重视按照人们的生活格调来细分汽车市场。不同的生活格调产生不同的需求偏好。如将消费者划分为不同生活格调的群体：传统型、新潮型、节俭型、奢靡型、严肃性、活泼型、乐于社交者、爱好家庭生活的人、高成就型、环保意识强者等。显然，这种细分方法往往能够显示出不同群体对同种商品在心理需求方面的差异性。

营销人员应设法从多种角度区分不同生活方式的群体，在设计产品和广告时应明确针对某一生活方式群体。比如，法拉利不会向节俭者群体推广汽车产品，名贵汽车制造商应研究高成就者群体的特点以及如何开展有效的营销活动，环保汽车产品的目标汽车市场是社会意识强的消费者。

（3）个性。

这是一个人特有的心理特征，具有稳定性。个性指一个人的心理特征。个性导致对自身所处环境相对一致和连续不断的反应。比如外向的人喜欢浅色和时髦的汽车造型，内向的人喜欢深色和庄重的汽车造型；追随性或依赖性强的人对汽车市场营销因素敏感度高，易于相信广告宣传，易于建立品牌信赖和渠道忠诚，独立性强的人对汽车市场营销因素敏感度低，不轻信广告宣传；家用汽车的早期购买者大都具有极强的自信心、控制欲和自主意识。

消费者消费的过程，也就是他们展示自己个性的过程。因此，营销者越来越注意给自己的产品赋予品牌个性，树立品牌形象。20世纪50年代末，福特汽车和雪弗兰汽车在促销方面就强调个性的差异。福特汽车的购买者被认为是"独立的、感情易冲动的、有男子汉气质的、雄心勃勃的"，而雪弗兰汽车的购买者则被认为是"保守的、节俭的、重视声誉的、较少男子气质的"。

从购买动机（兴趣、聚集、交流、理智、感情、惠顾）来细分汽车市场，也是心理细分的常用方法。在购买动机中普遍存在的心理现象有：求实心理、求安全心理、喜新心理、爱美心里、仿效心理、地位（成就）心理、名牌（慕名）心理、友谊心理等。企业针对顾客的不同购买动机，在产品中突出能够满足他们某种心理需要的特征或特性，并设计相应的营销组合方案，往往能取得良好的经营效果。

4）行为细分

行为细分是根据消费者的不同消费行为来细分汽车市场。影响消费者行为的因素很多，主要包括时机、使用者状况、使用率或使用量、忠诚度、利益追求、态度等。汽车消费者行为主要体现在为什么要购买，是用来代步，还是商用，还是用来出游，或是几者兼备；是追求实用，还是追求时尚；是即刻购买，还是持币选购等。

相关链接

汽车市场部分车型细分

紧凑型车	微型车	小型车	中型车	中大型车	SUV	MPV
朗逸	奔奔 Mini	瑞纳三厢	MISTRA 名图	宝马 5 系	哈弗 H6	五菱宏光 S
轩逸	北斗星	大众 POLO	雅阁	奥迪 A6L	传祺 GS4	宝骏 730
捷达	知豆电动车	飞度	迈腾	君越	昂科威 ENVISION	北汽威旺 M30
英朗	众泰 Z100	赛欧三厢	奔驰 C 级	凯迪拉克 XTS	宝骏 560	长安欧尚
卡罗拉	奥拓	威驰	奥迪 A4L	皇冠	途观	长安欧诺

4．汽车市场细分的作用

1）有利于企业分析、发掘新的汽车市场机会和未满足的需求，制定最佳的营销战略

汽车市场细分不仅可以了解汽车市场的总体情况，还可以较具体地了解每一个细分汽车市场的实际购买量、潜在需求量、购买者满足的程度，以及汽车市场上竞争状况，是企业能对每一个细分汽车市场推销机会的大小加以比较，进一步找出汽车市场营销的好时机，采取相应的汽车市场营销策略；使企业可以选择最能发挥自己优势的汽车市场作为自己的目标汽车市场；使企业的资金和物质资源得到最有效的应用，从而能迅速取得汽车市场的优势地位。

2）有利于企业针对汽车市场开发适销对路的产品

汽车市场细分为企业按汽车市场的需求改良现有产品和设计开发新产品提供了有利条件，企业的营销目标与汽车市场的需求更加协调一致，产品更加适销对路，从而增加销售量，获得更高的利润。美国通用汽车公司，通过汽车市场细分，开发了高端车主的"凯迪拉克"、中产阶级的"别克"、中低端用户的"雪弗兰"、货运"五菱"，可以供不同顾客选择。

3）促使企业针对目标汽车市场制定适当的营销组合策略，增强竞争优势

一个企业拥有的人力、物力、财力和技术水平总是有限的，通过细分汽车市场，针对汽车市场需求确定出口什么样的产品，选择、建立和培养什么样的渠道，并辅之以何种促销措施，就能制定出更符合客观实际的营销组合方案，使有限的资源发挥更大的经济效益。

汽车市场细分以后，在细分汽车市场上竞争者的优势和劣势就明显地暴露出来，企业只要看准汽车市场机会，利用竞争对手得弱点，同时有效地开发本企业的资源优势，就能用较少的资源把竞争者的顾客和潜在顾客变为本企业的顾客，提高汽车市场占有率，增强竞争能力。

对于资源有限的小企业来说，只有通过汽车市场细分，选择有利可图的细分汽车市场，集中使用资源，投入一个或少数几个细分汽车市场，才能扬长避短、有的放矢地开展汽车市场营销活动，增强汽车市场调查、研究、分析的针对性。

4）有利于制定最佳的营销方案

汽车市场细分是企业制定营销战略和策略的前提条件。企业通过汽车市场细分，有利于企业了解不同汽车市场群的顾客对汽车市场营销措施的反映及其差异，选择好自己的目标汽

车市场，有利于企业研究和掌握某个特定汽车市场的特点，有针对性地采取各种营销策略。一方面企业在汽车市场细分的基础上针对目标汽车市场的特点制订战略和策略，可做到"知彼知己"；另一方面，由于企业面对的是某一个或少数几个子汽车市场，便于及时地捕捉需求信息，根据需求的变化随时调整汽车市场营销组合策略，这就既可节省营销费用，又可扩大销售，提高汽车市场占有率，实现企业营销目标。

近13亿人口的中国是世界上最具潜力的汽车市场，但今天绝大多数活跃于其间的企业都认识到，他们根本不可能获得整个汽车市场，或者至少不能以同一种方式吸引住所有的购买者。因为一方面，购买者实在太多、太分散，而且他们的需要也千差万别；另一方面，企业在满足不同汽车市场的能力方面也有巨大差异。因此，每个企业都必须找到它能最好满足的汽车市场部分。

汽车市场细分对于经营者有重要的意义。主要表现为：可以针对某一个细分汽车市场，生产适销对路的商品，并采取适当的营销方法占领这一汽车市场，取得较大的市场份额和最好的经营效果。

4.3.2 汽车目标汽车市场选择

1. 确定目标汽车市场

企业细分汽车市场后，就要对细分汽车市场进行评估和选择，确定企业的目标汽车市场一般有以下5种模式。

1）单一汽车市场集中化

单一汽车市场集中化，指企业只选择一个目标汽车市场，企业只生产一种产品，只为一个消费群服务。例如，豪华轿车"劳斯莱斯"的生产厂家使用的就是这种策略，将目标汽车市场固定在"有很高的社会地位，追求享受，并且将汽车作为身份象征的顾客"这一专门的细分汽车市场上。

企业选择单一汽车市场集中营销，有利于集中经营力量，在一个细分汽车市场上获得较高的份额；有助于企业特色经营，建立巩固的汽车市场地位，获得较好的经济效益。但因目标汽车市场范围较窄，因而经营风险较大，决策时要慎重。

2）选择专业化

企业选择几个不同的细分汽车市场并分别提供不同的产品以满足他们不同的需求。例如，上海通用汽车公司2004年以前，其车型系列有选择地占领几个汽车市场：君威系列进入中高档轿车汽车市场，凯越系列进入中档轿车汽车市场，赛欧系列进入经济型轿车汽车市场，而GL8系列进入中高档商务车汽车市场。

选择专业化模式通过产品多样化分散经营风险，优点是能扩大销售，分散风险，增强竞争力。缺点：产品多，产品设计、制造、仓储、促销费用高，管理复杂。主要适用于资金雄厚、实力较强、管理水平较高的大型企业。

3）产品专业化

企业集中生产一种产品，向各类消费者销售。例如，美国福特汽车公司早年生产的

"T形车"，连续十几年，始终生产一种车型，一种颜色。在汽车工业发展的初期，"T形车"开创了批量、流水化生产的先河，福特的"T形车"代表了一个时代。

企业采用产品专业化模式，可以扩大汽车市场，有利于摆脱对个别汽车市场的依赖；降低风险，有利于发挥技能，形成企业在某种产品方面的优势。但如果企业生产的这种产品被一种新产品替代，企业就会面临危机。

4）汽车市场专业化

企业专门为满足某消费者群体的各种不同需要服务。例如，中国山东黑豹汽车制造公司是农用汽车生产的专业化企业，生产的各类农用车专门面向农村短途运输汽车市场，在农用汽车汽车市场中占有很高的汽车市场份额。

采用这种模式有利于发展和利用消费者之间的关系，降低交易成本，在这类消费者中树立良好形象。但这类消费者的购买力下降，企业的收益就会受到较大影响。

5）全面覆盖

企业为所有消费者生产经营各种产品，满足所有细分汽车市场的需要。采用这种模式通常为实力雄厚的大企业，他们有足够的技术和资源生产各种产品满足各种消费者的需要。因而，其特点是：产品非常齐全，产品设计、制造、仓储、促销费用很高、管理复杂。汽车市场风险小，经营管理风险大。

📖 练一练

根据讲解在图4-3中用阴影表示出各种汽车市场选择模式。

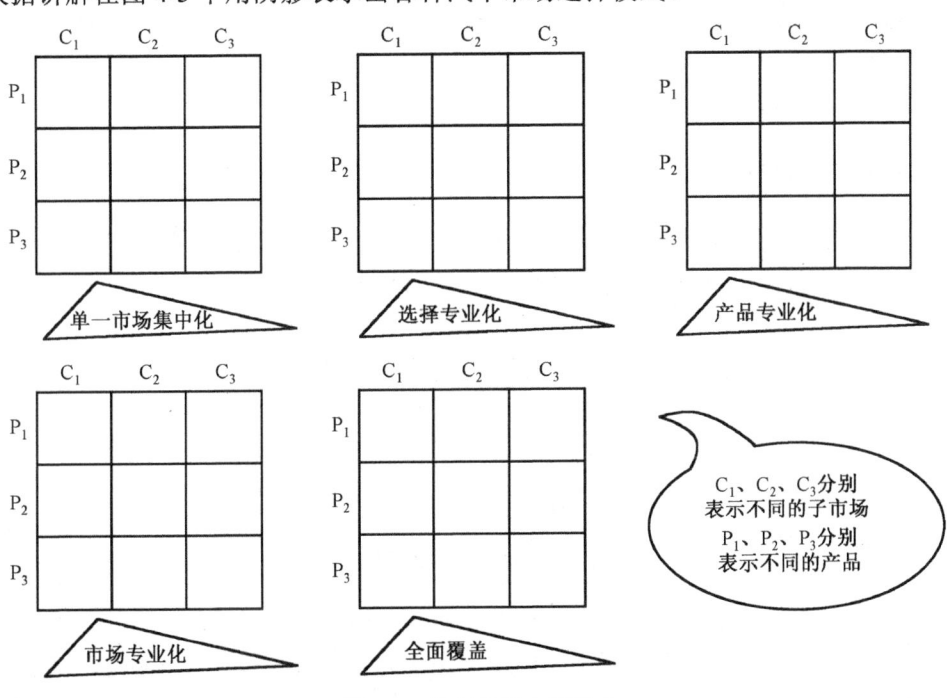

C_1、C_2、C_3分别表示不同的子市场
P_1、P_2、P_3分别表示不同的产品

图4-3 汽车市场占领模式

2. 目标汽车市场策略

从企业选择目标汽车市场的模式可以看出，各企业选择的目标汽车市场范围是不一样的，由于目标汽车市场范围的不同，采取的营销策略也会有差别。企业的营销策略主要有无差异性营销策略、差异性汽车市场营销策略、集中性营销策略。

1）无差异性营销策略

如图 4-4 所示，企业把整个汽车市场看成一个大的目标汽车市场，营销活动不去考虑细分汽车市场的特性，而注重细分汽车市场的共性。企业只向汽车市场推出单一的标准化产品，设计一种营销组合，借助广泛的销售渠道和大规模广告宣传，吸引尽可能多的购买者。采用无差异汽车市场营销的理由是成本经济，人们认为这是"与标准化生产和大规模生产相适应的汽车市场营销方法"。产品经营范围窄，可以降低生产、存储和运输的成本。

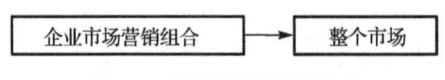

企业市场营销组合 ——→ 整个市场

图 4-4　无差异性营销策略

无差异营销的优点十分明显。首先，无差异营销可以降低营销成本。大批量的生产，使单位产品的生产成本能够保持相对较低的水平；单一的营销组合，尤其是无差异的广告宣传，可以相对节省促销费用。其次，广告宣传等促销活动的投入，不是分散使用于几种产品，而是集中使用一种产品，因此有可能强化品牌形象，甚至创造所谓的超级品牌。

无差异营销的缺点也同样明显。首先，它可能使消费者多样的需求无法得到较好的满足。在很多情况下，并非需求没有差异，而是企业"忽略"了差异。可以说，在一定程度上，这种营销方式是靠强大的广告宣传"强迫"具有不同需求的顾客暂时接受同一种产品，这就潜藏着失去顾客的危险。其次，易于受到其他企业发动的各种竞争的伤害。由于上述第一点，采用无差异营销策略的企业，常常在竞争中被另一些企业所打败。

2）差异性汽车市场营销策略

如图 4-5 所示，企业把整体汽车市场划分为若干细分汽车市场，并针对不同的细分汽车市场，分别设计不同的产品和运用不同的汽车市场营销组合，满足各类细分汽车市场上消费者的需求。

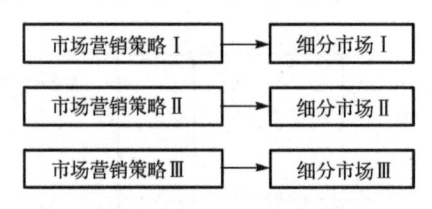

市场营销策略Ⅰ ——→ 细分市场Ⅰ
市场营销策略Ⅱ ——→ 细分市场Ⅱ
市场营销策略Ⅲ ——→ 细分市场Ⅲ

图 4-5　差异性汽车市场营销策略

所谓差异营销，是指这样一种选择目标汽车市场和组织营销活动的思路：面对已经细分的汽车市场，企业选择两个或两个以上子汽车市场作为目标汽车市场，分别为每个子汽车市场提供有针对性的产品，并根据产品的特征和子汽车市场的特点，分别制定和实施价格策略、分销渠道策略和促销策略。差异性营销有许多具体形式：企业可能只选择少数几个较大的子汽车市场；如果企业认为有价值的子汽车市场不止两个或若干个，则可能选择更多的子汽车市场作为目标汽车市场；如果企业发现所有子汽车市场的规模、价值相差无几，则可能以所有子汽车市场为目标汽车市场。但从实践角度来看，后一种情况出现的机会并不多。这一策略适用于产品初上市的情况，或产品获得专利权的企业；适合于生产规模大、实力雄厚的大企业。

差异营销具有很大的优越性。首先，这种营销方式大大降低了经营风险。由于企业同时在若干个既互相联系又互相区别的子汽车市场上经营，某一汽车市场的失败，不会导致整个企业陷入困境。其次，这种营销方式能够使顾客的不同需求得到更好满足，也能使每个子汽车市场的销售潜力得到最大限度地挖掘，从而有利于提高企业的汽车市场占有率。再次，差异营销大大提高了企业的竞争能力，特别有助于阻止其他竞争对手利用汽车市场空隙进入汽车市场。最后，如果企业能够在几个子汽车市场上取得良好经营效果、树立几个著名品牌，则可以大大提高消费者或用户对该企业产品的依赖程度和购买频率，尤其有利于企业的新产品迅速打开汽车市场。

不过，差异营销也有一定的局限性，实行差异化营销的最大问题是营销成本提高。小批量、多品种的生产，使单位产品的生产成本相对上升。以下几项成本可能会增加：如为了满足各个细分汽车市场的不同需要而改进产品，通常需要增加研究与开发、工程或特殊模具的成本；规模经济带来的成本劣势，如将 10 种产品各制造 10 件要比生产 100 件单一产品需要更高的成本；管理成本增加，公司必须为每个细分汽车市场分别制订不同的汽车市场营销计划，这就需要额外的汽车市场营销研究、预测、销售分析、促销、规划和销售渠道管理等项费用。

3）集中性营销策略

如图 4-6 所示，集中性营销是一种与无差异营销和差异营销明显不同的营销思路。无差异营销和差异营销尽管在选择目标市场和实行营销组合策略方面有非常大的区别，但它们的出发点和最终目标是相同的，都追求市场最大化，即占据尽可能多的市场份额。而集中性营销的思路却大不相同：企业既不试图在整体市场上经营，也不是把力量分散使用于若干个子市场，而是集中力量进入一个子市场，为该市场开发一种理想而独到的产品，实行高度专业化的生产和销售。采用这种策略通常是为了在一个较小的或很小的子市场上取得较高的、甚至是占支配地位的汽车市场占有率，而不追求在整体市场上或较大细分市场上占有较小的份额。他们对所有经营活动进行调整，以一种竞争者不易模仿的方式专攻一个狭小的细分汽车市场。通过提高效率和绩效为某一狭窄的战略对象服务，从而超过那些向所有人做所有事的公司，形成竞争优势。

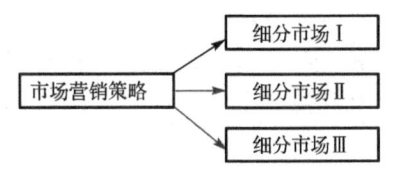

图 4-6 集中营销策略

显然，这是一种特别适用于小企业的策略。小企业的资源和营销能力有限，这使其无法与大企业正面抗衡。但通常市场上总是存在着这样一些子市场：它们的规模与价值对大企业来说相对较小，因而大企业未予注意或不愿涉足，但这个子市场却足以使小企业生存并发展。如果小企业能够为此子市场推出独到的产品，并全力以赴加以开拓，则往往能够达到目标。这种策略的优点是：①可以提高企业在一个或几个细分汽车市场上的占有率。②可以降低成本和减少销售费用。③有利于企业创名牌，增加销售量，提高利润率。可以使某些子市场的特定需求得到较好的满足，因此有助于提高企业与产品的知名度，今后一旦时机成熟，便可以迅速扩大汽车市场。

值得注意的是，集中营销策略强调的是一种"独辟蹊径，蓄势待发"的经营思想，它对于我国企业在选择目标汽车市场方面避免近年屡屡发生的"追风赶潮"现象，具有积极的意义。这一策略的不足之处是经营风险较大。

相关链接

奇瑞QQ——"年轻人的第一辆车"

奇瑞QQ占据微型轿车市场霸主地位，6个月销售6.8万多台，创造单一品牌微型轿车销售记录，凭借其品牌战略和汽车市场细分战略，将中国微型轿车带入营销竞争时代。

奇瑞QQ的目标客户是收入并不高但有知识有品位的年轻人，同时也兼顾有一定事业基础、心态年轻、追求时尚的中年人。一般大学毕业两三年的白领都是奇瑞QQ潜在的客户。人均月收入2000元即可轻松拥有这款轿车。

奇瑞公司有关负责人介绍说，为了吸引年轻人，奇瑞QQ除了轿车应有的配置以外，还装载了独有的I-say数码听系统，成为了"会说话的QQ"。据介绍，I-say数码听是奇瑞公司为用户专门开发的一款车载数码装备，集文本朗读、MP3播放、U盘存储多种时尚数码功能于一身，让QQ与电脑和互联网紧密相连，完全迎合了离开网络就像鱼儿离开水的年青一代的需求。

QQ的目标客户群体对新生事物感兴趣，富于想象力、崇尚个性，思维活跃，追求时尚。虽然由于资金的原因他们崇尚实际，对品牌的忠诚度较低，但是对汽车的性价比、外观和配置十分关注，是容易互相影响的消费群体；从整体的需求来看，他们对微型轿车的使用范围要求较多。奇瑞把QQ定位于"年轻人的第一辆车"，从使用性能和价格比上满足他们通过驾驶QQ所实现的工作、娱乐、休闲、社交的需求。

在产品名称方面：QQ在网络语言中有"我找到你"之意，QQ突破了传统品牌名称非洋即古的窠臼，充满时代感的张力与亲和力，同时简洁明快，朗朗上口，富有冲击力。

在品牌个性方面：QQ被赋予了"时尚、价值、自我"的品牌个性，将消费群体的心理情感注入品牌内涵。

引人注目的品牌语言：富有判断性的广告标语"年轻人的第一辆车"，及"秀我本色"等流行时尚语言配合创意的广告形象，将追求自我、张扬个性的目标消费群体的心理感受描绘得淋漓尽致，与目标消费群体产生情感共鸣。

4.3.3 汽车市场定位

在目标汽车市场选择确定之后，企业必须进行汽车市场定位。例如，奔驰的尊贵与稳健，宝马的驾驶乐趣，马自达的可靠，奥迪的庄重，劳斯莱斯的贵族血统。它们在消费者的心目中已经拥有了一定的位置，已经有了最能说明他们形象特点的印象。这种留在消费者心目中的鲜明的、有别于其他竞争对手的竞争优势就是汽车市场定位。

1．汽车市场定位的概念

汽车市场定位（Positioning）是指营销组织在了解购买者的价值取向和认同标准以及竞争者的产品与营销策略的基础上，为自己的产品赋予特色，树立形象，从而在目标汽车市场的消费者心中确定与众不同的价值地位。这种地位、形象和特色即可以是实物方面的（外形、成分、构成、性能等内在质量和外在质量等），也可以是心理方面的（包括豪华、品牌等），还可以是二者兼而有之的，如质优价廉、服务周到、技术超群等。对汽车市场定位概念的理解应该把握以下几点。

1）汽车市场定位的基点是竞争

汽车市场定位的过程就是识别差别、发现差别、显示差别的过程。企业通过调查研究汽车市场上相互竞争的各个品牌各自所处的地位、各有什么特色、实力如何，可以进一步明确竞争对手和竞争目标，发现竞争双方各自的优势与劣势。在目标汽车市场与竞争者以示区别，从而树立企业的形象，取得有利的竞争地位。

2）汽车市场定位的目的在于吸引更多目标顾客

消费者不同的偏好和追求都与他们的价值取向和认知标准有关。企业只有通过了解购买者和竞争者两方面情况，从而确定本企业的汽车市场位置，进一步明确企业的服务对象，才能在目标汽车市场上取得竞争优势和更大效益，然后企业在汽车市场定位的基础上，才能为企业确立形象，为产品赋予特色，从而对相应的顾客群体产生吸引力，这是当代企业的经营之道。

3）汽车市场定位的实质是设计和塑造产品的特色或个性

产品的特色和个性可有多种表现，既可以通过产品实体本身来表现，也可通过消费者对产品的心理感受来表现，如产品使顾客感到豪华、朴素、时髦、典雅等，还可以通过价格、质量、服务、促销方式等形式来表现。产品不同，其表现形式也不相同。但产品的特色往往是由多个方面的因素构成的，如汽车的高质量这一特色是由汽车的操控性、安全性等多种因素构成的。

企业通过汽车市场定位，可以确认现在所处的地位，即产品、品牌能在多大程度上对应汽车市场需求；比较评价竞争者与本企业的产品和品牌在汽车市场上的地位；抢先发现潜在的重要汽车市场位置；了解和掌握应该追加投放新产品的汽车市场位置，以及现有产品重新定位或放弃的方向等；设法在自己的产品、品牌上找出比竞争者更具竞争优势的特性或者创造与众不同的特色，从而使其产品、品牌在汽车市场上占据有利地位，取得目标汽车市场的竞争优势。

4）正确理解汽车市场定位、产品定位与竞争性定位

在汽车市场营销过程中，汽车市场定位离不开产品和竞争，因此汽车市场定位（Market

Positioning)、产品定位（Product Positioning）与竞争性定位（Competitive Positioning）三个概念经常交替使用。汽车市场定位强调的是企业在满足汽车市场需要方面，与竞争者比较，应当处于什么位置，使顾客产生何种印象和认识；产品定位是指就产品属性而言，企业与竞争对手的现有产品，应在目标汽车市场上各自处于什么位置；竞争性定位则突出在目标汽车市场上，和竞争者的产品相比较，企业应当提供何种特色的产品，三个术语在实质上，是从不同角度认识同一事物。

总之，企业在汽车市场定位过程中，一方面要了解竞争者的产品的汽车市场地位，另一方面要研究目标顾客对该产品的各种属性的重视程度，然后选定本企业产品的特色和独特形象，从而完成产品的汽车市场定位。目标汽车市场选择决定了一个企业的顾客和一批竞争对手。汽车市场定位则进一步限定了这个企业的顾客和竞争对手，并有利于建立企业及其产品的汽车市场特色。

2. 市场定位的步骤

企业在汽车市场定位时，首先要了解竞争对手的产品特色，要研究消费者对该产品的各种属性的喜爱程度；其次要确定自己的竞争优势和选择适当的定位策略；最后要准确地传播企业的定位观念，使之在消费者的心目中形成偏好，从而完成产品的汽车市场定位。具体包括以下三个步骤。

1）明确潜在的竞争优势

企业可以通过两种方法来发挥竞争优势：一是提供比竞争者更低的价格；二是提供更多的利益，使消费者认为较高的价格是合理的。企业提供的价值与竞争者所提供的价值可以通过产品、服务、人员或形象来加以差异化。

相关链接

汽车企业的服务差异化

卡尔·斯韦尔是美国最大的也是最成功的经销商之一，他为顾客提供无与伦比的服务。他的准则是："如果顾客提出责问，回答永远是'是'。"他的经销店提供一天24小时，一周7天的技术服务。顾客如果车钥匙断在锁里，或者车陷入泥沼，他的服务人员都免费提供帮助。如果服务人员第一次无法修复这辆汽车，经销店就免费借给顾客一辆车，供其使用，然后将顾客的车拉回去修理。当顾客拿到修复的车时，还收到一份向他致意的礼物。

丰田公司特许经销"雷克萨斯"车和日产公司特许经销"无限"车时，也提供优质的服务。两家公司在设计经销店的经营宗旨和风格时所耗费的时间，相当于设计新车的时间。新的陈列室十分豪华、气派。顾客步入店内，接待员便递上一杯咖啡，然后带他参观各种汽车。一位推销员走过来，将顾客介绍给销售经理。然后安排顾客游览服务舱。顾客还可以自己开开车。在整个过程中，推销员始终表现非常平和、亲切，正确无误地提供有关的技术信息，没有丝毫硬性推销的压力。

克莱斯勒公司在推出纽约豪客新款车时，投资3 000万美元对其经销网点的10万名员工进行了培训——从业主、销售经理一直到服务人员和电话接线员,并进一步更新理念,如"我们是顾问不是销售人员","我们与顾客建立终身关系"等。

2)选择竞争优势

针对目标汽车市场的消费者特征,描述出最有可能被接受或能受到青睐的特征,并力图对本公司的产品或服务赋予这些特征,如汽车是运动感的、充满活力并富有浪漫情调的等。应当在了解当前的竞争态势中,依据营销研究所收集到的信息加以分析,并依照目标汽车市场的顾客群或目标消费者、产品差异点以及竞争者的汽车市场定位等三要素,拟订出最适合本公司并能长期从事汽车市场作战的有利位置。

相关链接

市场定位战略的选择

竞争性定位是指将本企业产品定在与现有竞争者产品相似的市场位置上,与竞争对手针锋相对,争夺同一细分市场。这种定位要考虑以下因素:①生产技术与质量水平是否具有优势;②市场潜力与市场容量是否足够吸纳两个企业的产品;③是否有比竞争对手更强的生产经营实力。只有具备这些条件的企业,在市场竞争中将处于有利地位,才能采用这种定位战略。

企业也可以通过分析市场中现有产品的定位状况,从中找出尚未占领或未被消费者所重视的空缺位置,并以此来为企业确定市场位置。企业采用这种拾遗补缺之法为其产品定位,可以使自己的产品具有一定的优势和特色,可避免与同行业的竞争。采用这种定位策略需考虑以下因素:①是否有足够数量的、确定的消费者需求;②这种空缺产品的生产技术是否可行和经济合理;③企业是否具有开发与经营的能力。

3)准确地传播企业的定位观念

一旦企业选择了一个汽车市场位置后,就必须采取有力的步骤向目标顾客宣传这一预期的定位,对于所推行的汽车市场定位应能长久落实。例如面向社会集团销售的轿车就不应该给人以档次过低的印象,面向出租行业销售的轿车不应给人以档次过高的印象。

定位主题不应变换太频繁,应保持一致,否则,在公众中没有统一明确的认识。别克是为渴望在成功基础上再求超越的中国公商务精英打造的座驾,别克品牌的定位是中高级公商务用车和成功人士的工作用车;GL8 的定位是顶级 MPV,体现的是一种"贵族商务主义";赛欧都市时尚白领时髦的小车;凯越是全心全意进取;雪弗兰是活力乐观、聪明务实、稳中求进。

3. 市场定位的策略

汽车市场定位实际是一种竞争定位,确立的是本企业同竞争对手之间的竞争关系,汽车市场定位的策略主要有以下三种。

1）加强与提高策略

这种策略，是指在消费者心目中加强和提高自己现在的定位，凭着自己的资源和实力为消费者提供更好的服务或产品、与竞争者争夺同一目标汽车市场的策略。这种定位策略必然会导致与对手之间的激烈竞争，故并不是所有的企业都愿意采取这种定位方式。只有具备以下条件时，企业才可以选择加强与提高策略：①由于本企业拥有更为先进的技术，在满足顾客的需要时能比对手做得更好；②目标汽车市场的容量足够大，能够容纳两个或更多的竞争者产品；③企业的资源实力与对手相当，或者略胜一筹。

相关链接

雷克萨斯轿车战胜梅塞迪斯

丰田公司雷克萨斯轿车诞生前，丰田公司认识到在全世界范围内有大量消费者希望拥有一辆昂贵的轿车。在这群消费者中间，很多人想买梅塞迪斯（一种奔驰车，以奔驰车著名经销商女儿的名字命名），但认为梅塞迪斯价格太高。他们希望以更合理的价格购买像梅塞迪斯同样性能的车，或者以梅塞迪斯现有的价格买更好的车。这给了丰田公司一个启发，开发一辆确实能与梅塞迪斯抗衡，甚至质量更好（价值更高）但价格更低的轿车。

在营销人员的指导下，丰田的设计师和工程师开发了名为雷克萨斯的轿车，发起了向梅塞迪斯的全方位进攻。新汽车像雕塑品，安装精良，装饰奢侈。雷克萨斯车的广告图画显示它旁边的梅塞迪斯，并写上广告标题语："这也许是历史上第一次，只需要花36 000美元就能买到73 000美元的高级轿车（梅塞迪斯当时的价格）"。丰田建立了独立的雷克萨斯专卖店，挑选能够高度胜任的经销商，精心设计了陈列室。经销商寻找到了潜在客户的名单，向他们寄发手册，并附寄12分钟的录像带，录像带戏剧性地展示了雷克萨斯轿车卓越的性能和高贵的风格。例如，当工程师把一杯水放在引擎联合器上，梅塞迪斯引擎发动时，水发生抖动，而雷克萨斯却没有，说明雷克萨斯有更平稳的引擎和提供更安全的驾驶。录像带更戏剧性地展示把一杯水放在操纵盘旁，当雷克萨斯急转弯时，水不溢出来——确实令人兴奋。顾客向亲朋好友介绍，形成了良好的口碑，给了梅塞迪斯沉重打击。

雷克萨斯车的成功就是利用价格定位方法取得的，针对雷克萨斯的挑战，梅塞迪斯不得不重新考虑它的价格定位。如果梅塞迪斯降低售价，它实际上承认它售价过高。如果维持原价，它就会继续输给雷克萨斯。比较好的做法是增加提高保证和服务，增加附加价值，使认知价值提高。

2）填补空缺策略

企业避开与竞争者直接对抗，将其位置定于汽车市场的某处"空隙"，发展当前汽车市场上没有的某种特色的产品，开拓新的汽车市场领域。进行填补空缺式的定位，企业必须对该细分汽车市场的机会与自身条件相结合考虑。只有在该细分汽车市场的容量足够大、生产技术上可行，而对手无力经营或不屑经营时，企业的填补空缺行为才可能获利。

3）另辟蹊径式定位

企业采取与竞争对手完全相反的定位，甚至公开与某些知名品牌企业划分界线，也能收到良好的效果。另辟蹊径式的定位一定要建立在对竞争对手、顾客需求与企业内部产品组合的充分分析的基础之上，只有在自己的产品与对手的产品确实存在差异，而这些差异又能满足顾客的某种需要的时候才能找到企业的汽车市场机会，进行与对手完全相反的定位。

本章小结

市场调研是汽车企业科学预测与决策的基础，市场预测是汽车企业经营决策的基础。以信息技术为手段的经营管理方式，将进一步提高世界汽车企业的竞争力。市场细分是目标市场选择的第一步，通过有效的市场细分，汽车企业可以更准确地了解行业竞争态势，准确寻找空白市场，为准确的市场定位打下基础。

案例分析

中国汽车市场细分方案

市场细分程度是衡量一个汽车市场成熟与否的标志之一，也是汽车企业制定品牌、车型战略的基础条件。中国汽车市场的品牌格局：大众领先优势减小。大众蝉联品牌关注榜榜首，长城位居次席；福特排名直升四位，进入榜单前三。另外，雪佛兰、比亚迪和丰田等品牌的关注排名均有所上涨。上海大众领跑汽车厂商关注榜，长城汽车位列次席；车系榜上，新桑塔纳最受用户的青睐；紧凑型车占据了超过三成的市场关注份额。5~20万元价格段累计占据了近七成的关注份额；1.6L排量的产品最受消费者青睐；搭载手动变速箱的产品关注比例已跌破五成。

大众蝉联品牌关注榜榜首，2013年以来中国汽车市场上，大众以16.8%的关注比例蝉联品牌关注排行榜的冠军，领先优势依旧明显。长城和福特分别分列榜单的第二和第三位。自从2013款朗逸上市之后，大众的品牌关注走势便保持着持续上升的势头。不过，由于本次"3·15"晚会上DSG问题被曝光，大众品牌形象受到了较大的影响。

福特升入榜单前三，福特在宣布了2013款翼搏和2013款嘉年华等多款新车上市，其中2013款翼搏作为一款紧凑型城市SUV定价仅在10万元左右，在上市后受到了广泛关注，位列榜单第三名。另外，雪佛兰、比亚迪和丰田等品牌的排名均有所上涨。

新桑塔纳蝉联车系榜冠军，2013年中国汽车市场上，大众旗下的新桑塔纳蝉联车系关注榜的冠军，关注比例为2.8%。同为大众旗下的朗逸位居次席，落后新桑塔纳。福特的福克斯由于有新车发布，市场关注份额有所上升，为2.6%，排在车系榜的第三位。

产品排行：2013款新桑塔纳1.4L手动风尚版居首。大众五款产品进入榜单，从上榜产品的品牌来看，大众有五款产品进入前十五，成为拥有上榜产品数量最多的品牌；福特和别克各有两款产品上榜，其他六款产品分别来自六个不同的品牌，分别为长城、雪佛兰、本田、长安、起亚和现代。价格段分析：5~20万元受关注。

厂商排行：上海大众位列厂商榜榜首。厂商榜上，上海大众以10.3%的市场关注份额蝉联榜首，成为最受市场关注的汽车厂商，但关注比例较上月略有下滑。长城汽车位居第二名，关注比例为6.0%。由于2013款新捷达的上市，一汽大众在大众品牌备受质疑的背景下市场关注份额依然有所提高，为5.4%。

从上榜厂商的类别来看，合资厂商占据了前十名中的七个席位，明显占优。三家自主厂商入榜，分别为长城汽车、比亚迪和长安汽车。

汽车级别：紧凑型车关注比例超三成。在车级别方面，紧凑型车占据了三成以上的市场关注份额，关注比例达到了33.6%，较上月略有提高。SUV的市场关注份额持续上升。小型车和中型车分列第三位和第四位。其他级别车型的市场关注份额均不超过5.0%。

价格段结构：5～20万元产品受关注。2013年中国汽车市场上，5～20万元的产品累计占据了近七成的市场关注份额。其中，5～10万元价格段的产品关注份额为34.6%；10～20万元的产品关注份额亦超过三成，为33.0%。

案例分析：
1. 根据案例预测汽车产业的发展前景。
2. 请以价格细分当今汽车市场。
3. 请以地理标准细分当今汽车市场。
4. 简述汽车市场细分战略的意义。

营销实训

随着世界的发展，汽车行业已成为世界一大经济支柱产业，汽车行业的发展主导了世界工业的前行。随着人们物质生活水平的不断提高，家用轿车已驶入寻常百姓家。成为新的消费热点。近年来，我国的家用轿车的销售量不断增长，而且这一趋势仍在增长。请根据掌握的市场调查与预测知识，对中国家用轿车市场做出调研。

调研内容：主要面向工薪阶层的消费者，对XX城的消费者进行问卷调查。调查内容涉及汽车消费需求、汽车评价、购买汽车的影响因素、售后服务、消费倾向、年龄结构、收入水平等各方面问题。

调研形式：通过电子邮件的方式。

调研对象：老师、政治职员、个体老板等。

调研要求：
1. 此次调查回收有效问卷100余份，统计分析。
2. 从性能、品牌、售后服务三个角度，完成完成市场调研结果分析报告。
3. 为中国家用汽车企业提供建议和对策。

第5章　汽车市场营销战略

本章学习目标

（1）了解汽车市场营销战略的概念、特征和主要内容。
（2）了解汽车市场营销必须以满足顾客为中心，掌握满意与忠诚的关系。
（3）理解汽车企业必须通过分析竞争环境和竞争对手，来确立市场竞争地位和基本竞争战略。

案例导入

英国 GKN 公司（吉凯恩集团）始创于工业革命开始时期，到19世纪末发展成为世界最大的钢铁企业之一。但是，随着钢铁工业的国有化，GKN 公司失去了主要支柱产业，只剩下了一个外壳。

GKN 何去何从？围绕着 GKN 的前途问题，公司的高层管理者争论不休。霍尔兹沃恩当时在公司任会计师，有幸参与了这场争论。在经过缜密的调查分析后，霍尔兹沃恩向 GKN 公司董事会呈交了一分关于公司未来发展的战略报告。

按照霍尔兹沃恩的报告得出的结论，GKN 公司将不再是一个钢铁集团公司，因此，公司应该立即转向，开发新产品。但是，GKN 公司刚刚创建了一家年产 600 万吨钢管的钢管厂，如果采纳霍尔兹沃恩的建议，钢管将被取缔，所有投资都将化为乌有；再者，霍尔兹沃恩不过是一名微不足道的会计师。非常不幸，GKN 公司没有采纳霍尔兹沃恩的发展战略方案；仍然按照既定的方针推进钢管厂的生产。

历史的进展完全证实了霍尔兹沃恩的战略预测——仅仅过了两年，GKN 公司的钢管厂就陷入了严峻的困境，不得不停产。在危难之际，毫无办法的董事们想起了霍尔兹沃恩，于是便破格提拔他为公司副总裁兼常务经理。

霍尔兹沃恩上任后就着手公司的转向。他买下了比尔菲尔德公司，将该公司生产的一种新型产品投放欧洲和北美市场；又开发了一种廉价的运输机，使产品畅销世界。GKN 公司顿时面貌全新。不久，霍尔兹沃恩又研制出新型战斗机勇士号，一举占领英国的军用机市场，为 GKN 公司带来了巨大的利润。

1980 年，霍尔兹沃恩因业绩非凡而被任命为董事长，这时，英国的钢铁工业已陷入一团糟的窘地，GKN 公司也因此受到冲击，面对新的严峻考验。

在新形势下，霍尔兹沃恩的同行们都认为这是由于工人罢工而造成的；霍尔兹沃恩在调集了各方面的资料并进行了详细的分析研究后，认为这是英国工业衰退的先兆，更大的衰退即将来临。

霍尔兹沃恩毫不犹豫地采取措施改变公司的产业结构；他先后卖掉了公司在澳大利亚的钢铁业股权和英国的传统机械公司，同时在法国、美国和英国本土创办了五家新公司。

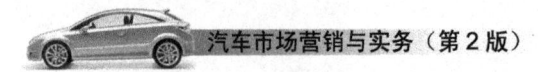

不久，英国工业的全面衰退果然来临，GKN公司因早有准备，损失减到了最低，而其他公司则纷纷倒闭。人们无不为霍尔兹沃恩的远见卓识而赞叹。后来，GKN公司成为开发复杂新型机械产品和应用最新技术的领导者。霍尔兹沃恩也被称为企业战略家。

5.1 汽车市场营销战略概述

汽车企业要在激烈的市场竞争中获得长远的发展，必须正确地预测汽车市场中长期的发展变化，制定与汽车市场走势和汽车企业能力相适应的汽车市场营销战略，并组织实施和管理控制，使规划的战略目标得以实现，这是汽车企业成功经营的基础。

5.1.1 汽车市场营销战略的概念及特征

1. 汽车市场营销战略的概念

战略是确定企业长远发展目标，并指出实现长远目标的策略和途径。战略确定的目标，必须与企业的宗旨和使命必须相吻合。战略是一种思想，一种思维方法，也是一种分析工具和一种较长远和整体的规划。

汽车市场营销战略是指汽车企业在现代市场营销观念下，为实现其经营目标，对一定时期内汽车市场营销发展的总体设想和规划。汽车企业营销战略是汽车企业总战略的重要组成部分，它的制定与规划受汽车企业整体战略思想的制约，不同的营销思想、营销观念和战略任务，会有不同的汽车市场营销战略、因此汽车市场营销战略必须与汽车企业整体经营战略相吻合。

2. 汽车市场营销战略的特征

（1）全局性。汽车市场营销战略策划的制定事关企业整体和全局。营销战略策划反映了企业高层领导对企业长远发展的战略思想，对企业的各项工作具有权威性的指导作用。

（2）长远性。汽车市场营销战略是基于企业适应未来环境的变化而制定的一个相当长时间内的指导原则和对策，是对未来营销工作的通盘筹划。因此要立足当前，放眼未来，协调近期和长远的关系。

（3）导向性。汽车市场营销战略不仅规定和指导企业一定时期的市场营销活动，而且规定和指导企业的一切生产经营活动。

（4）竞争性。汽车市场营销战略的制定是基于对国内外汽车市场竞争格局的认识，就如何使企业在竞争中保持优势，立于不败之地所进行的筹划。

（5）原则性。一方面，汽车市场营销战略规定了企业在一定时期内市场营销活动的方针，为企业各个方面的工作制定了可供遵循的基本原则；另一方面，由于战略更多考虑的是面对未来较长时期的营销决策，不可能对具体的营销活动进行细致的策划，因而只能是"粗线条"的决策和筹划，由此决定了营销战略所具有的原则性。

（6）稳定性。汽车市场营销战略作为一定时期企业经营活动必须遵循的方针和原则，具有稳定性的要求。它是企业高层领导者通过对企业外部环境和内部资源进行了认真分析和研究后所做出的慎重决策，不能随意更改。

5.1.2 汽车市场营销战略的类型

汽车市场营销战略可以根据其战略任务分为两种类型,即顾客满意战略和市场竞争战略。这两种不同的战略类型针对不同的战略任务,确定不同的市场营销活动方向,规划不同的市场营销策略。

1. 顾客满意战略

企业的整个经营活动要以顾客满意度为指针,要从顾客的角度、用顾客的观点而不是企业自身的利益和观点来分析考虑顾客的需求,尽可能全面尊重和维护顾客的利益。

2. 市场竞争战略

汽车企业通过市场竞争环境、竞争对手以及自己在市场上的地位的分析后,为实现竞争战略和适应竞争形势而采用的具体行动方式。

5.2 顾客满意战略

案例导入

在汽车产业界相当具有知名度的调查单位 J.D.Power 亚太公司日前公布 2015 年中国汽车销售满意度研究 SM(SSI)。报告显示,豪华车和主流车细分市场的总体满意度和去年相比都取得了进步,其中自主品牌的进步最大,自主品牌购车者的同一品牌再购买率呈现上升趋势。

豪华车市场中,奥迪(795 分)连续第三年在豪华车市场中名列销售满意度榜首。这也让奥迪成为了连续六年销售满意度排名最高的品牌。英菲尼迪(760 分)名列第二位。主流车市场中,北京现代(812 分)连续第二年在主流车市场中名列第一位。东风雪铁龙(799 分)和东风日产(777 分)分别名列第二和第三位。

83%的自主品牌新车车主表示,在交车时,经销商有向其介绍过售后服务代表(2014 年:81%)。他们的满意度比没有享受到这一服务的自主品牌新车车主满意度高 71 分。

在交车之后,50%的自主品牌新车车主享受到了与经销商约定定期保养时间的服务(2014 年:47%),22%的自主品牌新车车主被邀请参加车主活动(2014 年:13%)。这些车主的满意度比没有获得这两项服务的车主的满意度高出 45 分。

"顾客满意"推进的产生是在 20 世纪 80 年代初。当时的美国市场竞争环境日趋恶劣,美国电话电报公司(AT&T)为了使自己处于有利的竞争优势,开始尝试性地了解顾客对目前企业所提供服务的满意情况,并以此作为服务质量改进的依据,取得了一定的效果。与此同时,日本本田汽车公司也开始应用顾客满意作为自己了解情况的一种手段,并且更加完善了这种经营战略。顾客满意战略的出现并不是偶然的,而是在 PIMS 原则和 3Rs 战略的基础上发展而来的。

5.2.1 顾客满意战略的发展

1. 战略与绩效（PIMS）原则

PIMS（Profit Impact of Market Strategies）研究最早于 1960 年在美国通用电气公司内部开展，主要目的是找出市场占有率的高低对一个经营单位的业绩到底有何影响。以通气电器公司各个经营单位的一些情况作为数据来源，经过几年的研究和验证，研究人员建立了一个回归模型。该模型能够辨别出与投资收益率密切相关的一些因素，而且这些因素能够较强地解释投资收益率的变化。到 1972 年，PIMS 研究的参与者已不再局限于通用电气公司内部的研究人员，而是包括哈佛商学院和市场科学研究所的学者们。在这个阶段，该项研究所用的数据库不仅涉及通用电器公司的情况，还包括许多其他公司内经营单位的信息资料。1975 年，由参加 PIMS 研究的成员公司发起成立了一个非营利性的研究机构，名为"战略规划研究所"，由它来负责管理 PIMS 项目并继续进行研究。迄今为止，已有 200 多个公司参加了 PIMS 项目，其中多数在财富 500 家全球最大的企业中榜上有名。

PIMS 研究结果表明：市场占有率是影响投资收益率最重要的变数之一，市场占有率越高，投资收益率越大。市场占有率高于 40%的企业与其平均投资收益率，相当于市场占有率 10%的 3 倍。

同时，并不是在情况下这一原则都是有效的，这还要取决于提高市场占有率所采取的营销策略是什么，有时为提高市场占有率所付出的代价会高于它所获得的收益，因此，企业在提高市场占有率时应考虑以下三个因素：①引起反垄断诉讼的可能性。②经济成本。③企业在争夺市场占有率时所采取的营销组合策略。

> **相关链接**
>
> **发改委：汽车反垄断指南正式公开征求意见**
>
> 2016 年 3 月 23 日，国家发改委在其官网宣布，《关于汽车业的反垄断指南》（征求意见稿）现已面向社会公开征求意见。此次公开征求意见的时间为 2016 年 3 月 23 日至 4 月 12 日。有关单位和社会各界人士均可登录国家发展改革委门户网站对该意见稿提出建议。《汽车业反垄断指南》于去年 6 月由国务院反垄断委员会授权国家发改委牵头起草，并先后在内部进行了多轮意见征集。
>
> 据发改委内部人士透露，《反垄断指南》在进一步公开征求意见并整理后，预计将于今年 5 月前后上交国务院反垄断委员会，在审核通过后将正式发布。
>
> 自 2008 年《反垄断法》施行以来，发改委就对汽车行业的经销模式、商务政策、竞争状况、价格情况开展了深入的调研。2014 年，发改委开始对违反《反垄断法》的企业进行查处。截至目前，共查处汽车行业垄断案件 12 件，合计罚款 20.47 亿元。

2. 关系营销（3Rs）战略

20 世纪 90 年代初，美国哈佛大学有两位教授根据服务性企业的数据，研究了企业的市场份额与利润的关系，发现市场份额对利润并没有太大的影响，而顾客忠诚度较高的服务性企业更能盈利。他们认为，服务性企业应采用 3R 营销策略。

1）客户维持（Retention）

优秀的客户维持可以维持到稳定的客户群体，节省成本，提高利润率。这主要表现在两个方面。稳定客户群的建立，一方面可以省却重新争夺新客户的费用，另一方面也省却了重新调查审核客户信用的成本。通过各种策略，努力把客户尤其是优质客户留下来，并培养成忠诚客户群。许多企业的调查资料表明，吸引新顾客的成本是保持老顾客的 5 倍以上。所以，假如企业一周流失 100 个顾客，同时又获得 100 个顾客，虽然从销售额来看仍然令人满意，但这样的企业是按"漏桶"原理运营业务的。实际情况是，争取 100 个新顾客比保留 100 个老顾客要花费更多的费用，而且新顾客的获利性也往往低于长期的老顾客。据统计分析，新顾客的盈利能力与老顾客相差 15 倍。

2）多重销售（Relation Sales）

即向同一客户销售多种商品。据日本 BOOZ·ALLEN&HAMILTONH 咨询公司调研，同一客户使用的产品数量与客户维持存在密切关系。多重销售可以为客户提供更多的选择机会，促进客户多重购买，并增强顾客的忠诚度，减少顾客流失。当老顾客连续购买使用企业的产品和服务感到满意时，就会对经营的商家产生好感，建立起对企业的信心，由此，他们会爱屋及乌，极易接受企业围绕核心产品开发出的相关产品，甚至是全新产品。这样，就使得企业新产品介绍费大大降低，推进市场的时间大大缩短。另外，老顾客在接受新产品时，对产品价格的敏感度及竞争者广告的敏感度也会大大减弱，而且还能不断提高购买产品的等级。

3）客户介绍（Referrals）

即通过现有客户的推介扩大客户数量。顾客的口碑很重要。因此提高原有顾客对企业的满意度并鼓励客户对企业的口碑宣传，可以帮助企业扩大新顾客群体、争夺优质客户。研究发现，一个忠诚的老顾客可以影响 25 个消费者，能诱发 8 个潜在顾客产生购买动机，其中至少有一个人产生购买行为。否则，一个不满意的顾客可能打消 25 个人的购买意愿。

3．顾客满意（CS）战略

20 世纪 80 年代中期，西方绝大多数行业已处于买方市场之下。如果不能使顾客满意，即使是"好商品"也会卖不出去。最早对这种经营环境变化做出系统反应的是斯堪的纳维来航空公司，他们于 1985 年提出了"服务与管理"的观点。提出并实践这种观点，意味着企业自觉地把竞争由生产率的竞争转换为服务质量的竞争。他们的信念是，企业利润增加首先取决于服务的质量。后来，"服务与管理"观点传到美国后，被进一步运用和发展。当时，恢复美国的国际竞争力正成为美国政坛的一个热门话题，为此里根政府专门创设了国家质量奖。在国家质量奖的评定指标中，有 60%直接与顾客满意度有关。

CS 战略的基本指导思想是：企业的整个经营活动要以顾客满意度为指针，要从顾客的角度、用顾客的观点而不是企业自身的利益和观点来分析考虑顾客的需求，尽可能全面尊重和维护顾客的利益。这里的"顾客"是一个相对广义的概念，它不仅指企业产品销售和服务的对象，而且指企业整个经营活动中不可缺少的合作伙伴。

📖 相关链接

美国马尔克姆·波多里奇国家质量奖

美国前总统里根于 1987 年签发的美国《公众法 100—107》，确立了美国马尔克姆·波多里奇国家质量奖。马尔克姆·波多里奇 1981 年至 1987 年任美国商业部部长。由于他长期致力于美国质量管理工作，在促进美国国家质量管理的改进和提高上做出的突出贡献。为此，在他去世后，美国通过了国家质量改进法案，建立了以他的名字命名的国家质量管理奖。

美国商业部是美国国家质量奖的主管部门。美国标准技术院（NIST）受商业部技术署的授权管理该奖。美国质量学会（ASQ）在 NIST 的指导下，负责马尔克姆·波多里奇国家质量奖的日常工作，并在质量奖有关的质量概念、原理和技术上不断发展、改进和提高。

为保证评奖工作正常、有序地进行，美国质量学会组织成立了监督委员会和评审委员会。监督委员会由全美各领域的卓越经济领导者组成，由商业部部长任命，是商业部质量

工作的顾问组，负责评价标准的充分性、评审过程的正确性，以及质量奖评审工作给美国经济发展带来的效益。该委员会通过向商业部部长和 NIST 执行官提交报告来促进评奖工作的改进和提高。

评审委员会由美国商业、健康卫生和教育等组织的领导、专家组成，负责对质量奖申请组织进行评审，提出具体评审报告。

美国马尔克姆·波多里奇质量奖标准的核心价值体现在领导、战略策划、以顾客和市场为中心、信息与分析、以人为本、过程管理、经营结果七项要求中强调经营效果，目的是要达到顾客满意，获得竞争优势。波多里奇质量奖总计 1000 分，其中经营结果 450 分，并注重了解顾客和市场需求，关注顾客、财务、市场、人力资源、供方和合作伙伴、组织的效果结果。美国质量学会每年组织对标准进行修订，评审工作日臻完善，在美国质量界和企业中都享有极高声誉。

申请波多里奇国家质量奖的组织向 ASQ 递交有关申请材料。由 ASQ 进行资料审核。申请组织的自我评价报告由评审委员会审查后，交高级审查员，确定进行现场审核的组织名单。评审委员会组成的评审组到确定的组织进行现场审核，提交评审报告。评审委员会根据综合结论，向 NIST 提交获奖组织推荐名单，并转交美国商业部部长，由商业部部长最终确定获奖组织。

马尔克姆·波多里奇国家质量奖适用于制造业、服务业和小企业，每年评审一次。1998 年和 1999 年，美国标准技术院又分别推出了教育系统和健康卫生评审标准。波多里奇质量奖 1988 年首次颁奖至 2000 年，已有美国摩托罗拉、施乐、KARLEE 公司等 41 家企业赢得了该奖。2000 年，首次有水处理公司——OMI 公司和银行——L 银行获得该奖，对引导和激励企业提高质量经营管理的水平，实现卓越经营起到了很大的促进作用。美国政府非常重视该奖项，每年都由现任总统向获奖组织颁奖。

5.2.2 顾客满意战略的实施

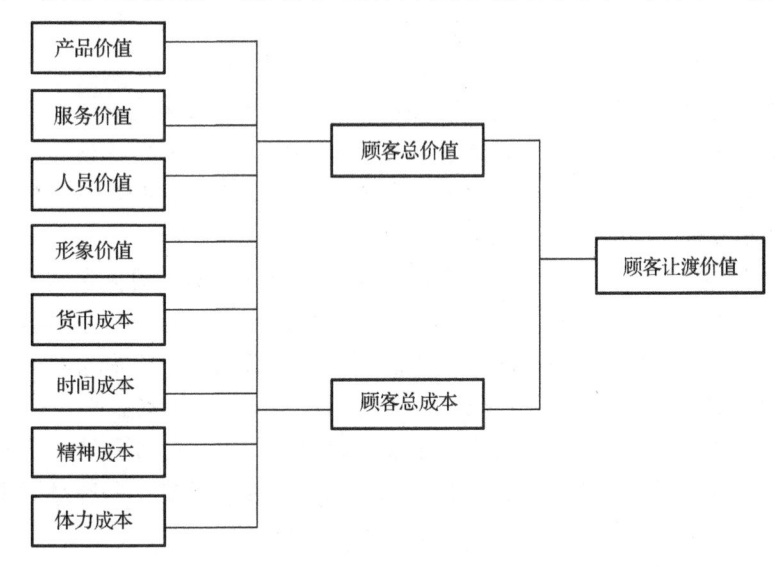

1. 顾客让渡价值

顾客让渡价值的定义：是指企业转移的，顾客感受得到的实际价值。它的一般表现为顾客购买总价值与顾客购买总成本之间的差额。顾客让渡价值是菲利普·科特勒在《营销管理》一书中提出来的，他认为，"顾客让渡价值"是指顾客总价值（Total Customer Value）与顾客总成本（Total Customer Cost）之间的差额。

顾客总价值是指顾客购买某一产品与服务所期望获得的一组利益，它包括产品价值、服务价值、人员价值和形象价值等。顾客总成本是指顾客为购买某一产品所耗费的时间、精神、体力以及所支付的货币资金等，因此，顾客总成本包括货币成本、时间成本、精神成本和体力成本等。由于顾客在购买产品时，总希望把有关成本包括货币、时间、精神和体力等降到最低限度，而同时又希望从中获得更多的实际利益，以使自己的需要得到最大限度的满足，因此，顾客在选购产品时，往往从价值与成本两个方面进行比较分析，从中选择出价值最高、成本最低，即"顾客让渡价值"最大的产品作为优先选购的对象，如图 5-1 所示。

图 5-1 顾客让渡价值

2. 顾客满意

CS 是英文 Customer Satisfaction 的缩写，意为"顾客满意"。菲利普·科特勒认为，顾客满意"是指一个人通过对一个产品的可感知效果与他的期望值相比较后，所形成的愉悦或失望的感觉状态"。满意水平是可感知效果或测量分析后效果和期望值之间的差异函数。如果效果低于期望，顾客就会不满意；如果效果与期望相匹配，顾客就满意；如果效果超过期望，顾客就会高度满意、高兴或欣喜，从而达到提高满意度。

一般而言，顾客满意是顾客对企业和员工提供的产品和服务的直接性综合评价，是顾客对企业、产品、服务和员工的认可，在企业内部也可认为是下个过程对上个过程的评价认可。"顾客"根据他们的价值判断来评价产品和服务,从企业的角度来说,顾客服务的目标并不仅仅止于使顾客满意,使顾客感到满意只是营销管理的第一步。美国维持化学品公司总裁威廉姆·泰勒认为:"我们的兴趣不仅仅在于让顾客获得满意感,我们要挖掘那些被顾客认为能增进我们之间关系的有价值的东西"。在企业与顾客建立长期的伙伴关系的过程中,企业向顾客提供超过其期望的"顾客价值",使顾客在每一次的购买过程和购后体验中都能获得满意。每一次的满意都会增强顾客对企业的信任,从而使企业能够获得长期的盈利与发展。

3. 顾客忠诚

顾客忠诚,是指顾客对企业的产品或服务的依恋或爱慕的感情,它主要通过顾客的情感忠诚、行为忠诚和意识忠诚表现出来。其中,情感忠诚表现为顾客对企业的理念、行为和视觉形象的高度认同和满意,行为忠诚表现为顾客再次消费时对企业的产品和服务的重复购买行为,意识忠诚则表现为顾客做出的对企业的产品和服务的未来消费意向。

相关链接

中国车主品牌忠诚度全球最低

波士顿咨询公司近日发布最新汽车分析报告——《品牌忠诚度之争:中国汽车市场的下一场战役》指出,多达四分之三的中国车主计划在购买下一辆汽车时更换品牌,而这些车主所保有的汽车总数高达9千多万辆。在这种品牌大迁徙的背景下,如何牢牢把握住客户忠诚度将成为中国汽车市场下一场最重要的竞争。

在全球主要汽车市场,中国消费者的品牌忠诚度最低,尤其是国内自主品牌,忠诚度只有17%。价位相对较低的自主品牌市场,近85%的车主表示打算在购买下一辆车时更换品牌,其中只有大约30%表示计划购买其他自主品牌产品,而有倾向购买上海大众或一汽大众的人数却达到了49%。在外资中档品牌8万至25万元人民币之间的市场,则可能会流失70%的当前客户。他们在消费升级时,88%的人可能会选择奥迪、奔驰、宝马这三个默认品牌。相比其他品牌,几家欧洲高端品牌占据主导地位的国内高档车市场中,品牌忠诚度稍高,大约只有57%的车主计划更换品牌。

具体而言,追求更加出色的产品质量、性能和经销商体验是自主品牌车主更换品牌的最大理由。波士顿咨询公司合伙人兼董事总经理贺马可表示:"对自主品牌而言,最紧迫的挑战是不断改进汽车产品、完善经销商服务,同时保持自身的成本优势。"对产品可靠性、安全性以及保养成本高的担忧是中档品牌车主打算在同一区间转向竞争对手品牌的首要原因。而那些计划升级消费的中档品牌车主则希望拥有更出色的配置、更高端的售后服务以及能体现更高社会地位的汽车产品。

来源:北京日报 2014-09-22

4. 顾客满意与顾客忠诚的关系

满意与忠诚是两个完全不同的概念,满意度增加不代表忠诚度也在增加,但是顾客满意是顾客忠诚的必要条件,对企业营销而言,让顾客满意是最基本的,没有满意的顾客,企业不可能有满意的市场。但是,实践证明满意不等于重购,如果企业一味地追求满意率,就有可能掉进"满意陷阱"。如统计研究显示:在满意调查中,美国汽车顾客有90%声称对企业所提供的产品及服务满意,但这些感到"满意"的顾客重购率只有40%,而其中60%的顾客背离了制造商或经销商。据《哈佛商业评论》报告,在满意于商品的顾客中仍有65%～85%的人会选择替代品和竞争对手的产品,而高度忠诚的顾客却很少改变购买意向。CS的最高目标也是提高顾客忠诚,而不是顾客满意。

在多数情况下顾客满意和顾客忠诚并不是简单的线性关系。这说明在顾客满意和顾客忠诚两个变量之间存在着一些调节变量,这些调节变量及其作用强度会因行业的不同而有所差异。

1)社会规范与情境因素

主观的行为规范会受到社会规范的影响。例如,当一个少年消费者对一件时尚款式的服装表现出极高的态度倾向时,他也许会觉得他的父母对他穿此类服装感到反感而取消购买的决定。

2)产品经验

顾客先前的经验和知识会很大程度地影响顾客的态度与行为。顾客以前的经验无形中也就构成了今后使用这种服务的满意度的门槛。在顾客忠诚的形成过程中,产品经验通常作为一个情景因素发挥着调节作用。

3)替代选择性。

如果顾客感知现有企业的竞争者能够提供价廉、便利和齐全的服务项目或者较高的利润回报他们就可能决定终止现有关系而接受竞争者的服务或者产品。如果顾客没有发现富有吸引力的竞争企业,那么他们将保持现有关系,即使这种关系被顾客感知不太满意。

4)转换成本。

转换成本指的是顾客从现有厂商处购买商品转向从其他厂商购买商品时面临的一次性成本。由于转换成本存在,顾客终结当前的关系先前的投资就会受到损失,于是就被迫维持当前与供应商之间的关系,即使顾客对这种关系不满意。因此顾客转换成本较高时顾客的行为忠诚也较高。当转换成本非常小时,由于大部分人喜欢尝试多样性,即使一些顾客高度满意,但重购率并不高。

5. 顾客满意战略的实施

(1)提高顾客让渡价值,增加顾客总价值,即提高产品价值、服务价值、人员价值和形象价值,降低顾客总成本,即降低货币成本、时间成本、精神成本和体力成本。

(2)站在顾客的立场上研究和设计产品。尽可能地把顾客的"不满意"从产品体本身去除,并顺应顾客的需求趋势,预先在产品体本身上创造顾客的满意。

(3)不断完善服务系统,包括提高服务速度、质量等方面。

（4）重视顾客的意见。据美国的一项调查，成功的技术革新和民用新产品中有60%～80%来自用户的建议。

（5）通过提高顾客满意培养忠诚顾客。

（6）建立与顾客为中心相应的企业组织。要求对顾客的需求和意见具有快速反应机制，养成鼓励创新的组织氛围，组织内部保持上下沟通的顺畅。

5.3 竞争战略

案例导入

中级轿车市场竞争激烈 谁能率先突围

一直以来，中级轿车领域都是车企争夺的决战之地，更是品牌厮杀的主战场。一般来说，只要在中级轿车领域获胜，那么无论是往下游的紧凑级车市场争胜，还是向SUV板块进发，都能游刃有余、顺风顺水，所以无论是合资车企还是中国自主品牌，在中级车领域的争夺向来都是最激烈的。

原先中级轿车是商务接待和基层官车的代表，但是随着年青一代购车消费群的崛起，年轻人对中级车的要求不再仅仅停留在舒适、宽大的层面，对偶尔驾驶冲动的追求也是他们选车的标准之一。特别是随着燃油价格的不断攀升，既能满足良好的燃油经济性要求，又能满足瞬间加速的驾驶欲求，这样的车型就很受年轻商务人士的喜爱。而搭载涡轮增压发动机的车型基本就成了首选，这就是为什么长期以来德系独霸中级车头把交椅的原因之一。

2015年第一季的中级车销量出炉，德系帕萨特和迈腾依旧稳居冠亚军的位置，帕萨特依托上海大众官降优势，今年第一季度累计销售67 389辆，但是相比去年同期，销量却下降了10.1%。迈腾累计销售47 953辆，位居亚军，比第三名高出一万多辆。

与德系中级车春风得意相反的就是日系车的全面失意，按照统计，在销售前十位的中级车中，雅阁和马自达6均跌出榜单，特别是马自达6今年第一季度仅销售9385辆，同比骤跌过半（55.6%）。而凯美瑞今年第一季度累计销售36 801辆，相比去年同比下降8%，其排名也由去年的第三位跌至第四位；新天籁的表现更加不如意，累计仅销售21 896辆，同比下跌13.2%，排名也从去年同期第六位跌至今年的第九位。

从目前来看，日系中级车外观设计失去了魅力，发动机相对老旧，一向标榜的所谓节油也已输给了涡轮增压发动机，正是由于这些原因，才让日系中级车逐渐走向边缘化。

而美系中级车今年第一季度的表现还算抢眼，福特新蒙迪欧第一季度的销售量同比增长13%，累计销售28 306辆；而别克新君威与新君越销量均实现两位数增长，累计销量分别为30 441辆和27 826辆，同比增长25.0%和30.3%，排名分别由去年的第八和第九位提升至今年的第五位和第八位。美系中级车的成功得益于两点：一是更加运动化的外观内饰设计，二是及时换装了国人比较喜爱的1.6T、1.8T、2.0T涡轮增压发动机。还是那句话，现在的中级车不仅仅是需要宽大舒适的乘坐空间，也需要偶尔的速度与激情。

另外，韩系中级车的表现出乎人们的意料，北京现代名图今年第一季度累计销售37 359

辆，超过凯美瑞位居第三，同比猛增 24.1%；起亚 K4 以 19461 辆的销量排在第十位，超越了雅阁和马 6。韩系中级车的畅销，得益于两个原因：一是流畅时尚的外观设计，二是相对低廉的售价。

案例素材来源：凤凰网

5.3.1 汽车市场竞争环境

汽车企业的营销活动都是在不断发展的社会环境中进行的，制定竞争战略不能不把汽车企业与其所处的具体环境联系起来，竞争环境是企业生存与发展的外部环境，对企业的发展至关重要，竞争环境的变化不断产生威胁，也不断产生机会。对企业来说，如何检测竞争环境的变化，规避威胁，抓住机会就成为休戚相关的重大问题。

企业在市场上的竞争地位，以及企业可能采取的竞争策略，往往要受到企业所在行业竞争结构的影响。哈佛商学院教授迈克尔·波特识别出影响行业竞争结构的基本因素有：行业内部竞争力量、顾客的评议能力、供货厂商的评议能力、潜在竞争对手的威胁、替代产品的压力。按以上因素对竞争环境进行分析，也称五力模型，如图 5-2 所示。

相关链接

迈克尔·波特（Michael E. Porter，1947—   ）他是哈佛商学院的大学教授（大学教授，University Professor，是哈佛大学的最高荣誉，迈克尔·波特是该校历史上第四位获得此项殊荣的教授）。迈克尔·波特在世界管理思想界可谓是"活着的传奇"，他是当今全球第一战略权威，是商业管理界公认的"竞争战略之父"，在 2005 年世界管理思想家 50 强排行榜上，他位居第一。

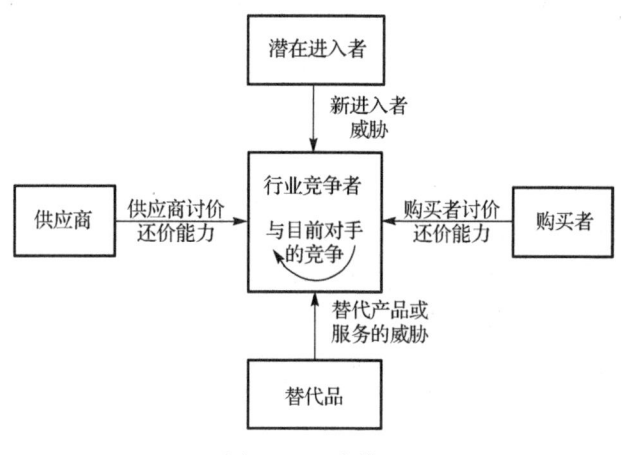

图 5-2 五力模型

1. 行业内部的竞争

行业内现有企业间总是存在着竞争，尤其是汽车行业，近年来竞争更加激烈。现有企业之间的竞争常常表现在价格、广告、产品介绍、售后服务等方面，其竞争强度与许多因素有关。从 2000 年到 2011 年，中国汽车产量从 200 万辆跃至 1885 万辆，汽车工业增长速度惊人，因此中国汽车市场出现百家争鸣的现象，以满足现代人对汽车的需求。导致行业内部竞争加剧的原因可能有下述几种：①行业增长缓慢，对市场份额的争夺激烈；②竞争者数量较多，竞争力量大抵相当；③竞争对手提供的产品或服务大致相同，或者体现不出明显差异；④某些企业为了规模经济的利益，扩大生产规模，市场均势被打破，产品大量过剩，企业开始诉诸削价竞销。

2．顾客的议价能力

行业顾客可能是行业产品的消费者或用户，也可能是商品买主。顾客的议价能力表现在能否促使卖方降低价格，提高产品质量或提供更好的服务。行业顾客的议价能力受到下述因素影响：①购买数量，如果顾客购买的数量多、批量大，作为卖方的大客户，就有更强的讨价还价能力；②产品性质，若是标准化产品，顾客在货源上有更多的选择，可以利用卖主之间的竞争而加强自己的议价能力；③顾客的特点，消费品的购买者，人数多且分散，每次购买的数量也不多，他们的议价能力相对较弱；④市场信息，如果顾客了解市场供求状况、产品价格变动趋势，就会有较强的议价能力，就有可能争取到更优惠的价格。

3．供货厂商的议价能力

表现在供货厂商能否有效地促使买方接受更高的价格、更早的付款时间或更可靠的付款方式。供货厂商的议价能力受到下述因素影响：①对货源的控制程度，如果货源由少数几家厂商控制，供货厂商就处于竞争有利地位，就有能力在价格、付款时间等方面对购货厂商施加压力，索取高价；②产品的特点，如果供货厂商的产品具有特色，那么供货厂商就处于有利竞争地位，拥有更强的议价能力；③用户的特征，如果购货厂商是供货厂商的重要客户，供货厂商就会用各种方式给购货厂商比较合理的价格，乃至优惠价格。

4．潜在竞争对手的威胁

潜在竞争对手指那些可能进入行业参与竞争的企业，它们将带来新的生产能力，分享已有的资源和市场份额，结果是行业生产成本上升，市场竞争加剧，产品售价下降，行业利润减少。潜在竞争对手的可能威胁，取决于以下主要因素。

（1）规模经济：由于汽车的巨额研发费用，当产品的产量不能达到一定的规模将难以摊销，同时汽车行业的规模经济还体现在管理与采购成本以及销售成本上。

（2）产品差异：我国汽车行业已经形成了品牌忠诚，因此新进入者必须花巨资投入广告和促销，消除顾客对原有品牌的忠诚，增加顾客对新品牌的认知，但是这些努力会给企业带来极大的风险，同时也会给企业运营初期带来亏损。

（3）资金需求：对于汽车行业，本质上它是一个资金密集型行业，无论是研发、建厂还是购置生产线都存在比其他行业更大的资金壁垒，更要投入大笔资金在广告上，在国内汽车行业品牌专卖制度下，没有强有力的资金做后盾，很难在各汽车企业中出头。

（4）其他壁垒：由于国内汽车企业并没有自己的技术基础，因此在国内市场上最重要的竞争优势来源于谁能拿到国外最新的技术或许产品。国外企业也一般选择中国比较有影响力的汽车企业，与之进行合作，这本身就构成了非汽车行业投资人或非汽车企业的壁垒。

5．替代产品的压力

替代品是指具有相同功能，或能满足同样需求从而可以相互替代的产品，如石油和煤炭、铜和铝。几乎所有行业都有可能受到替代产品的冲击，替代产品的竞争导致对原产品的需求减少，市场价格下降，企业利润受到限制。太阳能以及新兴燃料的出现要求汽车制造企业必须有相应的技术，研发出新一代节能的汽车车型。在发布的《电动汽车科技发展"十二五"专项规划（摘要）》（以下简称《规划》）中指出"纯电驱动"将为中国新能源汽车技术的发展方向。《规划》明确指出，发展电气化程度比较高的"纯电驱动"电动汽车是我国新能源汽车技术的发展方向和重中之重。要在坚持节能与新能源汽车"过渡与转型"并行互动、共同发展的总体原则指导下，规划电动汽车技术发展战略。这些政策的发布对于那些研发技术相对落后的汽车企业，造成了一定的压力。

相关链接

汽车行业五力模型分析案例

1. 行业内部竞争

我国汽车销量排前十名的企业占汽车销售总量的 88.4%，由此可见，该行业的集中度较高，这主要是由于汽车品牌的大众认可度原因。我国现有汽车品牌主要可分为合资品牌和自主品牌，其中，合资品牌如上汽、一汽、东风、广汽等，这些品牌市场认可度较高，自主品牌相对较弱。整体上看，汽车的内部竞争激烈，但由于集中度高，所以龙头企业的优势明显。

2. 顾客的议价能力

汽车的最终使用者即个人及单位，个人消费者多数从 4S 店等汽车经销商处购买，对其价格只能被动接受，政府机构和大型企业往往按照相关需求和规定购置汽车，因此议价空间不大。但随着未来市场逐渐开放以及个人消费者购买力进一步增强，价格由供求关系决定，将会使下游议价能力有所提高。

3. 供货厂商的议价能力

供货厂商上游涉及钢铁、橡胶、配件零部件等行业，供应商数量较多，产品竞争较为激烈，因此议价能力较弱，尤其是对知名汽车生产商，这些供应商规模小，往往是依附于生产商而存在，无法掌握合作议价的主动权，且会因为对生产商赊销，产生较多的应收账款，导致资金链紧张。

4. 潜在竞争对手的威胁

由于汽车生产技术的专业化程度高，目前中国大量汽车多为跨国公司与国内厂商合资，主要引入跨国企业的制造技术、研发能力及经验，这对于其他计划进入该行业的企业而言，进入壁垒较大。同时，由于汽车企业的正常运作需要投入大量的资金，购置设备，建造工厂，雇佣员工等，所以一般企业难以轻易进入该行业。另外，众所周知，新的企业进入某一行业后，通常很难立刻享受规模经济的效益，相对于有一定市场份额的老生产企业，生产成本一定较高。

5. 替代产品的压力

鉴于汽车的专业化程度较高，替代性较弱，对于大中城市，其城市交通运输业比较发达，会对汽车业产生一定影响，另外小城市及村镇，汽车的使用频率可能相对较低。目前汽车的主要替代品是公交、地铁、火车、长途客车、摩托车、自行车等，但由于受众人群不同、消费水平不同、使用目的不同，替代作用并不明显。长期来看，考虑到燃油费用的增加以及环境污染的严重，公交、地铁等公共交通对其替代性会有所加强。

5.3.2 竞争者分析

市场竞争取胜的首要保证，是要了解对竞争对手。企业制定市场竞争策略的一个中心任务就是了解竞争对手，预测竞争对手可能采取的策略行动，估计竞争对手对本企业市场竞争行为可能做出的反应等，这样才能制定相应的策略，才能有必胜的把握。

实践证明，了解对手就要掌握相关信息，实践中掌握竞争对手的相关信息本身就是一项挑战性的工作。竞争对手有意隐瞒信息或散布虚假信息，常常会使对竞争对手的深入分析陷入困境。所以对市场竞争者的分析就具有特别重要的意义。

1. 识别企业的竞争者

竞争者在市场经济中客观存在，对于企业来说，通常不能轻易识别和辨认。竞争具有广义和狭义之分，狭义的竞争者指的是现实的直接的竞争，是生产、经营与本企业提供的产品相似的或可以互相替代的产品、以同一类顾客为目标市场的其他企业。而广义的竞争者是来自于多方面的。企业与顾客、供应商之间，都存在着某种意义上的竞争关系。

虽然竞争者是一种客观存在，但企业通常不能轻易地发现自己所有的竞争者。一般来说，企业能够直接感受到现实的竞争者的存在，却往往不能够准确地把握哪些企业是自己潜在的竞争者。而潜在的竞争对手也许要比现实的竞争对手更具威胁。企业可从以下三个方面发现竞争者。

1）从本行业角度发现竞争者

提供同一类产品或服务的企业，或者提供可相互替代的产品的企业，构成一个行业，如汽车行业、家电行业、食品行业、运输行业等。由于同行业之间产品的相似性和可替代性，彼此之间形成了竞争关系。因此首先从本行业出发发现竞争者。在本行业内部由于价格、质量和其他的差异等各种因素的影响，产品的销量可能出现此升彼降的现象。因此，企业需要全面、透彻地了解本行业的竞争状况，发现强劲的竞争者。

2）从市场和消费者角度发现竞争者

企业还可以从市场和消费者需要的角度出发来发现竞争者。这样，凡是满足相同的市场需要或者服务于同一目标市场的企业，无论是否属于同一行业。都可能是企业的潜在的竞争者。例如，从消费者交通出行的需求看，乘汽车、坐火车、坐飞机、骑自行车、电动车和自驾都能满足消费者出行的需求，这些分属于不同的行业，它们之间形成了竞争。从满足消费者需求角度出发来发现竞争者，可以开拓企业的思路，从更广泛的角度认识企业现实的和潜在的竞争者。潜在的竞争者是更难辨识的。

3）从市场细分角度来发现竞争者

为了更好地发现竞争者，企业应当结合行业和市场两个方面，结合产品细分和市场细分来进行分析。企业要估计各个细分市场的容量、现有竞争者的市场占有率，以及各个竞争者当前的实力，在各个细分市场确定市场目标与策略。

相关链接

20世纪70年代，美国的航空业已经比较成熟，利润较高的长途航线基本被瓜分完毕，新进入者很难找到立足的缝隙；短途航线则因单位成本高、利润薄而无人去做。在这种情况下，成立不久的西南航审时度势，选择了把汽车作为竞争对手的短途运输市场，这一别出心裁的想法实现了与现有航空大佬们的差异化竞争，从而开辟了一个新的巨大的市场。

"我们的对手是公路交通，我们要与行驶在公路上的福特车、克莱斯勒车、丰田车、尼桑车展开价格战。我们要把高速公路上的客流搬到天上来"，西南航的操刀者赫伯·凯莱赫这样解释道。

2．确认竞争者的目标

1）竞争者的市场目标

考察竞争对手的市场目标具有特别重要的意义。企业在不同时期和不同发展阶段制定的目标和目标组合是不同的。通过了解竞争者的目标，可以借此了解竞争者的竞争者目前的市场地位、经营状况、财务状况，其对自己的状况是否满意，可以推断这个竞争对手的策略及发展动向，以及其对外部环境因素的变化或其他企业竞争策略的反应。

企业的战略目标多种多样，如获利能力、市场占有率、现金流量、成本降低、技术领先、服务领先等，每个企业都有不同的侧重点和目标组合。了解竞争者的战略目标及其组合可以判断他们对不同竞争行为的反应。例如，一个以低成本领先为目标的企业对竞争企业在制造过程中的技术突破会做出强烈反应，而对竞争企业增加广告投入则不太在意。

竞争者的目标由多种因素确定，包括企业的规模、历史、经营管理状况、经济状况等。

2）判断竞争者的战略

竞争对手会采取什么样的竞争战略，对于企业制定竞争战略具有重要意义。竞争者之间可能采取不相同的战略，也可采取类似的战略。战略的相似度越高，竞争则越激烈。企业通常采用价格竞争和非价格竞争两种基本形式。

价格竞争是指企业运用价格手段，通过价格的提高、维持或降低，以及对竞争者定价或变价的灵活反应等，来与竞争者争夺市场份额的一种竞争方式。价格竞争是市场运作中不可避免的一种经济规律，关键在于如何根据自身的资源及所处的环境，采取有效的措施使企业在竞争中生存与发展。

价格竞争是竞争对手易于仿效的一种方式，很容易招致竞争对手以牙还牙的报复，以致两败俱伤，最终不能提高经济效益。以削价为手段，虽然可以吸引顾客于一时，但是一旦恢复正常价格，销售额也将随之大大减少。如果定价太低，往往迫使产品或服务质量下降，以致失去买主,损害企业形象。价格竞争往往使资金力量雄厚的大企业能继续生存,而资金短缺、竞争能力脆弱的小企业将蒙受更多不利。因此,在现代市场经济条件下,非价格竞争已逐渐成为市场营销的主流。

非价格竞争即价值竞争,就是为顾客提供更好、更有特色,或者更能适合各自需求的产品和服务的一种竞争。随着社会经济的发展和人们生活水平的提高,需求的个性化、差异化、多样化、层次化、动态化已逐步成为当今市场消费的基本特征。非价格竞争可以通过了解消费者需求的变化,不断按照消费者潜在的和现实的需求改进产品,改进营销策略,以丰富多彩的竞争手段和形式,满足消费者的消费需求,应付竞争者的挑战。非价格竞争则可以通过产品升级、技术革新、质量改良、品牌建树、超值服务等多种手段来吸引消费,达到扩大产销量的目的。

3. 评估竞争者

评估竞争者可分为三步进行。

1)收集信息

收集竞争者业务上最新的关键数据,主要有销售量、市场份额、心理份额、情感份额、毛利、投资报酬率、现金流量、新投资、设备能力利用等。收集信息的方法是查找第二手资料和向顾客、供应商及中间商调研得到第一手资料。

2)分析评价

收集有关竞争者的情报资料是一件相当困难的事,但还是要为此做出努力,因为这有助于对竞争者的优势与劣势进行较为准确的估计,帮助企业做出向谁挑战、怎样挑战的决策。在收集到足够的情报资料后,就必须利用分析比较的方法对竞争者进行评价。

每位竞争对手能否有效地实施其战略并达到目标,取决于他们的资源与能力、优势与弱点。企业可通过比较每位竞争者过去的重要的业务数据,如销售额、市场占有率、投资收益率、生产能力等分析其优势和不足,也可通过向中间商、顾客调查来了解竞争者的实力,还可跟踪调查竞争者的各项财务指标的变化情况,特别是利润率和资金周转速度的变化来加以比较和分析。

3)评估优势和劣势

竞争者的优势和劣势通常体现在以下几个方面。

(1)产品:地位、适销性、产品组合。

(2)营销和渠道:广度和宽度、效率和实力、服务能力;营销的水平、能力、研发和销售。

(3)生产和经营:规模经济、设备状况等因素所决定的生产规模与生产成本,设施与设备的技术先进性与灵活性,专利与专有技术,生产能力的扩展,质量控制与成本控制,区位优势,员工状况,原材料的来源与成本。

(4)研究与开发能力:企业内部在产品、工艺、基础研究、仿制等方面所具有的研究与开发能力,研究与开发人员的创造性、可靠性、简化能力等方面的素质与技能。

(5)资金实力:资金结构、筹资能力、现金流量、资信度、财务比率、财务管理能力。

（6）组织和管理能力：企业组织成员价值观的一致性与目标的明确性，组织结构与企业策略的一致性，组织结构与信息传递的有效性、组织对环境因素变化的适应性与反应程度，组织成员的素质，企业管理者的领导素质和能力。

相关链接

20世纪80年代，福特的销售落后于日本和欧洲汽车商。当时福特的总裁唐·彼得森指示他的工程师和设计师，根据客户认为的最重要的400个特征组合成新汽车。萨巴的座位最好，福特就复制座位，如此等等。彼得森进一步要求：他的工程师要成为"比最好的还要好"的人。当新汽车（高成功的陶罗车）完成时，彼得森声称：他的工程师已经改进（而不是复制）竞争者汽车的大部分最佳特征。

4．预见竞争者的市场反应模式

只凭竞争者的目标、优劣势还不足以解释其可能采取的行动，以及对诸如削价、加强促销或推出新产品等企业举动的反应。另外，各个竞争者都有一定的经营哲学、内在的文化和某些起主导作用的信念等。这些都会对竞争者的行为模式产生影响。因此，一个企业的经营者还需要深入了解竞争者的心理状态，以求准确预见竞争者可能做出的反应。

1）迟钝型竞争者

某些竞争企业对市场竞争措施的反应不强烈，行动迟缓。这可能是因为竞争者受到自身在资金、规模、技术等方面的能力的限制，无法做出适当的反应；也可能是因为竞争者对自己的竞争力过于自信，不屑于采取反应行为；还可能是因为竞争者对市场竞争措施重视不够，未能及时捕捉到市场竞争变化的信息。

2）选择型竞争者

某些竞争企业对不同的市场竞争措施的反应是有区别的。例如，大多数竞争企业对降价这样的价格竞争措施总是反应敏锐，倾向于做出强烈的反应，力求在第一时间采取报复措施进行反击，而对改善服务、增加广告、改进产品、强化促销等非价格竞争措施则不大在意，认为不构成对自己的直接威胁。

3）强烈反应型竞争者

竞争企业对市场竞争因素的变化十分敏感，一旦受到来自竞争挑战就会迅速地做出强烈的市场反应，进行激烈的报复和反击，势必将挑战自己的竞争者置之死地而后快。这种报复措施往往是全面的、致命的，甚至是不计后果的，不达目的决不罢休。这些强烈反应型竞争者通常都是市场上的领先者，具有某些竞争优势。一般企业轻易不敢或不愿挑战其在市场上的权威，尽量避免与其作直接的正面交锋。

4）不规则型竞争者

这类竞争企业对市场竞争所做出的反应通常是随机的，往往不按规则出牌，使人感到不可捉摸。例如，不规则型竞争者在某些时候可能会对市场竞争的变化做出反应，也可能不做出反应；他们既可能迅速做出反应，也可能反应迟缓；其反应既可能是剧烈的，也可能是柔和的。

5.3.3 汽车市场竞争地位

在对主要的竞争者进行了充分的分析之后，汽车企业必须着手设计制胜的竞争战略，以使汽车企业运用自身的竞争优势赢得市场。然而，并不存在一种战略适合所有的汽车企业，不同的竞争优势会有不同的竞争战略，这取决于汽车企业自身的具体情况。汽车企业必须认清自己在汽车行业的真实位置，并以此为基础，制定有效的竞争战略。

汽车企业作为市场活动的参与者，其实力和资源会有不同程度的差距。有些竞争者相对比较强大，而有一些则相对比较弱小。有些资源比较丰富，有一些则面临诸如资金短缺等问题。为了便于分类分析，根据企业在目标市场上的竞争地位不同，企业的市场竞争地位可以分为四种类型：市场领先者、市场挑战者、市场跟随者、市场补缺者，如图 5-3 所示。

市场领先者	市场挑战者	市场追随者	市场补缺者
40%	30%	20%	10%

图 5-3　四种类型竞争者的市场份额

1. 市场领先者战略

市场领先者是指其产品在行业同类产品的市场上占有率最高的企业。一般而言，在绝大多数行业中都有一个被公认的市场领先者。领先者企业的行为在行业市场中有举足轻重的作用，处于主导地位。市场领先者的地位是在市场竞争中自然形成的。处于统治地位的企业想要继续保持第一位的优势，应当采取强有力的行动，可从以下三方面进行努力。

1）扩大市场需求量

处于市场主导地位的领先企业，其营销战略首先是扩大总市场，即增加总体产品需求数量。通常可以运用三条途径。

（1）发现新的用户。通过发现新用户来扩大市场需求量，其产品必须具有能够吸引新的使用者，增加购买者数量的竞争潜力。

（2）开辟产品的新用途。通过开辟产品的新用途扩大市场需求量。领先者企业往往最有能力根据市场需求动态，为自己的产品寻找和开辟新的用途。

（3）增加用户的使用量。通过说服产品使用者增加使用量也是扩大市场需求量的有效途径。说服产品的使用者增加使用量的办法有许多，但最常用的是：

- 促使消费者在更多的场合使用该产品；
- 增加使用产品的频率；
- 增加每次消费的使用量。

相关链接

1900 年的巴黎万国博览会期间，当时米其林公司的创办人米其林兄弟看好汽车旅行有发展的远景，如果汽车旅行越兴盛，他们的轮胎也能卖得越好，因此将地图、加油站、旅馆、汽车维修厂等有助于汽车旅行的资讯集结起来，出版了随身手册大小的《米其林指南》一书，并且免费提供给客户索取。

1926年《米其林指南》开始将评价优良的旅馆特别以星号标示，1931年开始启用3个星级的评等系统。米其林公司为了维护评鉴的中立与公正，所派出的评鉴员都是乔装成普通顾客四处暗访，借此观察店家最真实的一面，《米其林指南》评鉴的权威性由此建立。

2）保持现有市场份额

领先者企业必须防备竞争对手的进攻和挑战，保护企业现有的市场阵地。最佳的战略方案是不断创新，以壮大自己的实力。还应抓住竞争对手的弱点主动出击。当市场领先者不准备或不具备条件组织或发起进攻时，至少也应使用防御力量，坚守重要的市场阵地。防御战略的目标是使市场领先者在某些事关企业领导地位的重大机会或威胁中采取最佳的战略决策。可以选择采用六种防御战略。

（1）阵地防御。市场领先者在其现有的市场周围建造一些牢固的防卫工事。以各种有效战略、战术防止竞争对手侵入自己的市场阵地。这是一种静态的、被动的防御，阵地防御是最基本的防御形式。

（2）侧翼防御。市场领先者建立一些作为防御的辅助性基地。对挑战者的侧翼进攻要准确判断，改变营销战略战术。用以保卫自己较弱的侧翼，防止竞争对手乘虚而入。

（3）先发制人防御。在竞争对手尚未动作之前，先主动攻击，并挫败竞争对手，在竞争中掌握主动地位。具体做法是当某一竞争者的市场占有率达到对本企业可能形成威胁的某一危险高度时，就主动出击，对它发动攻击，必要时还需要采取连续不断的正面攻击。

（4）反攻防御。面对竞争对手发动的降价或促销攻势，主动反攻入侵者的主要市场阵地。可实行正面回击战略，也可以向进攻者实行"侧翼包抄"或"钳形攻势"，以切断进攻者的后路。

（5）运动防御。市场领先者把自己的势力范围扩展到新的领域中去，而这些新扩展的领域可能成为未来防御和进攻的中心。

（6）收缩防御。市场领先者逐步放弃某些对企业不重要的、疲软的市场，把力量集中用于主要的、能获取较高收益的市场。

3）提高市场占有率

市场领先者实施这一战略是设法通过提高企业的市场占有率来增加收益、保持自身成长和市场主导地位。企业在确定自己是否以提高市场占有率为主要努力方向时应考虑：

（1）是否引发反垄断行为；

（2）经营成本是否提高；

（3）采取的营销策略是否准确。

需要注意提高市场占有率不一定能给企业增加利润。只有当具备以下两项条件时利润才会增加。

第一，产品的单位成本能够随市场占有率的提高而下降，市场领先者常常拥有较高的生产和经营能力，能够通过提高市场占有率来获得规模经济成本，追求行业中的最低成本，并以较低的价格销售产品。

第二，产品价格的提高超过为提高产品质量所投入的成本。通常，具有较高质量的产品才能得到市场的认可，并有可能获取较高的市场占有率。但高质量并不意味过高的投入成本。美国管理学家克劳斯比指出，质量是免费的，因为质量好的产品可减少废品损失和售后服务的开支，所以保持产品的高质量并不会花费太多的成本，而且，高质量的产品会受到顾客的欢迎，使顾客愿意付较高的价格。

2. 市场挑战者

市场挑战者是指那些对于市场领先者来说在行业中处于第二、第三和以后位次的企业。处于次要地位的企业如果选择"挑战"战略，向市场领先者进行挑战，首先必须确定自己的策略目标和挑战对象，然后选择适当的进攻策略。即该公司以积极的态度，提高现有的市场占有率。

1）确定战略目标和挑战对象

大多数市场挑战者的战略目标是提高市场占有率，进而达到提高投资收益率和利润率的目标。

挑战者在明确战略目标时，必须确定谁是主要竞争对手。一般说来，挑战者可以选择下列几种类型的攻击目标。

（1）攻击市场领先者。这是一种既有风险又具潜在价值的战略。一旦成功，挑战者企业的市场地位将会发生根本性的改变，因此颇具吸引力。企业采用这一战略时，应十分谨慎，周密策划以提高成功的可能性。

进攻领先者需要满足的基本条件：

第一是拥有一种持久的竞争优势，比如成本优势或创新优势。以前者之优创造价格之优，继而扩大市场份额；或以后者之优创造高额利润。

第二是在其他方面程度接近。挑战者必须有某种办法部分或全部地抵消领先者的其他固有优势。

第三是具备某些阻挡领先者报复的办法。必须使领先者不愿或不能对挑战者实施旷日持久的报复。

（2）攻击与自身实力相当的企业。抓住有利时机，向那些势均力敌的企业发动进攻，把竞争对手的顾客吸引过来，夺取它们的市场份额，壮大自己的市场。这种战略风险小，若几番出师大捷或胜多败少的话，可以对市场领先者造成威胁，甚至有可能改变企业的市场地位。

（3）攻击实力较弱的企业。当某些中、小企业出现经营困难时，可以通过兼并、收购等方式，夺取这些企业的市场份额，以壮大自身的实力和扩大市场占有率。

2）选择进攻策略

（1）正面进攻。市场挑战者集中优势兵力向竞争对手的主要市场阵地正面发动进攻，即进攻竞争对手的强项而不是它的弱点。采用此战略需要进攻者必须在提供的产品（或劳务）、广告、价格等主要方面大大超过竞争对手，才有可能成功，否则采取这种进攻战略必定失败。为了确保正面进攻的成功，进攻者需要有超过竞争对手的实力优势。

（2）侧翼进攻。市场挑战者集中优势力量攻击竞争对手的弱点。此战略进攻者可采取"声东击西"的做法，佯攻正面，实际攻击侧面或背面，使竞争对手措手不及。具体可采取以下两种策略。

第一种策略是地理性侧翼进攻。即在某一地理范围内针对竞争者力量薄弱的地区市场发动进攻。

第二种策略是细分性侧翼进攻。即寻找还未被领先者企业覆盖的商品和服务的细分市场迅速填空补缺。

相关链接

美国政府于1968年公布了汽车排放标准，引导美国的汽车制造商制造更富有效率的交通工具。通用汽车公司与福特汽车公司为响应美国政府的号召开始生产小汽车。克莱斯勒汽车公司当时对小型汽车还没有任何规划，它对于通用与福特发展小型车的努力感到困惑。

美国的汽车巨子们似乎完全没有考虑他们日益增加的库存量。克莱斯勒公司依然保持着汽车销售滑坡之前的乐观生产量，数额过大的库存资金使该公司在1969年损失了两个百分点的市场占有率。克莱斯勒公司以后的总裁约翰·李卡多当时还是负责生产的副总裁，他在记者招待会上却仅以一句"我们就是这样规划的"将该公司96天的库存一笔带过。当时担任通用汽车公司总裁的柯尔从汽车业对市场占有率逐渐后退的趋势中做出的结论却是："现在比以往任何时候都更需要积极主动的推销员和优秀的管理人才。"

到了1971年，购买小型车的趋势已经非常明显了，越来越多迁往郊区的家庭开始购买两部车，消费者对小型车的需求已经开始成为市场的主流。美国的汽车公司仍然没有对这些信息给予足够的重视，它们一如既往地营造着庞大而昂贵的豪华汽车（当时他们称这是"一般型"汽车）。美国汽车界对消费者需求的漠视在消费者心中激起了强烈的逆反心理，大量的美国人开始求助于外国汽车公司，而对底特律不屑一顾。

另一方面，日本人根据他们的研究成果，拟定了重返美国市场的综合性行销策略。最初4年的经历已经彻底改变了日本人对行销策略的漠视态度，日本公司几乎所有规划都是针对国外市场——尤其是美国市场的，而日本国内汽车业的迅速发展，也使日本公司从中获得了宝贵的经验。

1965年似乎是日本小汽车重返美国市场的绝妙时机。随着消费者兴趣的改变，小型汽车的销售前景一片光明，而此时的美国汽车，依然热衷于生产他们所喜爱的大型豪华汽车。

丰田公司利用这个机会，迅速填补了市场空白，给美国汽车界留下了无尽的遗憾。

（3）围堵进攻。市场挑战者开展全方位、大规模的进攻策略。市场挑战者必须拥有优于竞争对手的资源，能向市场提供比竞争对手更多的质量更优、价格更廉的产品，并当确信围堵计划的完成足以能成功时，可采用围堵进攻策略。

（4）迂回进攻。市场挑战者完全避开竞争对手现有的市场阵地而迂回进攻。具体做法有以下三种。

第一种是实行产品多角化经营，发展某些与现有产品具有不同关联度的产品；
第二种是实行市场多角化经营，把现有产品打入新市场；
第三种是发展新技术产品、取代技术落后的产品。

（5）游击进攻。以小型的、间断性的进攻干扰对方，使竞争对手的士气衰落，不断削弱其力量。向较大竞争对手市场的某些角落发动游击式的促销或价格攻势，逐渐削弱对手的实力。游击进攻战略的特点是不能依仗个别战役的结果决出战局的最终胜负。

3．市场追随者

非所有的位居第二的公司都会向市场领先者挑战，领先者在一个全面的战役中往往会有更好的持久力，除非挑战者能够发动必胜的攻击，否则最好追随领先者而非攻击领先者。市场追随者是指安于次要地位，不热衷于挑战的企业。

1）紧密跟随策略

追随者在尽可能多的细分市场和营销组合领域中模仿领先者。追随者往往几乎以一个市场挑战者面貌出现，但是如果它并不激进地妨碍领先者，直接冲突不会发生。有些追随者甚至可能被说成是寄生者，他们在刺激市场方面很少动作，他们只希望靠市场领先者的投资生活。

2）距离跟随策略

追随者保持某些距离，但又在主要市场和产品创新、一般价格水平和分销上追随领先者。市场领先者十分欢迎这种追随者，因为领先者发现他们对自己的市场计划很少干预，而且乐意让他们占有一些市场份额，以便使自己免遭独占市场的指责。保持距离的追随者可能获取同行业的小公司而得到成长。

3）选择跟随策略

这类公司在有些方面紧跟领先者，但有时又走自己的路。这类公司可能具有完全的创新性，但它又避免直接的竞争，并在有明显好处时追随领先者。这类公司常能成长为未来的挑战者。

市场追随者虽然占有的市场份额比领先者低，但它们可能赚钱，甚至赚更多的钱。它们成功的关键在于主动地细分和集中市场，有效地研究和开发，着重于盈利而不着重市场份额，以及有坚强的管理当局。

4．市场补缺者

市场补缺者在市场经济发展中，人们非常关注成功的企业，往往忽略每个行业中存在的小企业，却正是这些不起眼的星星之火，在大企业的夹缝中求得生存和发展后，成为燎原之势，这些小企业就是所谓的市场补缺者。出色的市场补缺战略可以获得高额利润，补缺者一般会比其他随便销售该产品的企业更清楚地了解顾客的需要，知道如何为产品添加附加值，因此补缺能够带来赢利。不过，补缺战略要想取得成功，还必须谨慎选择市场补缺点，寻找那些既安全又能获利的细小市场，一般来说，补缺者可以采取的战略有以下两种。

1）专业化市场营销

专业化市场营销即：
（1）专门致力于为某类最终用户服务的最终用户专业化；

（2）专门致力于分销渠道中的某些层面的垂直层面专业化；
（3）专门为那些被大企业忽略的小客户服务的顾客规模专业化；
（4）只对一个或几个主要客户服务的特定顾客专业化；
（5）专为国内外某一地区或地点服务的地理区域专业化；
（6）只生产一大类产品的某一种产品的产品线专业化；
（7）专门按客户订单生产预订的产品的客户订单专业化；
（8）专门生产经营某种质量和价格的产品的质量和价格专业化；
（9）专门提供某一种或几种其他企业没有的服务的服务项目专业化；
（10）专门服务于某一类分销渠道的分销渠道专业化。

2）创造补缺市场、扩大补缺市场、保护补缺市场

企业不断开发适合特殊消费者的产品，这样就开辟了无数的补缺市场。每当开辟出这样的特殊市场后，针对产品生命周期阶段的特点扩大产品组合，以扩大市场占有率，达到扩大补缺市场的目的。最后，如果有新的竞争者参与时，应保住其在该市场的领先地位，保护补缺市场。作为补缺者选择市场补缺基点时，多重补缺基点比单一补缺基点更能增加保险系数，分散风险。因此，企业通常选择多个补缺基点，以确保企业的生存和发展。

总之，只要善于经营，随时关注市场上被大企业忽略的细小部分，通过专业化经营，精心服务于顾客，小企业总有机会获利。

相关链接

作为长城汽车的掌门人，2003年中国大陆百富榜排名第83位，财富10亿元的魏建军说，"只要在一个小门类里别人无法取代就是成功"。长城汽车发家于长城皮卡。20世纪90年代，随着中小企业的爆炸性增长，对皮卡的市场需求已经足够支撑一批皮卡专业厂商。然而，当时的国内几大厂商正在沉迷于轿车生产线的打拼，无暇顾及这一边缘车型；而中小车厂虽有产品面世，终究不成气候。如同天赐良缘一般，正在思考车厂定位的魏建军发现最适合长城汽车的乃是皮卡生产，从而一举将长城汽车从一个镇办特种车改装厂转型为专业皮卡制造商，继而登顶国内民营整车厂的盟主地位。

5.3.4 汽车市场基本竞争战略

对任何一个汽车企业来说，由于汽车行业竞争激烈，面对竞争对手，都要有一个总的目标和竞争法宝，那就是汽车市场竞争战略。美国哈佛商学院著名的战略管理学家迈克尔·波特提出了三种基本竞争战略，可以成为汽车企业借鉴的理论，迈克尔·波特提出的三种为企业提供成功机会的战略分别为：成本领先战略、差异化战略、集中化战略。企业必须从这三种战略中选择一种，作为其主导战略。要么把成本控制到比竞争者更低的程度；要么在企业产品和服务中形成与众不同的特色，让顾客感觉到你提供了比其他竞争者更多的价值；要么企业致力于服务于某一特定的市场细分、某一特定的产品种类或某一特定的地理范围。

1. 成本领先战略

成本领先战略也称低成本战略，是指企业通过降低成本，在研究开发、生产、销售、服

务、广告等领域，使本企业的总成本低于竞争对手的成本，甚至达到全行业最低，以构建竞争优势的战略。成本领先战略是建立在规模效益和经济效益的理论基础之上的，首先是规模效益，当生产规律不断扩大时，单位产品的生产成本就会随之不断降低，从而使企业获得由规模扩大而带来的效益；其次是经验效益，随着生产数量的增加，人们的生产与管理的技术与经验水平不断提高，从而降低单位产品的成本，为企业带来效益。对顾客而言，无论选择哪一家的产品对自己来说效用都是一样的，因此，顾客愿意选择低价格的产品。顾客对产品的需求是多层次的，从而形成多层次的市场，但企业的产品定位只能局限于某一层次，而不能包容所有的层次。同一层次中产品的功能是相同的，若企业产品有竞争者，只要产品的成本低于竞争对手，就具有了成本领先优势；若在某一层次中，企业的产品没有竞争者，其成本就没有可以比较的对象，企业只具有潜在的竞争对手，企业生产产品的成本越低，竞争者进入这一市场的可能性就越小，当产品的成本低到一定程度时，便能产生一种对竞争对手的威慑力，使竞争者放弃进入这一层次市场的打算，以达到"阻止潜在进入者"的目的。由此可见，影响企业成本领先优势的因素有两个：产品功能和产品成本。只要在某一层次的市场中，产品功能确定的情况下，产品的成本足够低，企业就具有了成本领先优势。

1）成本领先战略主要类型

根据企业获取成本优势的方法不同，把成本领先战略概括为如下几种主要类型。
（1）简化产品型成本领先战略，就是使产品简单化，即将产品或服务中添加的花样全部取消。
（2）改进设计型成本领先战略。
（3）材料节约型成本领先战略。
（4）人工费用降低型成本领先战略。
（5）生产创新及自动化型成本领先战略。

2）成本领先战略适用条件

低成本战略是一种重要的竞争战略，但是，它也有一定的适用范围。当具备下列条件时，采用低成本战略会更有效力。
（1）市场需求具有价格弹性。
（2）所处行业的企业都生产标准化产品，从而使价格竞争决定企业的市场地位。
（3）实现产品差异化的途径很少。
（4）多数客户以相同的方式使用产品。
（5）用户购物从一个销售商改变为别一个销售商时，不会发生转换成本，因而特别倾向于购买价格最优惠的产品。

3）成本领先战略的风险

采用成本领先战略的风险主要包括：
（1）技术的迅速变化可能使过去用于扩大生产规模的投资或大型设备失效。
（2）由于实施成本领先战略，高层管理人员或营销人员可能将注意力过多地集中在成本的控制上，以致忽略了消费者需求的变化。20世纪20年代的福特汽车公司是成本领先战略失利的典型例子。在这之前，福特公司通过对汽车型号和品种的限制，以及通过各种措施严密控制成本，平稳地取得了成本领先地位。然而，随着美国人收入的增加，许多已经购买过一辆汽车的买主又在考虑购买第二辆，于是开始更加重视时髦的式样、多变的型号、舒适性和密闭性。通用汽车公司注意到这种变化，并迅速开发出型号齐全的各种汽车，而在这种情况下，福特公司要想对其生产线进行调整，不得不花费巨额费用，因为以前的生产线是为降低成本而设计的大规模生产线。

（3）为降低成本而采用的大规模生产技术和设备过于标准化，因而可能会使产品生产缺乏足够的柔性和适应能力。

相关链接

丰田从1938年JIT（准时生产方式）的实施、2000年CCC21（21世纪成本竞争力建造计划）计划的实施，到2005年VI活动（价值创新计划）的举行，形成了包括实时协同设计、协商采购共节省、消除七大浪费、共用通用平台、价值创新计划和细节控制等一整套较全面的成本控制模式。从这一成本控制模式可以看出丰田将竞争战略定位于成本领先战略。该战略使丰田2007年的产量达到853万台，2008年汽车全球销量居首位。另外，VI活动还每年为丰田节省逾2 000亿日元（约20亿美元）的生产成本。但在带来以上好处的过程中，丰田却忽视了战略实施的保障及风险发生的可能性等问题，从而导致危机的发生。2009年11月至2010年3月，丰田汽车公司（简称丰田）因车辆脚垫和油门踏板出现质量问题而引发的"召回门"事件令全球一片哗然，据统计已有超过800万台丰田汽车被召回，超过了其2009年781万辆的总销量。然而，丰田汽车召回并不是一次偶然事件，从2001年开始丰田就曾进行过多次召回，仅2006年上半年在日本市场就发生了5次召回，2007年在中国召回的次数与数量都超过了其他的整车制造商。

2. 差异化战略

差异化战略，就是企业在生产经营过程中，将充分发挥和运用产品或服务独特的某一部分直至全部不同与其他企业的产品或服务的优势作为指导企业持续稳定发展的方向。通过树立品牌形象、提供特性服务以及技术优势等手段来强化产品的特点，使得消费者感觉物有所值，甚至物超所值。这种战略的核心是取得某种对顾客有价值的独特性。

1) 差异化战略的途径

企业要突出自己产品与竞争对手之间的差异性，主要有四种基本的途径：

（1）产品差异化战略。

产品差异化的主要因素有：特征、工作性能、一致性、耐用性、可靠性、易修理性、式样和设计。

（2）服务差异化战略。

服务的差异化主要包括送货、安装、顾客培训、咨询服务等因素。

（3）人事差异化战略。

训练有素的员工应能体现出下面的六个特征：胜任、礼貌、可信、可靠、反应敏捷、善于交流。

（4）形象差异化战略。

📖 **相关链接**

1934年，希特勒政府委托著名的汽车设计师波尔舍生产大众买得起的国民车——"大众"，1936年，他完成了大众汽车的设计，外形轻巧可爱，当时很多守旧的德国人把这款车贬称为"甲壳虫"，说它是丑陋的怪物，于是甲壳虫就有了大名。然而正是这丑陋的"甲壳虫"，以其滑稽的名称，可爱的外观设计，成为战后德国年青一代的时尚，并在汽车业创造了奇迹。1946年以后，甲壳虫的产量连年翻番：1950年年产10万辆，1951年达到15万辆。当时欧洲汽车业相当保守，缺乏外向竞争意识，甲壳虫是第一个例外，它把手伸向了北美大陆，德国大众汽车公司的甲壳虫进入美国市场10年仍被消费者冷落。其原因除了这种车马力小、简单、低档、形似古怪的甲壳虫（金龟子）之外，还有一个难于排解的政治心理障碍——它曾被希特勒作为纳粹时代的辉煌象征之一而大加鼓吹。

当伯恩巴克在1959年接下甲壳虫的广告业务时，同行惊讶不已。经过深入考察，伯恩巴克认定，这不仅是一种实惠的车子——价格便宜、马力小、油耗低，而且结构简单，质检严格而性能可靠。不过，这些"销售说辞"并不是他们的独特发现，先前也有人说过，但是消费者却视而不见，听而不闻，硬是无动于衷。伯恩巴克为甲壳虫策划了《想想还是小的好》《柠檬》《送葬车队》等系列广告投放市场后却取得了巨大的成功，人们说，这些广告就像甲壳虫一样古怪，但销售力之强也强得古怪，从而使消费者深受震撼。结果短短几年间售出100多万辆，年销量超过美国汽车大王福特，成为美国青年故意追求的风格，美国人亲切地称这种车为Beetle，甚至还拍了电影。1981年5月15日，第2000万辆甲壳虫汽车在大众汽车公司位于墨西哥的Peubla工厂下线。这是汽车工业史上的一个奇迹，同时也标志着一个新世界纪录的诞生。

1998年，大众汽车公司推出了其全新打造的新款甲壳虫汽车。新款甲壳虫的外形设计仍颇具当年甲壳虫的风采，同时拥有靓丽的色彩和动感的线条，整体造型还是秉承了半个世纪前的款式，但是加入了更多现代化的设计元素，再加上现代化的机械性能，新款甲壳虫无疑将成为21世纪的现代车型。大众汽车通过甲壳虫系列向人们证明，汽车不仅仅是一个交通工具，它还可以传达情感、代表个性、甚至创造不同的生活方式，历代甲壳虫演变的历史也成为了国际汽车产业时尚风潮发展的见证。

2）差异化战略适用条件

差异化战略适用于下列情况：

（1）有多种使产品或服务差异化的途径，而且这些差异化被某些用户视为是有价值的。
（2）用户对产品的使用和需求是不同的。
（3）奉行差异化战略的竞争对手不多。

3）差异化战略的风险

差异化战略也包含一系列风险：

（1）异化战略成本过高，导致差异化产品不能为市场接受。差异化战略要求产品在设计、包装、售后服务等方面有别于同类产品，这就势必要求企业要投入比生产同类产品的企业更多的人力、物力和财力，因而使得差异化产品的价格较高，这就使差异化产品失去其笼络消费者的目的，消费者转而去消费别的产品或服务。

（2）不能准确把握市场偏好，追求不必要的差异化，不能获得预期收益。差异化是为了更好地满足市场的需求，但是盲目地追求差异化，并且没有得到预期的消费者的青睐，这样的差异化无疑是失败的。

（3）只注重产品的差异化，忽视了产品的其他重要方面。差异化战略在实施的过程中，企业要注重各个环节的配合，在为产品添加某一方面的差异的同时不要忘记产品的主要功能，这样，产品的差异化才不会失败。否则，只一味地追求产品的差异化而忽略了主要用途，这样只会引起消费者的反感。

3. 集中化战略

集中化战略也称聚焦战略，是指企业或事业部的经营活动集中于某一特定的购买者集团、产品线的某一部分或某一地域市场上的一种战略。这种战略的核心是瞄准某个特定的用户群体，某种细分的产品线或某个细分市场。具体来说，集中化战略可以分为产品线集中化战略，顾客集中化战略，地区集中化战略，低占有率集中化战略。

通过实施集中战略，企业能够划分并控制一定的产品势力范围。在此范围内其他竞争者不易与其竞争，所以市场占有率比较稳定。通过目标细分市场的战略优化，企业围绕一个特定的目标进行密集性的生产经营活动，可以更好地了解市场和顾客，能够比竞争对手提供更为有效的商品和服务，以获得以整体市场为经营目标的企业所不具备的竞争优势。企业在选定的目标市场上，可以通过产品差别化战略确立自己的优势。成本领先的方法可以在专用产品或复杂产品上建立自己的成本优势。还可以防御行业中各种竞争力量，使企业在本行业中保持高于一般水平的收益。尤其有利于中小企业利用较小的市场空隙谋求生存和发展。采用重点集中战略，能够使企业或事业部专心地为较窄的战略目标提供更好的服务，充分发挥自己的优势，取得比竞争对手更高的效率和效益。

1）集中化战略适用条件

具备下列四种条件，采用重点集中战略是适宜的。
（1）具有完全不同的用户群，这些用户或有不同的需求，或以不同的方式使用产品。
（2）在相同的目标细分市场中，其他竞争对手不打算实行重点集中战略。
（3）企业的资源不允许其追求广泛的细分市场。
（4）行业中各细分部门在规模、成长率、获利能力等方面存在很大差异，致使某些细分部门比其他部门更有吸引力。

2）集中化战略的风险

实施集中化战略业存在着一定的风险：
（1）技术创新或替代品的出现会导致企业受到很大冲击；
（2）竞争者采用了优于企业的更集中化的战略；
（3）产品销售量可能变小，产品要求更新，使用权的集中化的优势得以削弱。

本章小结

本章从引入汽车市场营销战略的概念入手，分别介绍了顾客满意战略和市场竞争战略等不同类型的汽车市场营销战略。介绍了如何提高企业对顾客的忠诚，如何通过竞争环境和竞争对手分析来确立市场竞争地位和基本竞争战略。最后，着重介绍了迈克尔·波特提出的三种基本竞争战略，即成本领先战略、集中化战略、差异化战略，并详细讨论了这三种基本竞争战略的优势、适用性以及风险。

案例分析

"额外"的回报

[英] 理查德·布兰森

市场动荡，成本就变得格外敏感。企业的CFO需要仔细查看每一个支出细节，并想着："这一项，那么不显眼，即便去掉顾客也不会意识到，但每年却能省下好几千美元呢。"

很多时候，这位CFO是正确的。有一天，美国航空公司传奇前CEO——鲍勃·克兰多尔坐在公司某一航班的前排位置，他专心致志地观察了空姐收回来的餐盘。一下飞机，克兰多尔便打电话给机上供餐的负责人，询问公司每年在黑橄榄上的支出有多少。那个可怜的负责人战战兢兢，花了好一会儿才说出一个估计值：10万美元。

"原来如此！"克兰多尔大叫，"看来我给公司省了一大笔钱！没人吃那玩意儿。把它从我们的菜单中去掉！"

不过，在削减成本的时候，你必须注意保护公司的核心特点，即你区别于竞争对手的那些细节。

维珍大西洋航空曾有与克兰多尔相似的做法，结果却截然相反。我们一直在白天的航班上为乘客提供冰激凌。后来，我们为节约成本就试图取消这项"微不足道"的供应，结果简直是怨声载道。愤怒的客户们给我打电话写信，表示对"我们的冰激凌被剥夺了"感到极为震惊。我永远不会忘记其中一封信写道："如果你想跟其他公司一样，那就这样吧。但你应当知道，正是这些小小的温情，让你们的航班与众不同。"

我怎么能驳斥这样的话？我们立刻恢复了冰激凌供应，于是，直到今天，我们的顾客依然在飞机上有冰激凌吃。

曾掌管大西洋航空多年的大卫·泰特近日向我描述了他所经历的"最令人难忘与动容的客户服务"。那天，他在凯悦酒店的大堂里与一位助手谈话。有位偶然路过的工作人员问他，是否对一切感到满意，要不要来杯茶或咖啡。

那位员工自发的询问令泰特印象深刻。对酒店来说，能够形成让员工自觉自主的氛围，而无须以严格的规章进行约束，意味着达到了客户服务很高的境界，所以才令公司脱颖而出，而且，不费一分一毫。

这种付出额外努力的文化应当自上而下地展开。当我在伦敦时，我常会让维珍大西洋的员工给我一些商务舱乘客的名字和到达希斯罗机场的时间，我会打电话给客户，询问航班如何以及是否有任何方面需要改进等。我打一次电话不过几分钟，客户得到的印象却非常积极，特别是有问题发生，而我又能解决时。

所以，与其强调削减成本，寄希望于客户不会发现你去掉了各种小情调，不如反其道而行之，付诸更多微小的额外努力，让他们惊讶与欣赏，他们会一直光顾。

(摘自2012年第10期《第一财经周刊》)

请问：
（1）案例中的企业分别用了哪些营销战略？
（2）请谈谈你对顾客满意的理解。

营销实训

实训项目：处理顾客投诉

1. 实训目的

通过团队训练，了解如何通过处理顾客投诉来增加顾客满意。

2. 实训内容和要求

（1）内容：假设你所在的小组是一家4S店的售后服务部门，请为你的4S店设计处理顾客各类投诉的方式及流程。

（2）要求：掌握如何迅速和有效地处理顾客投诉。

3. 实训组织

把全班分成4~6人一组，以组为单位完成实训任务。

4. 实训操作步骤

（1）进行团队组建。
（2）讨论投诉顾客期望及满意度。
（3）设计投诉方式及流程。

5. 实训考核

（1）考核策划书，从策划书的格式、方案创意、可行性、完整性等方面进行考核。（70%）
（2）考核个人在实训过程中的表现。（30%）

第 6 章　汽车市场营销策略

本章学习目标

（1）理解目标市场营销能够帮助汽车企业更好地识别营销机会，为每个市场开发适销对路的产品。
（2）理解汽车产品的整体概念，掌握产品寿命周期概念及各阶段特征，掌握汽车产品主要的品牌策略。
（3）了解汽车价格的构成、掌握定价方法。
（4）了解建立汽车销售渠道的作用，理解汽车销售渠道的模式和中间商的类型。
（5）了解汽车促销的含义和四种主要方式，学会制定有效的汽车促销策略。

6.1　4P 策略

美国营销学学者麦卡锡教授认为一次成功和完整的市场营销活动，意味着以适当的产品、适当的价格、适当的渠道和适当的传播促销推广手段，将适当的产品和服务投放到特定市场的行为。4P 是市场营销过程中可以控制的因素，也是企业进行市场营销活动的主要手段，对它们的具体运用形成了最基本的企业的市场营销战略。4P 是指产品（Product）、价格（Price）、地点（Place）、促销（Promotion）。

4P 是市场营销策略中最为基础的一种，具有的特点也十分明显。首先这四种因素是企业可以调节、控制和运用的，如企业根据目标市场情况，能够自主决定生产什么产品，制定什么价格，选择什么销售渠道，采用什么促销方式。其次，这些因素都不是固定不变的，而是不断变化的。企业受到内部条件、外部环境变化的影响，必须能动地做出相应的反应。最后这四种因素是一个整体，它们不是简单地相加或拼凑，而应在统一目标指导下，彼此配合、相互补充，能够求得大于局部功能之和的整体效应。

相关链接

宝马汽车公司的营销组合

宝马汽车公司位于德国南部的巴伐利亚州。宝马公司拥有 16 座制造工厂、10 万余名员工。公司汽车年产量 100 万辆，并且生产飞机引擎和摩托车。宝马集团（宝马汽车和宝马机车加上宝马控股的路华与越野路华公司，以及从事飞机引擎制造的宝马—劳斯莱斯公司）1994 年的总产值在全欧洲排第七，营业额排第五，成为全球十大交通运输工具生产厂商。

1. 产品策略

宝马公司试图吸引新一代寻求经济和社会地位成功的亚洲商人。宝马的产品定位是：最完美的驾驶工具。宝马要传递给顾客创新、动力、美感的品牌魅力。这个诉求的三大支持是：设计、动力和科技。公司的所有促销活动都以这个定位为主题，并在上述三者中选取至少一项作为支持。每个要素的宣传都要考虑到宝马的顾客群，要使顾客感觉到宝马是"成功的新象征"。要实现这一目标，宝马公司欲采取两种手段，一是区别旧与新，使宝马从其他品牌中脱颖而出；二是明确哪些期望宝马成为自己成功和地位象征的车主有哪些需求，并去满足它。

宝马汽车种类繁多，分别以不同系列来设定。在亚洲地区，宝马公司根据亚洲顾客的需求，着重推销宝马三系列、宝马五系列、宝马七系列、宝马八系列。

2. 定价策略

宝马的目标是追求成功的高价政策，以高于其他大众车的价格出现。宝马公司认为宝马制订高价策略是因为：高价也就意味着宝马汽车的高品质，高价也意味着宝马品牌的地位和声望，高价表示了宝马品牌与竞争品牌相比具有的专用性和独特性，高价更显示出车主的社会成就。总之，宝马的高价策略是以公司拥有的优于其他厂商品牌的优质产品和完善的服务特性，以及宝马品牌象征的价值。宝马汽车的价格比同类汽车一般要高出10%～20%。

3. 渠道策略

宝马公司早在1985年在新加坡成立了亚太地区分公司，负责新加坡、韩国等销售事务。在销售方式上，宝马公司采取直销的方式。宝马是独特、个性化且技术领先的品牌，宝马锁定的顾客并非是大众化汽车市场，因此，必须采用细致的、个性化的手段，用直接、有效的方式把信息传递给顾客。直销是最能符合这种需要的销售方式。宝马公司在亚洲共有3000多名直销人员，由他们直接创造宝马的销售奇迹。

宝马在亚洲直销的两个主要目标是：一是要有能力面对不确定的目标市场，二是要能把信息成功地传递给目标顾客。这些目标单靠传统的广告方式难以奏效。直销要实现的其他目标还有：加强宝马与顾客的沟通，使宝马成为和顾客距离最近的一个成功企业；利用与顾客的交谈，和顾客建立长期稳定的关系；公司的财务状况、销售状况、售后服务、零件配备情况都要与顾客及其他企业外部相通者沟通；利用已有的宝马顾客的口碑，传递宝马的信息，树立宝马的品牌形象；利用现有的顾客信息资料，建立起公司内部营销信息系统。宝马还把销售努力重点放在提供良好服务和保证零配件供应上。对新开辟的营销区域，在没开展销售活动之前，便先设立服务机构，以建立起一支可靠的销售支持渠道。

4. 促销策略

宝马公司的促销策略并不急功近利地以销售量的提高为目的，而是考虑到促销活动一定要达到如下目标：成功地把宝马的品位融入潜在顾客心中；加强顾客与宝马之间的感情连接；在宝马的整体形象的基础上，完善宝马产品与服务的组合；向顾客提供详尽的产品信息。最终，通过各种促销方式使宝马能够有和顾客直接接触的机会，相互沟通信息，树立起良好的品牌形象。

宝马公司考虑到当今的消费者面对着无数的广告和商业信息，为了有效地使信息传递给目标顾客，宝马采用了多种促销方式。所采用的促销方式包括：广告、直销、公共关系活动。

（1）广告。宝马公司认为：当今社会越来越多的媒体具备超越国际的影响力，因而要使广告所传达的信息能够一致是绝对必要的。宝马为亚洲地区制订了一套广告计划，保证在亚洲各国通过广告宣传的宝马品牌形象是统一的。同时这套广告计划要通过集团总部的审查，以保证与公司在欧美地区的广告宣传没有冲突。宝马公司借助了中国香港、新加坡等地的电视、报纸、杂志等多种广告媒体开展广告宣传活动。这些活动主要分为两个阶段：第一阶段主要是告知消费者宝马是第一高级豪华车品牌，同时介绍宝马公司的成就和成功经验；第二阶段宝马用第七系列作为主要的宣传产品，强调宝马的设计、安全、舒适和全方位的售后服务。

（2）公关活动。广告的一大缺陷是不能与目标顾客进行直接的接触，而公关活动能够达到这一目的。宝马公司在亚洲主要举行宝马国际高尔夫金杯赛和宝马汽车鉴赏巡礼两个公关活动。宝马国际金杯赛是当时全球业余高尔夫球赛中规模最大的。这项赛事的目的是促使宝马汽车与自己的目标市场进行沟通，这是因为高尔夫球历来被认为是绅士运动，即喜欢高尔夫球的人，尤其是业余爱好者多数是较高收入和较高社会地位的人士，而这些人正是宝马汽车的目标市场。宝马汽车鉴赏巡礼活动的目的是在特定的环境里，即在高级的展览中心陈列展示宝马汽车，把宝马的基本特性、动力、创新和美感以及它的高贵、优雅的品牌形象展示给消费者，并强化这种印象。此外，宝马公司还定期举行新闻记者招待会，在电视和电台的节目中与顾客代表和汽车专家共同探讨宝马车的功能，让潜在顾客试开宝马车，这些活动也加强了宝马与顾客的沟通。

6.1.1 产品策略

1. 产品的整体概念

人们传统思想中的产品概念是狭义的，即通过劳动而创造的有形物品，是一种看得见，摸得着的东西。市场营销学关于产品的概念是指提供给市场的能够满足人们需要和欲望的任何有形和无形物品，站在消费者的角度来认识。从销售方来说，产品就是货，是能变成钱的东西。包括实物、服务、组织、场所、主意、思想等。可见，产品概念已经远远超越了传统的有形实物的范畴，思想、主意等作为产品的重要形式也能进入市场交换。

因此，我们对产品的思考必须超越有形产品或服务本身，而应从消费者的角度来认识和理解产品概念，也就是说，应该明确消费者购买产品，想真正从中获得什么？消费者购买的不是产品本身，而是从中得到的"实惠"；不是产品生产过程，而是某一行业让顾客满意的过程。

对于汽车产品来说，它是一个整体的概念，用户需要的是汽车能够满足自己交通或运输的需要，满足自己心理和精神上的需要（如身份、地位、舒适等）。此外汽车产品的用户还希望生产厂家能够提供优质的售后服务（如备件充裕、维修网点多、上门服务等）。

从现代营销观念来看，企业销售给顾客的不仅仅是产品本身，而是一个产品体系，它是由核心产品（core product）、形式产品（actual product）、期望产品、延伸产品（stretching product）、潜在产品（product）五个层次构成的。这就是现代市场营销学中的产品整体观念（the concept of total product）。

1）核心产品（core product）——内在质量（第一质量）

核心产品位于整体产品的中心，是指为顾客提供的产品的基本效用或利益，是埋藏在产品之内、隐藏在消费行为背后的东西。回答"购买者真正需要采购的是什么？"这一问题。每一产品实质上是为解决问题而提供的服务。

著名的推销专家海因兹·姆·戈德曼曾指出，相当数量的推销员根本不知道他们推销的是什么产品，即指的是大多数推销人员根本没有考虑核心产品问题。因此，企业的产品生产首先考虑能为消费者提供哪些效用和功能，着眼于产品的这些基本效用和性能上。营销人员的任务就是要揭示隐藏在每一产品内的各种需要，并出售利益，而不是出售产品的特点。

例如，核心产品指产品提供给消费者最基本的效用或利益。人们购买汽车不是为了获得汽车本身，而是为了满足运载（载人或载货）的需求。企业营销人员在推销产品时，最重要的是向消费者说明产品实质，推荐汽车能满足消费者需要的核心效用。

2）形式产品——外在质量

形式产品是指产品的本体，是核心产品借以实现的各种具体形式，如质量、形状、款式、颜色、包装、品牌、商标等，是消费者得以识别和选择的主要依据。由于同类产品的基本效用都是相同的，因此，企业要获得竞争优势，吸引消费者购买自己的产品，必须在形式产品上多动脑筋，在产品设计时，应着眼于消费者所追求的基本利益，同时市场营销人员也要重视如何以独特的形式将这种利益呈现给消费者。如通过改良外观，在满足消费者基本需要的同时，满足审美需要；通过提高质量，延长使用寿命来满足经济性需要。例如，汽车产品的形式产品是指汽车质量水平、外观特征、汽车造型、汽车品牌。

3）期望产品

期望产品层是指汽车消费者在购买该汽车产品时期望能得到的东西。期望产品实际是一系列属性和条件。例如，汽车消费者期望得到舒适的车厢、导航设施、安全保障设备等。

4）延伸产品（附加产品）——服务质量

延伸产品是指消费者购买产品或服务时，附加获得的各种利益的总和，包括产品的品质保证、送货上门、安装调试、维修、技术培训、融通资金等服务带来的附加价值以及由产品的品牌与文化、企业的形象与员工技能与形象带来的价值等。比如，品牌利益，包装利益，产品的其他附加利益，消费者的优先享用利益等。

随着汽车行业竞争的日益激烈，各竞争品牌之间的实体产品越来越趋于一致性，竞争的焦点逐渐转化为延伸产品的竞争。如好多汽车经销商开始组织汽车俱乐部，就是对汽车的延伸产品进行系统的开发。

5）潜在产品

由企业提供的能满足顾客潜在需求的产品层次，主要是增值服务，指示可能的发展前景。如彩色电视机可能发展为录放影机、电脑终端机等。如公园中安排一些寓教于乐的项目。顾客购买产品后可能享受到的超乎顾客现有期望、具有崭新价值的利益和服务，但在购买后的使用过程中，顾客会发现这些利益和服务中总会有一些内容对顾客有较大的吸引力，从而有选择地去享受其中的利益和服务。潜在产品是一种服务创新。

汽车产品整体概念的五个层次，如图 6-1 所示。

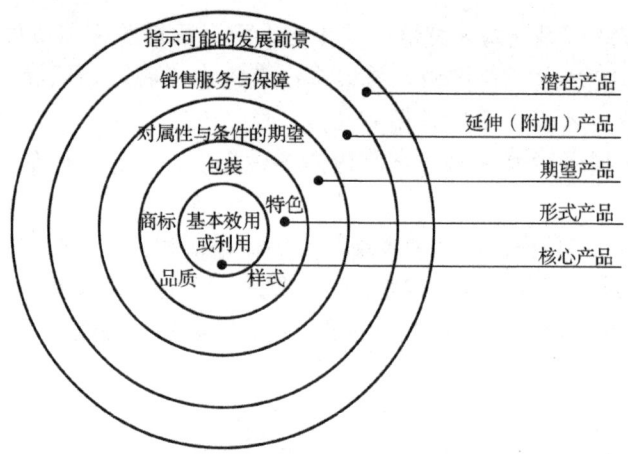

图 6-1 汽车产品整体概念的五个层次

2. 产品组合

1) 产品线、产品项目、产品组合

企业为满足目标市场的需要，扩大销售，分散风险，增加利润，往往生产经营多种产品。在整体产品概念的指导下，企业必然会对其产品进行开发、改进来满足消费者的多样需求。但企业所生产经营的产品并非多多益善，这就需要对产品组合进行认真研究和选择。首先介绍产品组合的有关概念。

产品组合（Product mix）是指一个企业提供给市场的全部产品的结构，即企业的产品线（Product line）和产品项目（Product item）的有机组合方式，也就是其业务经营范围。产品组合不恰当可能造成产品的滞销积压，甚至引起企业亏损。产品组合一般包括若干产品线，每条产品线内又包括若干产品项目。

产品项目（Product item）是指同一产品线中具有不同品种、规格、质量和价格等属性的具体产品。汽车产品项目指汽车企业生产和销售汽车产品目录上的具体汽车品名和汽车型号。比如某汽车经营者，某品牌（奔驰）的轿车是该企业许多产品中的一个产品项目；该企业经营的奔驰、本田、丰田、别克及国产的包罗、奥托等不同品牌的轿车则称为该企业的产品项目；该企业所有的产品，如轿车、拖拉机、卡车等则称为该企业的产品组合。

产品线（Product line）是指企业提供给市场的所有产品中，那些在技术上密切相关、具有相同的使用功能、满足同类需要的一组产品。通常按产品的品种、类别、型号划分产品线。

2) 产品组合的宽度、长度、深度、关联

产品组合的宽度是指企业的产品组合中产品线的数目。如某企业由 5 条产品线，其产品组合的宽度就是 5，见表 6-1。

产品组合的长度是指企业的产品组合中产品项目的总数。一个企业中不同规格或不同品牌的产品的总数目见表 6-1，该企业产品组合的总长度为 15，平均长度为 3。产品组合的深度是构成企业产品组合的产品线中每一产品项目所包含的产品品种数。如某种商品有 2 种花色、3 种规格，那么这种产品的深度就是 6。

表 6-1 产品组合分析

产品线	产品组合宽度=?					
	A 产品线	B 产品线	C 产品线	D 产品线	E 产品线
产品线总长度=?	A1	B1	C1	D1	E1
	A2		C2	D2	E2
	A3		C3		E3
			C4		E4
			C5		

产品组合的关联性（Consistency）是指企业的各条产品线在最终用途、生产条件、销售渠道或其他方面相互关联的程度。

企业增加产品组合的宽度，可以扩大经营范围，实现多元化经营；增加产品组合的长度和深度可以提高核心竞争力；增强产品组合的关联性可以提高产品在某一地区、行业的声誉。

3．产品生命周期及策略

汽车产品生命周期是指某种车型从投入市场开始，直到被市场淘汰，最终退出市场所经历的时间过程。随着汽车新技术的发展和新车型开发周期的缩短，汽车产品生命周期也在逐渐缩短。从产品的最初投放到退出市场，汽车产品的生命周期可分为四个阶段，即导入期、成长期、成熟期和衰退期，如图6-2所示。

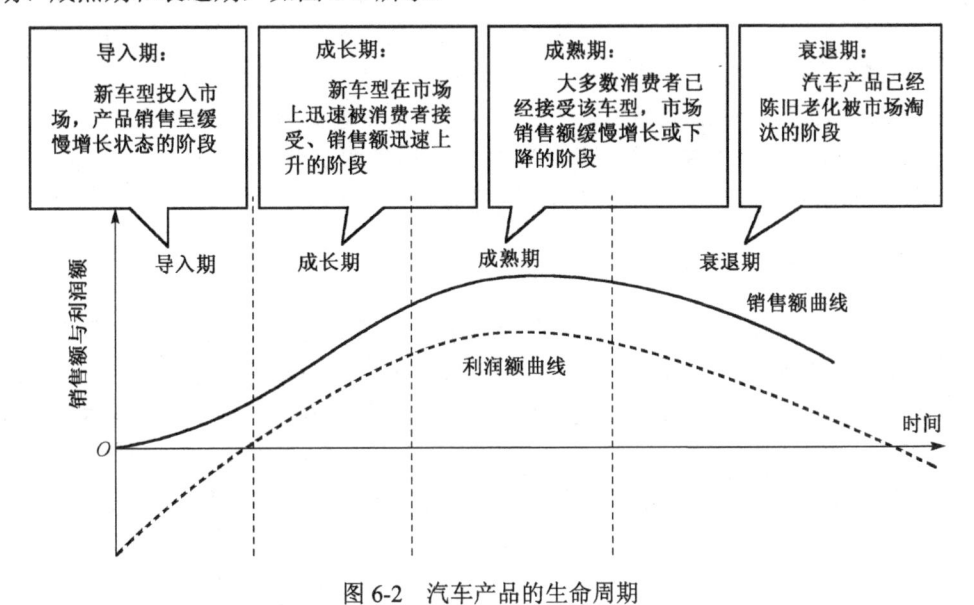

导入期：新车型投入市场，产品销售呈缓慢增长状态的阶段

成长期：新车型在市场上迅速被消费者接受、销售额迅速上升的阶段

成熟期：大多数消费者已经接受该车型，市场销售额缓慢增长或下降的阶段

衰退期：汽车产品已经陈旧老化被市场淘汰的阶段

图 6-2 汽车产品的生命周期

1）导入期的市场特点与营销策略

导入期市场特点：产品生产批量小、制造成本高、广告费用大、产品销售价格偏高、销售量极为有限，企业有可能出现亏损。

企业要针对导入期的特点，制定和选择不同的营销策略，可供企业选择的营销策略，主要有以下四种，见表6-2。

表 6-2　导入期的营销策略

销售价格 \ 促销费	高	低
高	快速掠取策略	缓慢榨取策略
低	快速渗透策略	缓慢渗透策略

快速掠取策略指以高价格和高促销费推出新产品的策略。实行高价格是为了在产品的销售额中获取更多的利润，高促销费是为了引起目标市场消费者的注意，诱发其购买冲动。

缓慢榨取策略指以高价格和低促销费推出新产品的策略。其目的在于通过缓慢推广，瞄准少数几个有利的目标市场出击，以便取得投资少获利大的效果。

快速渗透策略指用低价格和高促销费推出新产品的策略。目的在于先发制人，以最快的速度打入市场，以获取最高的市场占有率。日本、韩国的汽车公司在刚进入北美市场时，便大量采用此种营销策略。

缓慢渗透策略指以低价格和低促销费推出新产品的策略。低价格可以提高产品的竞争能力、扩大市场占有率，低促销费用可以减少经营成本，使企业获得较高的赢利。

2）成长期的市场特点与营销策略

成长期的市场特点：汽车产品已定型，大批量生产；销售增长率很高，分销途径已经疏通，市场份额增大；成本降低，价格下降，利润增长；同时，竞争者逐渐开始加入。

企业在成长期的主要任务是尽可能维持高速的市场增长率，可以采取以下市场推广策略：①提高产品质量，发展新款式、新型号，增加新功能和新特色，以适应市场的需要；②进行新的市场细分，从而更好地适应增长趋势；③开辟新的销售渠道，扩大商业网点；④改变广告宣传目标，由以建立和提高知名度为中心转变为以说服消费者接受和购买产品为中心；⑤适当地降低价格以提高竞争能力和吸引新的顾客。

3）成熟期的市场特点与营销策略

新产品已经被广大消费者接受，产品产量的销量达到了顶峰。市场潜力逐渐变小并趋于饱和，需求放慢，增长速度出现了下滑的迹象，进一步扩大市场份额的余地已经很小。市场竞争异常激烈，为了对付竞争对手、维护市场地位，营销成本有所增加，利润达到顶峰后逐渐下滑。

企业在成熟期的主要任务是通过改革创新，巩固市场来延长产品的成熟期。具体来说，企业可以做到：①发展产品的新用途，使产品转入新的成长期；②开辟新的市场，提高产品的销售量和利润率；③改进产品的品质和服务，以满足日新月异的消费需求。

4）衰退期的市场特点与营销策略

衰退期消费者的消费习惯已发生改变，购买兴趣迅速转向新产品。产品销量迅速下降，企业被迫压缩生产规模。价格降到了最低水平，各种促销手段已经不起作用，多数企业无利可图，大量的竞争者被迫退出市场，留下的企业处于维持状态。

处于衰退期的产品常采取立刻放弃策略、逐步放弃策略和自然淘汰策略，但有的企业也常常运用一些方法延长其衰退期。

> 相关链接

新产品开发的方式

新产品开发既包括新产品的研制,也包括原有的老产品改进与换代。新产品开发是企业研究与开发的重点内容,也是企业生存和发展的战略核心之一。企业开发新产品,选择合适的方式很重要。选择得当,适合企业实际,就能少承担风险,易获成功。一般有独创方式、引进方式、改进方式和结合方式四种。

1. 独创方式

从长远考虑,企业开发新产品最根本的途径是自行设计、自行研制,即所谓独创方式。采用这种方式开发新产品,有利于产品更新换代及形成企业的技术优势,也有利于产品竞争。自行研制、开发产品需要企业建立一支实力雄厚的研发队伍、一个深厚的技术平台和一个科学、高效率的产品开发流程。

2. 引进方式

技术引进是开发新产品的一种常用方式。企业采用这种方式可以很快地掌握新产品制造技术,减少研制经费和投入的力量,从而赢得时间,缩短与其他企业的差距。但引进技术不利于形成企业的技术优势和企业产品的更新换代。

3. 改进方式

这种方式是以企业的现有产品为基础,根据用户的需要,采取改变性能、变换形式或扩大用途等措施来开发新产品。采用这种方式可以依靠企业现有设备和技术力量,开发费用低,成功把握大。但是,长期采用改进方式开发新产品,会影响企业的发展速度。

4. 结合方式

结合方式是独创与引进相结合的方式。

4. 产品组合分析——波士顿矩阵

如果把每条产品线看作企业的一个项目,那么可以采用波士顿咨询集团的"市场增长率——相对市场占有率"矩阵或通用电气公司的"行业吸引力—企业竞争力"矩阵,对各条产品线进行评价,以确定哪些产品线应该发展、维持、收割或放弃。

波士顿矩阵(又叫 BCG 矩阵),即"市场成长—市场份额"矩阵图,是美国波士顿咨询公司首创的决策咨询方法和工具,是从二维角度来分析产品结构是否合理,这二维指标是市场增长率和相对市场占有率。

如图 6-3 所示横坐标表示相对市场份额,指某企业各个产品的市场占有率与同行业中最大竞争对手的市场占有率之比。纵坐标表示市场增长率。

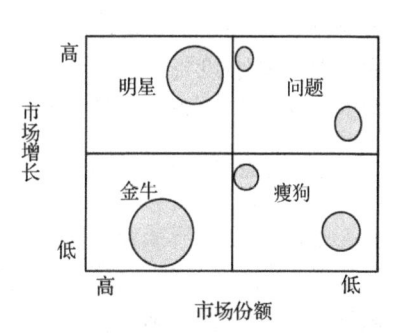

图 6-3 波士顿矩阵

波士顿矩阵正是根据不同象限产品的不同特点来分析某企业产品结构是否合理。图中圆圈的个数即为企业现有产品的数量；圆圈的大小表示今年产品销售量的多少；圆圈的位置是由市场增长率和市场份额两个指标决定的。

（1）问题类业务是指高市场增长率、低相对市场份额的业务。这往往是一个公司的新业务，为发展问题业务，公司必须建立工厂，增加设备和人员，以便跟上迅速发展的市场，并超过竞争对手，这些意味着大量的资金投入。"问题"非常贴切地描述了公司对待这类业务的态度，因为这时公司必须慎重回答"是否继续投资，发展该业务"这个问题。只有那些符合企业发展长远目标，企业具有资源优势，能够增强企业核心竞争能力的业务才能得到肯定的回答。

（2）明星业务是指高市场成长率、高相对市场份额的业务，这是由问题类业务继续投资发展起来的，可以视为高速成长市场中的领导者，将成为公司未来的金牛业务。但这并不意味着明星业务一定可以给企业带来滚滚财源，因为市场还在高速成长，企业必须继续投资，以保持与市场同步增长，并击退竞争对手。企业没有明星业务，就失去了希望，但群星闪烁也可能会耀花了企业高层管理者的眼睛，导致做出错误的决策。这时必须具备识别"行星"和"恒星"的能力，将企业有限的资源投入在能够发展成为金牛的"恒星"上。

（3）金牛业务指低市场增长率，高相对市场份额的业务，属成熟市场中的领导者，是企业现金的来源。由于市场已经成熟，企业不必大量投资来扩展市场规模，同时作为市场中的领导者，该业务享有规模经济和高边际利润的优势，因而给企业带来大量财源。企业往往用现金牛业务来支付账款并支持其他三种需大量现金的业务。假如公司只有一个金牛业务，说明它的财务状况是很脆弱的。因为如果市场环境一旦变化导致这项业务的市场份额下降，公司就不得不从其他业务单位中抽回现金来维持金牛的领导地位，否则这个强壮的金牛可能就会变弱，甚至成为瘦狗。

（4）瘦狗业务是指低市场增长率、低相对市场份额的业务。一般情况下，这类业务常常是微利甚至是亏损的。瘦狗业务存在的原因更多是由于感情上的因素，虽然一直微利经营，但像人对养了多年的狗一样恋恋不舍而不忍放弃。其实，瘦狗业务通常要占用很多资源，如资金、管理部门的时间等，多数时候是得不偿失的。

在明确了各项业务单位在公司中的不同地位后，就需要进一步明确战略目标。通常有四种策略目标分别适用于不同的业务：①有发展前途的问题类产品线应增加投资，提高其市场占有率，增强竞争力；②处境不佳，竞争力小的金牛类产品线和一些问题类、瘦狗类产品线应放弃，减小投资，争取短期收益；③金牛类产品线要维持其市场份额；④没有前途又不盈利的瘦狗类和问题类产品线应收割，进行清理、淘汰，以便把资金转移到有力的产品线上。

5. 汽车品牌与商标策略

品牌是制造商或经销商加在商品上区别于其他商品的标志，由名称、术语、标记、符号、设计及其组合共同构成。品牌包括品牌名称和品牌标志。品牌名称是品牌中可以用语言称谓表达的部分，如奔驰、宝马、奥迪、丰田、本田等；品牌标志是品牌中易于识别，但无法用语言称谓表达的部分，通常表现为独特的符号、图案、色彩或字体造型等。

汽车品牌代表着销售者交付给购买者的产品特征、利益、服务的一贯性承诺，是一种质量保证。品牌的含义包含6个层次，如图6-4所示为奔驰轿车的品牌含义。

```
Mercedes-Benz  +  ⊛  =  品牌
```

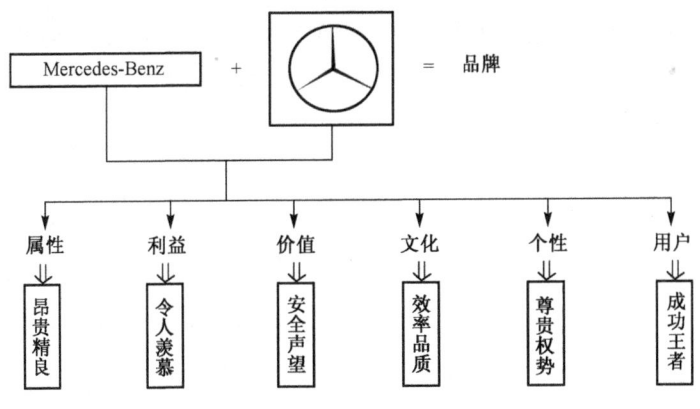

属性 → 昂贵精良
利益 → 令人羡慕
价值 → 安全声望
文化 → 效率品质
个性 → 尊贵权势
用户 → 成功王者

图 6-4 奔驰轿车的品牌含义

品牌优势要在企业营销活动中发挥作用，必须采用适当的品牌策略，企业在进行品牌决策时，一般有以下几种选择。

1）品牌化决策

品牌化决策，即是否使用品牌决策。通常而言，使用品牌对大多数产品都可以起到很好的促销作用。通常名牌产品的销路总比一般产品好得多。

2）品牌归属决策

品牌归属决策，是指企业决定使用谁的品牌。生产者有三种选择：一是使用自己的品牌，叫做企业品牌或生产者品牌；二是生产者把产品卖给中间商，由中间商使用他的品牌将产品卖出去，这种品牌叫做中间商品牌；三是生产者部分产品使用自己的品牌，部分产品使用中间商品牌，将两种品牌联用，叫混合品牌。

3）个别品牌与统一品牌决策

个别品牌策略，即企业的各种产品分别使用不同的品牌。如上海通用的别克旗下就有荣御、君越、君威、凯越、GL8 等多个品牌。

这样企业不会因某品牌信誉下降而承担较大的风险；有利于企业产品向多个细分市场渗透，可以拓展更广阔的市场；会增加产品的促销费用；分割了企业整体优势；单个品牌推广成本加大；新产品推广初期比较困难；不利于建立稳定的顾客忠诚度；品牌过于繁多，也不利于管理。

统一品牌策略即企业所有的产品使用同一个品牌。这样新产品的推广比较容易；可以整合运用企业的优势和资源；企业形象被强化，易于培养顾客忠诚度；有利于企业技术的延伸。统一品牌策略的缺点是容易忽视市场差异性；风险大，一种产品的失败容易影响其他产品；不利于占领不同细分市场，不利于提高市场占有率。

4）个别品牌与统一品牌并列的策略

企业为拥有多条产品线或具有不同类型的产品制定不同的品牌。该策略兼有个别品牌策略和统一品牌策略的优点。如美国通用汽车公司生产多种类型的汽车，所有产品都采用 GM

两个字母组成的统一品牌，而对各类产品又分别使用别克、雪弗兰、凯迪拉克等不同的品牌，每个品牌又代表一种具体特点的产品，如凯迪拉克表示豪华型的高级轿车，雪弗兰表示普及型的大众化娇车。

相关链接

赛欧：概念和品牌文化的推广方略

赛欧的出现是上海通用从高档轿车向下延伸的结果，也是通用抓住国内 10 万元轿车空白的一次成功的市场开拓。

赛欧的问世打压了"老三样"，打压了同类车，一炮走红。除了价格之外，关键是成本的"诚信"度和品牌效应发挥了重要作用。首先，赛欧的配置冲击了"老三样"不变的面孔，相比之下，无论是车的理念还是市场定位都有一种锐不可当的新鲜感；其次，猛烈的价格优势动摇了"老三样"一统天下的阵营；最后，用有竞争力的品牌快速抢占了市场跑道。

市场调查表明，赛欧广告宣传做得好，这几乎是不少消费者的第一印象，但从专业角度看，赛欧的影响力还是"功夫在诗外"。即前提是产品需要支持力，特别是品牌的支持。"自立新生活！"这是赛欧的广告语。应该说，这较为准确地反映了赛欧的市场定位，也反映出当今年轻人的生活追求。从营销的角度看，广告是一种诱导式的消费，是对生活方式的阐述。其吸引人的高明之处，就在"自立"上。有人把自行车钥匙做成巨大的广告招贴，隐喻年轻人自立是从两个轮子上开始的；而今赛欧借用，妙笔生花，自立要从四个轮子上开始。这是颇富创意的"生活概念"导入，反映了时代的变化。

在扩展市场里，公司必须把分销目标和促销目标对准最有希望的购买群体。这时，公司应该根据市场调查描绘出主要的预期销售对象。营销理论认为，理想的新消费产品的主要潜在购买者应该具有下列特点：他们将成为早期采用者，是大量使用的用户；是舆论领袖并对该产品赞不绝口；和他们接触的成本不高。虽然同时具备这些特点的群体是很少的，但是，公司可以根据这些特点对各种预期的群体作一个评价，然后把目标对准最有希望的顾客群体。公司的目的在于尽快获得高销售额，以激发销售队伍（如汽车经销商）和吸引其他新的预期购买者。需要注意的是，扩展市场的产品创新并不能根据目标顾客群体的现有市场的流行导向来设计，应该更关注国际市场的流行导向，简单地说，就是在流行趋势上，要超越现有市场的感觉，人为地制造一种期待感。调查显示，目前只有 17% 的产品设计是国际导向的，多数是只为国内市场设计的国内产品，而这些国内产品在市场上，多数是失败的。

别克（赛欧系列）汽车在设计上是具有国际导向的，公司在推出前就已经想好了将汽车卖给谁，再加上各种其他营销工具的自如运用，成功绝对是意料之中的事。

商标是用来区别一个经营者的商品或服务和其他经营者的商品或服务的标记。我国商标法规定，经商标局核准注册的商标，包括商品商标、服务商标和集体商标、证明商标；商标注册人享有商标专用权，受法律保护；如果是驰名商标，将会获得跨类别的商标专用权法律保护。

> 相关链接
>
> **使用商标与不使用商标策略**
>
> 在市场上，我们所见到的商品大部分都有商标，这是因为使用商标无论是对企业还是对消费者都有很多好处，但是，这并不意味着所有的商品都必须使用商标。商标的使用是以一定的费用为代价的，当某些商品受特殊因素的影响不需要或无明显效果时，也可以不使用商标。选择不使用商标的策略，主要有下面三种情况。
>
> 第一，从商品本身的性质来看，有些商品不可能在生产过程中形成一定的特性而与其他商品相区别，消费者在选购时也没有识别商品来源的要求，像一些蔬菜、水果和电力等，可不使用商标。
>
> 第二，从商品经营的特点看，有些商品属于国家计划品种，由国家统一经营，像特殊钢材、飞机、大型设备等，可不使用商标，但需要附有质量标准、产品规格、厂家名称、地址等情况说明，以对商品负责。
>
> 第三，从消费习惯来看，人们长期习惯于无商标商品，像食盐、糖、熏肉等，可采用无商标策略。现实生活中，市场上流通的商品大部分都有商标，无商标的商品比重很小，并且随着我国社会主义市场经济的发展还有继续缩小的趋势。这是由于一些企业在营销实践中逐步感到，仅用厂名等代表商品的质量和信誉有很大的局限性，不利于竞争能力的发挥。目前，在一些发达国家，市场上的商品几乎无一例外地使用商标。像蔬菜这样历史上从未使用过商标的商品，也通过塑料袋等特别包装贴上商标。

6.1.2 价格策略

价格是市场营销策略中十分敏感而又难以控制的因素。价格的高低，定价的合理与否，都会直接关系到市场对产品的接受程度。价格策略是指根据营销目标和价格原理，针对生产企业和经销企业及市场变化的实际，在确定产品价格时采取的各种具体对策。

1. 汽车价格的构成

价格构成，是指构成价格的各个要素及其在价格中的组成状况，汽车价格由以下要素构成。

1）汽车生产成本

汽车生产成本，是指生产经营过程中消耗的原材料价值和人工报酬之和，是汽车价值的重要组成部分，是汽车价格形成的基础，也是制定汽车价格的重要依据。企业只有准确地核算成本，才能使商品价格反映价值，才能保证生产经营活动的顺利进行。

2）汽车流通费用

汽车流通费用，指汽车从生产领域转移到消费领域的整个过程中所支付的一切费用的总和。具体说是商品经营者从事商品购进、运输、存储等活动所支付的各项费用。

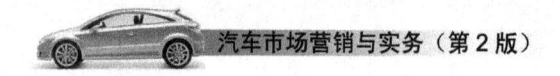

3）汽车企业利润

汽车企业利润，是指汽车生产者和汽车经销者为社会创造的价值的表现形态，是汽车价格的构成因素，是企业扩大再生产的重要资金来源。

4）国家税金

国家税金是汽车价格的构成因素。税率的高低直接影响汽车的价格。国家对汽车企业开征有增值税、所得税、营业税，在汽车产品的流通过程中还有消费税和购置税。

2．影响汽车产品价格的主要因素

价格是一个变量，受诸多因素的影响和制约，汽车产品价格的高低除了受汽车产品中包含的价值量的影响外，还要受以下几种因素的影响和制约，如图6-5所示。

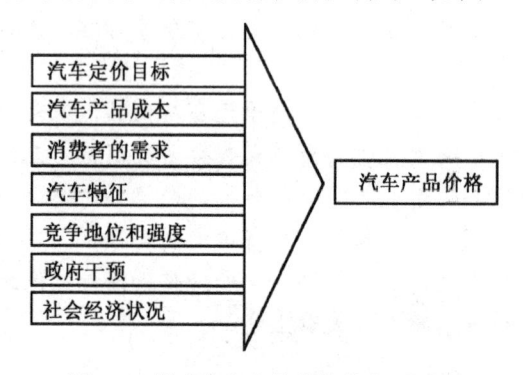

图 6-5　影响汽车产品价格的主要因素

1）汽车定价目标

任何汽车企业的价格制定者必须按照企业的目标市场战略及市场定位战略的要求来进行定价。不同的汽车企业，不同的汽车产品，其市场地位不同，定价策略自然也是不一样的。企业定价目标主要有以下几种，如图6-6所示。

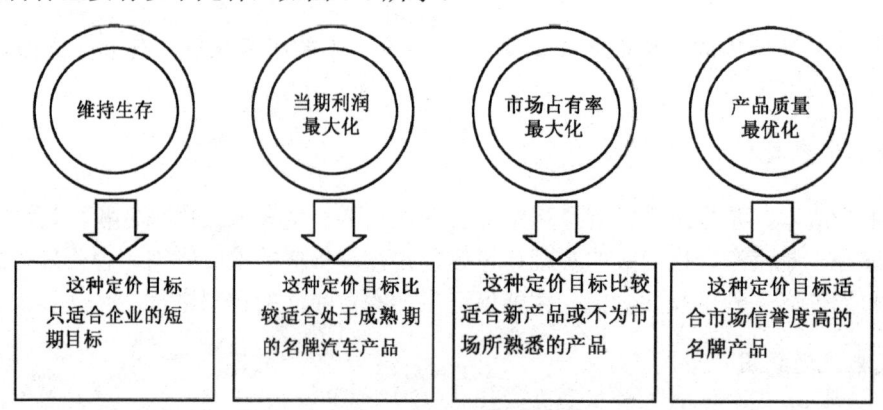

维持生存	当期利润最大化	市场占有率最大化	产品质量最优化
这种定价目标只适合企业的短期目标	这种定价目标比较适合处于成熟期的名牌汽车产品	这种定价目标比较适合新产品或不为市场所熟悉的产品	这种定价目标适合市场信誉度高的名牌产品

图 6-6　汽车定价目标

2）汽车产品成本

汽车产品成本包括汽车生产成本、汽车销售成本和汽车储运成本。汽车企业为了保证再生产的实现，通过市场销售，既要收回汽车产品成本，同时也要获得一定的赢利。汽车产品成本是企业能够为其产品设定的底价。

3）消费者的需求

汽车消费者的需求对汽车定价的影响，主要通过汽车消费者的需求能力、需求强度、需求层次反映出来。需求能力是指汽车定价要考虑汽车价格是否适应汽车消费者的需求能力。需求强度指消费者想拥有某品牌汽车的程度，如果消费者对某品牌汽车的需求比较迫切，则对价格不敏感，企业在定价时，可定得高一些。需求层次指不同需求层次对汽车定价也有影响，对于不能满足较高层次的汽车，其价格应定低一些。

4）汽车特征

汽车特征一般指汽车造型、装饰、质量、性能、品牌、服务等，能反映汽车对消费者的吸引力。具有良好特征的汽车，会对消费者产生强的吸引力，这种汽车往往供不应求，因而价格可比同类车定得高些。

5）竞争地位和强度

竞争的强度取决于产品制作的难易程度、供求形势与竞争格局。任何一次汽车价格的制定与调整都会引起竞争者的关注，并导致竞争者制定相应的对策。通常竞争力量强的汽车企业定价的自主性大；竞争力量弱的汽车企业定价的自主性小，是追随市场领先者进行定价。

6）政府干预

为了维护国家的利益，维护消费者的权益，维护正常的汽车市场秩序，国家制定有关法规来约束汽车企业的定价行为。

7）社会经济状况

一个国家和地区的经济发展水平和发展速度对汽车产品的定价有一定的影响，经济水平高，发展速度快，人们收入水平增长快，购买力强，价格敏感性弱，汽车企业定价的弹性空间大，价格可适当定高些。

相关链接

什么是市场需求弹性

1. 需求收入弹性

因收入变动而引起的需求量的相应变动率，反映需求量的变动对收入变动的敏感程度。有些产品的需求收入弹性大，意味着消费者货币收入的增加导致该产品的需求量有更大幅度的增加。有些产品的需求收入弹性较小，这意味着消费者货币收入的增加导致该产品的需求量的增加幅度较小。也有的产品的需求收入弹性是负值，这意味着消费者货币收入的增加将导致该产品需求量下降。

2. 需求价格弹性

需求价格弹性，是指因价格变动而引起的需求相应的变动率，反映需求变动对价格变动的敏感程度。在正常情况下，市场需求会按照与价格相反的方向变动。价格提高，市场需求就会减少；价格降低，市场需求就会增加。所以，需求曲线是向下倾斜的，这是供求规律发生作用的表现。但也有例外，菲利普·科特勒指出，显示消费者身份地位的商品的需求曲线有时是向上倾斜的。正因为价格会影响市场需求，所以企业制定的产品价格的高低会影响企业产品的销售，因而会影响企业市场营销目标的实现。因此，企业的市场营销人员在定价时必须知道需求的价格弹性，即了解市场需求对价格变动的反应。换句话说，需求的价格弹性反映需求量对价格的敏感程度，以需求变动的百分比与价格变动的百分比之比值来计算，亦即价格变动百分之一会使需求变动百分之几。

3. 需求交叉弹性

在为产品线定价时还必须考虑各产品项目之间相互影响的程度。产品线中的某一产品项目很可能是其他产品的替代品或互补品。同时，一项产品的价格变动往往会影响其他产品项目销售量的变动，二者之间存在着需求的交叉价格弹性。需求交叉弹性，是指因一种商品价格变动而引起其他相关商品需求量的相应变动率。交叉弹性可以是正值也可以是负值。如为正值，则此二项产品为替代性需求关系，表明一旦产品 Y 的价格上涨，则产品 X 的需求量必会增加。相反，若交叉弹性为负值，则此二项产品为互补品。即当产品 Y 的价格上涨时，产品 X 的需求量会下降。

3. 汽车定价的方法

影响汽车价格的因素比较多，但在制定汽车价格时主要考虑的因素是汽车产品的成本、汽车市场的需求和竞争对手的价格。汽车产品的成本规定了汽车价格的最低基数，汽车市场的需求决定了汽车需求的价格弹性，竞争对手的价格提供了制定汽车价格时的参照点。汽车定价的方法主要有汽车成本导向定价法、汽车需求导向定价法和汽车竞争导向定价法三种，如图 6-7 所示。

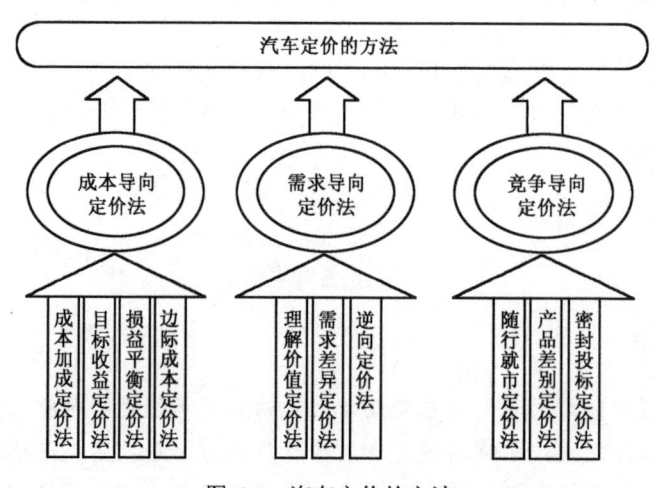

图 6-7 汽车定价的方法

1）汽车成本导向定价法

汽车成本导向定价法，就是以汽车成本为基础，加上一定的利润和应纳税金来制定汽车价格的方法。

（1）成本加成定价法，即在单台汽车成本的基础上，加上一定比例的预期利润作为汽车产品的售价。售价与成本之间的差额，就是利润。该定价法的关键在于确定加成率，而成本利润率的确定，必须考虑市场环境、行业特点等多种因素。汽车成本加成定价法简化了企业的定价程序，但忽视了竞争状况与需求弹性，难以确保企业实现利润最大化。

单位产品汽车价格的计算公式为

$$汽车销售价格 = 单位总成本 \times (1 + 加成率)$$

式中，加成率 = 预期利润/总成本 × 100%。

（2）目标收益定价法，是根据企业的总成本、预期销量和投资回收期等因素来确定价格。目标收益定价法简单易行，但却存在缺陷，企业根据销量倒推出价格，而价格又是影响销量的一个因素。

其计算公式为

$$单位产品价格 = 总成本 \times (1 + 目标收益率)/销量$$

式中，目标收益率 = 1/投资回收期 × 100%。

（3）损益平衡定价法，就是在分析企业未来的销量、成本、价格及收益之间关系的基础上，合理确定汽车销售价格的方法。损益平衡定价法有利于企业从保本入手，可以在较大范围内灵活掌握价格水平，而且比较简单。

其计算公式为

$$汽车价格 = (固定成本 + 预期利润)/预期销售量 + 单位变动成本$$

（4）边际成本定价法，是在市场需求曲线和厂商边际成本曲线给定的情况下，由两条曲线的交点来确定产品价格的方法。一般来讲，由于固定成本的存在，所以生产越多成本越低，但考虑市场实际需求问题，而在其中取平衡点的方法就是边际成本定价法。在竞争市场上，由市场需求曲线和市场供给曲线形成的均衡价格等于厂商的边际成本，从长期来看，也等于厂商的最低平均成本。这样，边际成本定价一方面保证了厂商获得最大收益，另一方面又保证了消费者能够获得低价，从而获得最大效用。

2）需求导向定价法

需求导向定价法是根据市场需求状况和消费者对产品的感觉差异来确定价格的方法。需求导向定价法主要包括理解价值定价法、需求差异定价法和逆向定价法。

（1）理解价值定价法，是指企业以消费者对商品价值的理解度为定价依据，运用各种营销策略和手段，影响消费者对商品价值的认知，形成对企业有利的价值观念，再根据商品在消费者心目中的价值来制定价格。理解价值定价法的关键和难点，是获得消费者对有关商品价值理解的准确资料。企业必须通过广泛的市场调研，了解消费者的需求偏好，根据产品的性能、用途、质量、品牌、服务等要素，判定消费者对商品的理解价值，制定商品的价格。

（2）需求差异定价法，是指同一质量、功能、规格的汽车，可以根据消费者需求的不同而采用不同的定价方法。不同的客户群，采用不同的价格，如对新老客户实行不同的价格。同一品牌、规格的汽车，但款式、花色、配置不同，其价格不同，如汽车豪华型和标准型售价不同。同一产品，不同的时间销售，其价格不同，如需求旺季的价格明显高于淡季的价格。同一产品，在不同的地区，其价格也不同。

（3）逆向定价法，主要不是考虑产品成本，而重点考虑需求状况。依据消费者能够接受的最终销售价格，逆向推算出中间商的批发价和生产企业的出厂价格。逆向定价法的特点是：价格能反映市场需求情况，有利于加强与中间商的良好关系，保证中间商的正常利润，使产品迅速向市场渗透，并可根据市场供求情况及时调整，定价比较灵活。

3）竞争导向定价法

竞争导向定价法，是指企业通过研究竞争对手的生产条件、服务状况、价格水平等因素，依据自身的竞争实力，参考成本和供求状况来确定商品价格的方法。竞争导向定价法主要包括随行就市定价法、产品差别定价法、密封投标定价法。

（1）随行就市定价法，是指企业按照本行业同档次车型的平均价格为依据来定价，利用这样的价格来获得平均报酬。采用随行就市定价法，企业就不必去全面了解消费者对不同价差的反应，也不会引起价格波动。

（2）产品差别定价法，是指企业通过不同营销努力，使同种同质的产品在消费者心目中树立起不同的产品形象，进而根据自身特点，选取低于或高于竞争者的价格作为本企业产品价格。

（3）密封投标定价法，是指由密封投标竞争的方式确定商品价格的方法。在汽车交易中，采取招投标的方式，对两个以上的卖主（或买主）进行招标，择优成交。

4．定价和调价策略

汽车价格竞争是一种十分重要的汽车营销手段，汽车企业为了实现营销战略和目标，必须根据竞争情况、产品成本、市场需求，采取各种灵活多变的汽车定价策略，使企业更加有效地实现营销目标。作为新车上市，可以采取以下几种不同的价格策略，如图6-8所示。

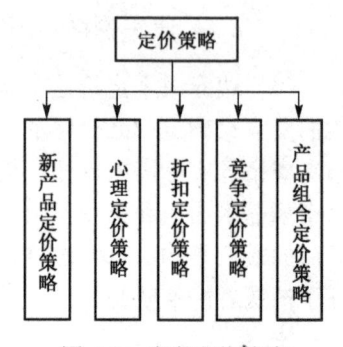

图6-8 汽车定价策略

1）新产品定价策略

汽车新产品的定价有三种策略，即撇脂定价策略、渗透定价策略、满意定价策略。撇脂定价也叫高价策略，就是在汽车新产品的销售初期，定一个高的价格，在短期内获取高额利润，尽快收回投资。渗透定价就是以较低的价格投放市场的策略。这种策略的优点是产品很快就被市场接受，有利于打开新产品的销路，占领市场。满意定价是一种介于撇脂定价和渗透定价之间的定价策略，这种定价策略风险小，成功的可能性大，同时兼顾了客户、生产商和销售商三者的利益。这三种定价策略的汽车价格和汽车销量的关系如图6-9所示。

图 6-9 新产品定价策略

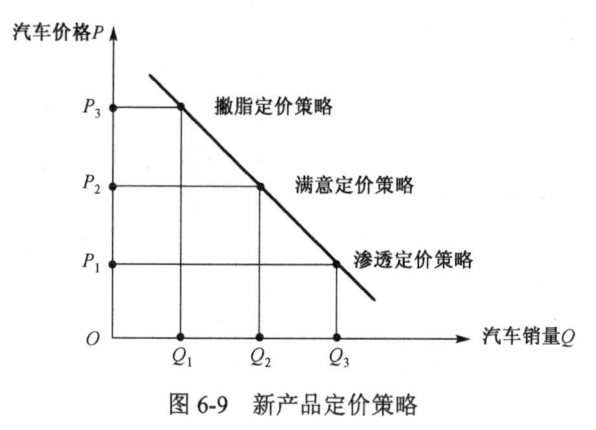

2）心理定价策略

心理定价策略是根据消费者心理采取的定价策略。汽车企业在定价时利用消费者的心理因素，有意识地将汽车价格定得高些或低些，以满足消费者心理的和精神方面的需求。常见的策略如下。

（1）整数定价，是指给汽车定一个整数价，凭借整数价格让消费者感觉汽车属于高档消费品的印象，以提高汽车品牌形象。通常高档汽车的定价都采用整数定价法。

（2）尾数定价，与整数定价法刚好相反，是在汽车的定价整数后加上尾数，在直观上给消费者一种便宜的感觉，从而激发消费者的购买欲望。

（3）声望定价，是根据汽车产品在消费者心目中的声望和社会地位来确定汽车价格的一种定价策略，可以满足某些消费者的特殊欲望，如地位、身份、财富等，还可以通过价格来显示汽车的高品质。

（4）招徕定价，是将某种商品的价格定得较高或较低，以引起消费者的好奇，来带动其他汽车产品的销售的一种汽车定价策略。如某些汽车企业在某段时期推出某款车型降价销售，吸引顾客时常关注该企业的汽车，促进降价产品的销售，同时也可以带动同品牌其他正常价格汽车产品的销售。此种策略经常为汽车经销商使用。

3）折扣定价策略

折扣定价，是指对基本价格做出的一定让步，直接或间接降低价格。折扣定价常见的策略如下。

（1）数量折扣，是指按照购买数量的多少，分别给予不同的折扣，购买数量越多，折扣越多。

（2）现金折扣，是指对按约定日期提前付款或按期付款的客户给以一定的低价优惠。

（3）功能折扣，又称交易折扣，是指根据中间商在营销活动中所承担的功能、责任和风险不同，企业给予不同的折扣。

（4）季节折扣，是指与季节有关的折扣，在汽车销售淡季时，给购买者一定的优惠。

（5）回扣和津贴，回扣是间接折扣的一种形式，是指购买者在按价格目录将货款全部付给销售者以后，销售者再按一定比例将货款的一部分返还给购买者；津贴是企业为特殊目的，对特殊顾客以特定形式所给予的价格补贴或其他补贴。

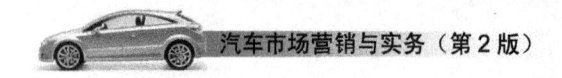

4）竞争定价策略

竞争定价策略主要包括垄断定价、低价竞争及高价竞争等形式。

（1）垄断定价。当一家或几家大公司控制了某种商品的生产和流通时，就可以通过独家垄断或达成垄断协议，将这种商品价格定得大大超过或低于其价值的高价或低价。

（2）低价定价。企业采用以低于生产成本或低于国内市场的价格在目标市场上抛售产品，其目的在于打击竞争者，占领市场。

（3）高价定价。企业采用以高于国内市场的价格在目标市场上出售产品。这种策略一般只限于在数量较少、品牌声誉极高的产品中采用。

5）产品组合定价策略

一个汽车企业往往生产经营多种产品，同一企业的不同种汽车产品之间的需求和成本是相互联系的，但同时它们之间又存在着一定程度的竞争，因而，这时候的汽车定价就不能只针对某一产品独立进行，而要结合相关联的一系列产品，组合制定出一系列的价格，使整个产品组合的利润最大化。

6.1.3 渠道策略

1. 分销渠道概述

汽车分销渠道，是指当汽车产品从汽车生产企业向最终消费者转移时，直接或间接转移汽车所有权所经过的途径，是沟通汽车生产者和消费者之间关系的桥梁和纽带。分销渠道的起点是生产者，终点是消费者，中间环节为各类中间商。

汽车产品分销渠道的主要功能和作用有以下几方面。

1）售卖功能

售卖功能，即将产品卖给最终用户。这是分销渠道最基本的职能，产品只有被售出，才能完成向商品的转化。

2）投放与物流功能

由于各地区的市场和竞争状况是不断变化的，分销渠道必须要解决好何时将何种商品、以何种数量投放到何种市场上去，以实现分销渠道整体的效益最佳。投放政策一经确立，分销渠道必须保质保量地将指定商品在指定时间送达指定的地点。

3）促销功能

促销功能，即进行关于所销售的产品的说服性沟通。几乎所有的促销方式都离不开分销渠道的参与，而人员推销和各种营业推广活动，则基本是通过分销渠道完成的。

4）接洽功能

接洽功能，即寻找可能的购买者并与之进行沟通。

5）市场研究和信息反馈功能

市场研究和信息反馈功能，即收集市场信息，进行市场预测。由于市场是一个时间和空间的函数，分销渠道应密切监视市场动态，研究市场走势，收集相关信息并及时反馈给生产厂家，以便厂家的生产能够更好地与市场需求协调一致。

6）资金结算与融通功能

为了加速资金周转，减少资金占用及相应的经济损失，生产厂家、中间商、用户之间必须及时进行资金清算，尽快回笼货款。此外，生产厂家与中间商、中间商与用户之间，还需要相互提供必要的资金融通和信用，共同解决可能的困难。

7）风险分担功能

风险分担功能，即承担与渠道工作有关的全部风险。汽车市场有畅有滞，中间商与生产厂家应是一个命运共同体，畅销时要共谋发展，滞销时也要共担风险。

8）服务功能

服务功能，即为用户提供满意的服务，并体现企业形象。汽车产品因其结构特点、使用特点和维修维护特点，要求分销渠道必须为用户提供良好的服务，而且趋势是要求越来越高。

9）管理功能

大部分整车厂家的分销渠道是一个复杂的系统，需要能够进行良好的自我管理。

相关链接

常见汽车销售渠道模式

1. 品牌专营

品牌专营是指汽车生产厂家将某个地区的代理权直接授予某个经销商，该经销商按厂家要求建立品牌专卖店，并将产品直接销售给终端用户，品牌专营最先由别克、广州本田、奥迪等品牌建立，主要有4S品牌专营和3S品牌专营。4S品牌专营是指具有整车销售（Sale）、零配件供应（Spare part）、售后服务（Service）、信息反馈（Survey）功能的专卖店构建模式。3S品牌专营是指具有整车销售、零配件供应、信息反馈功能的汽车专营店。目前建立4S品牌专卖店已成为我国轿车多家品牌的主要销售模式，是汽车厂家加强销售终端控制，树立品牌形象的主要手段。

2. 总代理式

由汽车制造厂家授权的全部销售该公司汽车的总经销商。进口汽车主要采用这种模式，如奔驰、宝马、劳斯莱斯等。

3. 区域代理式

这是汽车渠道最早采用的模式，由于该模式对经销商的控制力差，目前使用这种模式的厂商已较少。

4. 特许经销式

区域代理制实施一段时间后，汽车厂商发现对经销商的经销行为进行规范逐渐变难，市场价格体系混乱，1996年后，汽车渠道逐渐向特许经销商转变。实际上，4S店都是特许经销商，是增加了其他功能的特许经销商。目前，一汽捷达、神龙富康等就采用这种模式。

5. 汽车交易市场

汽车交易市场是指多家经销商共营的汽车交易市场。如北京亚运村汽车交易市场、广东汽车市场（现称为广物汽贸连锁总店）、深圳的东益华鹏等。汽车交易市场具有车型众多、信息量大、方便的"一条龙"服务等特点。

6. 汽车网络营销

随着互联网的飞速发展，网络销售已经越来越受到汽车企业重视。消费者在网上看形，连锁店见物，配送中心直销的趋势，最终构成未来汽车新的营销模式。这种模式对于经销商来说投资规模比较小，风险较小，比较灵活，但是相对的单车获利空间也比较小。

2. 分销渠道的类型

1）直接分销渠道

直接分销渠道是指生产者将产品直接供应给消费者或用户，没有中间商介入。直接分销渠道的形式是：生产者—用户。

直接分销渠道有利于产、需双方沟通信息，可以按需生产，更好地满足目标顾客的需要。由于是面对面的销售，用户可更好地掌握商品的性能、特点和使用方法；生产者能直接了解用户的需求、购买等特点及其变化趋势，进而了解竞争对手的优势和劣势及其营销环境的变化，为按需生产创造了条件。可以降低产品在流通过程中的损耗。由于去掉了商品流转的中间环节，减少了销售损失，有时也能加快商品的流转，可以使购销双方在营销上相对稳定。一般来说，直销渠道进行商品交换，都签订合同，数量、时间、价格、质量、服务等都按合同规定履行，购销双方的关系以法律的形式于一定时期内固定下来，使双方把精力用于其他方面的战略性谋划。

直接分销渠道在产品和目标顾客方面：对于绝大多数生活资料商品，其购买呈小型化、多样化和重复性，生产者若凭自己的力量去广设销售网点，往往力不从心，甚至事与愿违，很难使产品在短期内广泛分销，很难迅速占领或巩固市场，企业目标顾客的需要得不到及时满足，势必转移方向购买其他厂家的产品，这就意味着企业失去目标顾客和市场占有率。在商业协作伙伴方面：商业企业在销售方面比生产企业的经验丰富，这些中间商最了解顾客的需求和购买习性，在商业流转中起着不可缺少的桥梁作用；而生产企业自销产品，就拆除了这一桥梁，势必自己去进行市场调查，包揽了中间商所承担的人、财、物等费用，这样加重了生产者的工作负荷，分散了生产者的精力，更重要的是，生产者将失去中间商在销售方面的协作，产品价值的实现增加了新的困难，目标顾客的需求难以得到及时满足。

2）间接分销渠道

间接分销渠道是指生产者利用中间商将商品供应给消费者或用户，中间商介入交换活动。间接分销渠道的典型形式是：生产者—批发商—零售商—个人消费者（少数为团体用户）。现阶段，我国消费品需求总量和市场潜力很大，且多数商品的市场正逐渐由卖方市场向买方市场转化。与此同时，对于生活资料商品的销售，市场调节的比重已显著增加，工商企业之间的协作已日趋广泛、密切。因此，如何利用间接渠道使自己的产品广泛分销，已成为现代企业进行市场营销时所研究的重要课题之一。

间接分销渠道有助于产品广泛分销。中间商在商品流转的始点同生产者相连，在其终点与消费者相连，从而有利于调节生产与消费在品种、数量、时间与空间等方面的矛盾。既有利于满足生产厂家目标顾客的需求，也有利于生产企业产品价值的实现，更能使产品广泛分销，巩固已有的目标市场，扩大新的市场，缓解生产者人、财、物等力量的不足。中间商购走了生产者的产品并交付了款项，就使生产者提前实现了产品的价值，开始新的资金循环和生产过程。此外，中间商还承担销售过程中的仓储、运输等费用，也承担着其他方面的人力和物力，这就弥补了生产者营销中的力量不足。消费者往往是货比数家后才购买产品，而一位中间商通常经销众多厂家的同类产品，中间商对同类产品的不同介绍和宣传，对产品的销售影响甚大。此外，实力较强的中间商还能支付一定的广告宣传费用，具有一定的售后服务能力。所以，生产者若能取得与中间商的良好协作，就可以促进产品的销售，并从中间商那里及时获取市场信息。

间接分销渠道可能形成"需求滞后差"。中间商购走了产品，并不意味着产品就从中间商手中销售出去了，有可能销售受阻。对于某个生产者而言，一旦其多数中间商的销售受阻，就形成了"需求滞后差"，即需求在时间或空间上滞后于供给。但生产规模既定，人员、机器、资金等照常运转，生产难以剧减。当需求继续减少，就会导致产品的供给更加大于需求。若多数商品出现类似情况，便造成所谓的市场疲软现象。流通环节增大存储或运输中的商品损耗，如果都转嫁到价格中，就会增加消费者的负担。此外，中间商服务工作欠佳，可能导致顾客对商品的抵触情绪，甚至引起购买的转移。如果与中间商协作不好，生产企业就难以从中间商的销售中了解和掌握消费者对产品的意见、竞争者产品的情况、企业与竞争对手的优势和劣势、目标市场的变化趋势等。在当今风云变幻、信息爆炸的市场中，企业信息不灵，生产经营必然会迷失方向，也难以保持较高的营销效益。

相关链接

"四位一体"汽车专卖店——广州本田汽车的销售模式

广州本田是我国第一家引进整车销售、售后服务、零配件供应、信息反馈四位一体的世界先进销售模式的企业。所谓的"四位一体"是把整车的销售、售后服务、零配件供应、信息反馈一体化，满足市场的需求。品牌专营有利于引导顾客上门购车，促进销售，增强顾客对产品的信心,树立良好的企业形象,提高品牌的知名度,利于提高特约店的专业服务水平。

统一价格可以排除顾客在价格方面的顾虑,避免特约店与顾客在价格问题上产生过多的争执,便于将恶性的价格竞争引导向良性的服务竞争,保证特约店的稳定经营。在市场紧俏的时候,可以减轻顾客在价格上的负担,保护顾客的利益;在市场饱和的时候,可以稳定价格,保护特约店的利益,便于市场的管理。

直接销售,可以减少中间环节,避免增加不产生任何附加值的费用,让顾客得到更大的实惠。特约店代表广州本田与顾客直接接触,缩短广州本田、特约店与顾客之间的距离,可建立良好的互相信赖的关系;便于对用户的跟踪服务,使顾客的信息可以及时、准确地得到反馈;利于广州本田对特约店的管理,对市场进行良好的培育。同时增强了顾客对产品的信任度。

以售后服务为中心,以顾客为中心的"四位一体"的销售网络是一开始就进行的。通过专卖这种形式,建立全国统一的价格、服务标准、推荐方式、专营的服务及与客户的沟通,从而缩短了企业与顾客的距离。随着整个公司产量的提高,网络也需要不断完善。这不但能够增加产品的销售,而且能够在服务上及时跟踪用户,使顾客能够买得放心、用得称心。

广州本田的经销商无一不对这种体制推崇备至,他们认为之所以在营销上能够如此成功,完全得益于这种体制。有的经销商曾经专营进口轿车,当他们把汽车交到客户手中时,与客户的关系也就宣告结束,这就意味着与客户建立的价值链断裂了,这对商家来说无疑是一种损失。而广州本田要求经销商给每位客户终身的服务,这样在给予客户足够的安全感和信任感的同时,也就保障了经销商们长远的利益。目前,经销商们在售后维修的利润几乎可以负担店面的日常运营成本,那么售车的利润就是经销商的纯利了。

3) 长渠道和短渠道

分销渠道的长短一般按通过流通环节的多少来划分,具体包括以下四层。

零级渠道即由制造商直接到消费者。

一级渠道即由制造商通过零售商到消费者。

二级渠道即制造商—批发商—零售商—消费者,多见于消费品分销;或者制造商—代理商—零售商—消费者,多见于消费品分销。

三级渠道即制造商—代理商—批发商—零售商—消费者。可见,零级渠道最短,三级渠道最长。

4) 宽渠道与窄渠道

渠道宽窄取决于渠道的每个环节中使用同类型中间商数目的多少。企业使用的同类中间商多,产品在市场上的分销面广,称为宽渠道。如一般的日用消费品（毛巾、牙刷、开水瓶等）,由多家批发商经销,又转卖给更多的零售商,能大量接触消费者,大批量地销售产品。企业使用的同类中间商少,分销渠道窄,称为窄渠道,一般适用于专业性强的产品,或贵重耐用的消费品,由一家中间商统包,几家经销。窄渠道使生产企业容易控制分销,但市场分销面受到限制。

5) 单渠道和多渠道

当企业全部产品都由自己直接所设的门市部销售,或全部交给批发商经销,称为单渠道。多渠道则可能是在本地区采用直接渠道，在外地则采用间接渠道；在有些地区独家经销，在另一些地区多家分销；对消费品市场用长渠道，对生产资料市场则采用短渠道等。

3. 分销渠道的设计

1）确定渠道模式

企业分销渠道设计首先是要决定采取什么类型的分销渠道，是派推销人员上门推销或以其他方式自销，还是通过中间商分销。如果决定中间商分销，还要进一步决定选用什么类型和规模的中间商。

2）确定中间商的数目

确定中间商的数目，即决定渠道的宽度。这主要取决于产品本身的特点，根据市场容量的大小和需求面的宽窄可选择密集性分销、独家分销、选择性分销、复合式分销。

（1）密集性分销。这是指企业运用尽可能多的中间商分销，使渠道尽可能加宽。消费品中的便利品（卷烟、火柴、肥皂等）和工业用品中的标准件、通用小工具等，适于采取这种分销形式，以提供购买上的最大便利。

（2）独家分销。这是指企业在一定地区内只选定一家中间商经销或代理，实行独家经营。独家分销是最极端的形式，是最窄的分销渠道，通常只对某些技术性强的耐用消费品或名牌货适用。独家分销对生产者的好处是，有利于控制中间商，提高他们的经营水平，也有利于加强产品形象，增加利润。但这种形式有一定风险，如果这一家中间商经营不善或发生意外情况，生产者就要蒙受损失。采用独家分销形式时，通常产销双方议定，销方不得同时经营其他竞争性商品，产方也不得在同一地区另找其他中间商。这种独家经营妨碍竞争，因而在某些国家被法律所禁止。

（3）选择性分销。这是介乎上述两种形式之间的分销形式，即有条件地精选几家中间商进行经营。这种形式对所有各类产品都适用，比独家分销面宽，有利于扩大销路，开拓市场，展开竞争；比密集性分销又节省费用，较易于控制，不必分散太多的精力。有条件地选择中间商，还有助于加强彼此之间的了解和联系，使被选中的中间商愿意努力提高推销水平。因此，这种分销形式效果较好。

（4）复合式分销。生产者通过多条渠道将相同的产品销售给不同的市场和相同的市场。这种分销策略有利于调动各方面的积极性。

3）规定渠道成员彼此的权利和责任

在确定了渠道的长度和宽度之后，企业还要规定出与中间商彼此之间的权利和责任，如对不同地区、不同类型的中间商和不同的购买量给予不同的价格折扣，提供质量保证和跌价保证，以促使中间商积极进货。还要规定交货和结算条件，以及规定彼此为对方提供哪些服务，如产方提供零配件，代培技术人员，协助促销，销方提供市场信息和各种业务统计资料。在生产者同中间商签约时应包括以上内容。

> **相关链接**

经销商与销售终端的管理

渠道是企业的生命线，在企业实际运营过程中，对渠道进行管控的关键就是如何有效地控制销售渠道成本与费用，同时提高企业的销售业绩，谋求企业的长远发展。确保经销商把更多的精力投入销售，使经销商切实感到合作是有价值的。在实践中，渠道管理切忌认为在自己的商品市场销货，就可以肆无忌惮，无视经销商的合理要求，或无理干涉经销商经营的自主权。

对经销商的供货管理，保证供货及时，在此基础上帮助经销商建立并理顺销售子网，分散销售及库存压力，加快商品的流通速度。在保证供应的基础上，对经销商提供产品服务支持。妥善处理销售过程中出现的产品损坏变质、顾客投诉、顾客退货等问题，切实保障经销商的利益不受无谓的损害。加强对经销商的订货处理管理，减少因订货处理环节中出现的失误而引起发货不畅。

加强对经销商广告、促销的支持，减少商品流通阻力；提高商品的销售力，促进销售；提高资金利用率，使之成为经销商的重要利润源。加强对经销商订货的结算管理，规避结算风险，保障制造商的利益。同时避免经销商利用结算便利制造市场混乱。

其他管理工作，包括对经销商进行培训，增强经销商对公司理念、价值观的认同及对产品知识的认识。还要负责协调制造商与经销商之间、经销商与经销商之间的关系，尤其对于一些突发事件，如价格涨落、产品竞争、产品滞销及周边市场冲击或低价倾销等扰乱市场的问题，要以协作、协商的方式为主，以理服人，及时帮助经销商消除顾虑，平衡心态，引导和支持经销商向有利于产品营销的方向转变。

商家控制终端，是要让零售商认可制造商，而不是经销商。具体而言对终端控制的手段主要有以下几种操作工具。

做好零售商资料收集和管理。制作零售店网点分布图，建立零售店、主要零售店员工、竞争对手、分销商及厂家基本情况档案。这些档案资料需要经常更新，以保证基础资料的准确性和完整性。

对终端人员的控制。零售店的员工在销售中的作用是最大的。对店员的培训可以增加其对企业的认同，增加对产品的认同，有助于店员全面了解产品的性能和指标，增加销售技巧。

把促销活动落实到终端。企业要把促销活动落实到终端，甚至举行零售店店员奖励和零售店奖励方式的活动，使终端在企业促销过程中能够获益。这样才能增强企业与终端的感情，增强企业对终端的影响力。

建立稳定的零售店会员体系。有一些企业组建了零售店的会员体系，定期举行活动，增加零售店和厂家的联系。

6.1.4 促销策略

汽车促销是汽车企业营销部门通过一定的方式，将企业的产品信息及购买途径传递给目标用户，从而激发用户的购买兴趣，强化购买欲望，甚至创造需求，从而促进企业产品销售的一系列活动。促销的实质是传播与沟通信息，其目的是要促进销售、提高企业的市场占有率及增加企业的收益。促销的方式分为人员促销和非人员促销。非人员促销又包括广告、销售促进、公共关系三种具体方式，如图 6-10 所示。

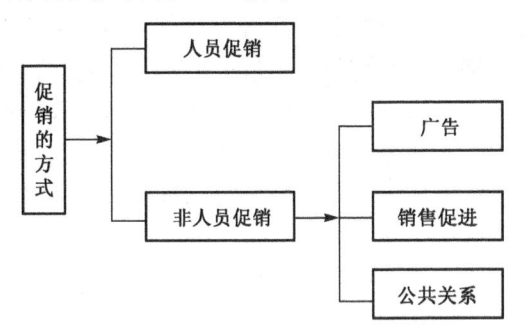

图 6-10　汽车促销的方式

促销组合策略就是把人员促销、广告、销售促进、公共关系等各种方式有目的、有计划地结合起来，并加以综合运用，以达到特定的促销目标。

相关链接

影响促销组合的因素

1. 产品类型

消费品主要依靠广告，然后是销售促进、人员推销和宣传；生产资料主要依靠人员推销，然后是销售促进、广告和宣传。

2. 产品生命周期与促销方式

产品生命周期与促销方式见表 6-3。

表 6-3　产品生命周期与促销方式

产品生命周期	促销的主要目的	促销主要方法
导入期	使消费者认识商品，使中间商愿意经营	广告介绍，对中间商用人员推销
成长期 成熟期	使消费者感兴趣，扩大市场占有率，使消费者成为"偏爱"	扩大广告宣传，搞好人员推销和广告宣传
衰退期	保持市场占有率，保持老顾客和用户推陈出新	适当的销售促进，辅之广告，减价

从表 6-3 中可以看出，在导入期和成熟期，促销活动十分重要，而在衰退期则可降低促销费用支出，缩小促销规模，以保证足够的利润收入。

3. 市场状况

市场范围小，潜在顾客较少及产品专用程度较高的市场，应以人员推销为主；无差异市场，因其用户分散，范围广，则应以广告宣传为主。

1. 汽车人员促销

人员促售是销售人员通过与顾客或潜在顾客的人际接触来帮助和说服他们购买汽车产品

的过程。销售人员要积极寻找和发现更多的潜在顾客，把关于企业产品和服务方面的信息传递给顾客，并实施推销技巧，引起消费者的注意和兴趣，激发消费者的需求，促使其产生购买欲望和购买行为；销售人员要与消费者进行售前沟通，向消费者介绍汽车产品，提供汽车报价，回答消费者的疑问并努力达成交易；销售人员要提供售前、售中、售后服务，如产品咨询、技术服务、销售服务、安排融资、催促交货及售后服务等，满足消费者在不同购买阶段上形成的多样需求。销售人员要进行市场调查和调研工作，通过与顾客交流，了解消费者的需求变化、竞争者的动向、市场趋势，建立顾客信息档案，整理反馈意见；销售人员要对产品或服务进行协调平衡，调剂余缺；促销人员要密切配合内部管理的协调工作，使产品和服务平衡有序，避免资源浪费，以适应市场的变化。

1）人员促销的基本形式

（1）上门促销，是指由汽车促销人员携带汽车产品的说明书、广告宣传单和订单，甚至带车走访顾客，促销产品。这种形式是一种积极主动的促销方式。

（2）展厅促销，又称门市促销，是指汽车企业在适当的地点设置固定的门市、专卖店等，由营业员接待进入门市的顾客，推销产品，门市的营业员是广义的促销员。展厅促销与上门促销正好相反，是等客上门式的促销方式。因为汽车商品是贵重、大件商品，这种方式是汽车促销中的必备的方式，汽车销售企业无一例外都在选用。

（3）会议促销，是指销售人员利用各种会议向与会人员宣传和介绍产品，开展促销活动。比如，在订货会、交易会、展览会上促销产品。这种促销形式接触面广，促销集中，可以同时向多个促销对象促销产品，成交额较大，促销效果较好。近年来国内各大城市竞相推出的汽车博览会就属这种促销方式。汽车博览会现在已不仅是促销汽车的极好形式，而且已成为各大城市提高城市知名度，带动消费和吸引商机的极好形式。

2）汽车促销人员的管理

促销人员的管理主要包括促销人员的招聘和挑选、培训、酬劳、激励、监督、评价和控制等众多环节。

（1）招聘和挑选。人员促销的成功与否很大程度上取决于促销人员的素质，因此挑选促销人员至关重要。对汽车经销企业来说，促销人员应该是能承受风险，认真对待每位消费者和每次访问，具备市场营销学、行为心理学、口才表达等综合知识与能力的人。

（2）培训。无论对刚进入促销队伍的新人，还是有多年工作经验的老促销员，都需要定期培训，使其不断接受新知识与技能，了解新市场状况，增强责任感，提高业务水平。培训促销人员的方法主要有讲授、讨论、示范、学习，以及以老带新等。

培训的内容是由对促销人员的要求决定的，培训包括：本企业的具体情况，包括企业的历史、战略目标、职能机构、财务状况和主要产品的销售地区；汽车产品的情况，主要包括工艺过程、生产情况、技术指标、产品质量、性能、产品型号；目标顾客的知识，了解不同类型顾客的需求特点、购买动机、购买习惯；有关竞争者的综合情况和产品的市场地位、特色、营销措施等；促销要点、促销说明、促销技术的基本原理；促销的工作程序和岗位职责；促销人员的气质、礼仪、社交能力等综合素质。

（3）酬劳。由于人员促销的特殊工作性质，对促销人员的报酬具有较大的灵活性。建立合理的报酬制度,对调动促销人员的积极性、主动性,提高工作效率和扩大市场占有率有重要作用。一般常用的报酬管理方法有:薪金制、佣金制、薪金加奖金制。

(4)激励。对促销人员的激励管理,是要通过建立激励制度,采用各种激励方法来鼓舞士气,是起加强、激发、推动作用的一种管理手段。激励机制既要重视物质激励又要重视精神激励。

(5)监督。对促销人员激励的同时,也要进行有效的监督,保证人员促销的有效性。监督的主要内容包括促销方向、促销内容及促销纪律。

(6)评价和控制。为了对人员推销进行有效管理,企业应对销售人员进行科学合理的评估与考核,以达到控制人员销售实施过程的目的。

2. 广告

广告是通过报纸、杂志、广播、电视、广告牌等广告传播媒体形式向目标顾客传递信息。汽车广告是汽车企业用以对目标消费者和公众进行说服性传播的工具之一。汽车广告要体现汽车企业和汽车产品的形象,从而吸引、刺激、诱导消费者购买该品牌汽车。汽车广告促销方案的制订一般包括5个主要步骤,即确定广告目标、制定广告预算、设计广告内容、选择广告媒体、评价广告效果。

1)确定广告目标

汽车广告目标是指在一个特定时期内,对某个特定的公众所要完成的特定的传播任务。这些目标必须服从先前制定的有关汽车目标市场、汽车市场定位和汽车营销组合等决策。汽车广告的目标可分为告知性、说服性和提示性广告三种。

告知性广告主要用于汽车新产品上市的开拓阶段,旨在为汽车产品建立市场需求;说服性广告主要用于竞争阶段,目的在于建立对某特定汽车品牌的选择性需求。在使用这类广告时应确信能证明自己处于宣传的优势,并且不会遭到更强大的其他汽车品牌产品的反击;提示性广告用于汽车产品的成熟期,目的是保持消费者对该汽车产品的记忆。

2)制定广告预算

汽车广告有维持一段时期的延期效应,虽然汽车广告被当作当期开支来处理,但其中一部分实际上是可以用来逐渐建立汽车品牌与产品商誉这类无形价值的投资。因此,制定汽车广告预算时要根据汽车企业的实际需要和实际财务状况。此外,还要考虑五个因素。

(1)产品生命周期阶段,在推出新车型时,一般需要花费大量广告预算,才能建立其市场知名度。

(2)产品市场占有率,想增加市场销售或从竞争者手中夺取市场份额,则需要大量的广告费用。

(3)竞争程度,在竞争者众多和广告开支很大的汽车市场上一种汽车品牌必须加大宣传才能引起目标消费者的注意。

(4)广告频率,把汽车产品传达到消费者的重复次数,即广告频率,也会决定广告预算的大小。

(5)产品替代性,当一家整车厂打算在汽车市场众多品牌中树立自己与众不同的形象,宣传自己可以提供独特的物质利益和特色服务时,广告预算也要相应增加。

3）设计广告内容

广告的内容十分重要，在一定的条件下，广告活动的成功取决于广告是否有创造性，广告信息的主题应当是显示所促销的品牌产品的主要优点和用途。好的广告总是集中于一个中心主题，而不必给出过多的产品信息，防止淹没、冲淡主题。几则成功广告文案主题见表6-4。

表6-4 几则成功广告文案主题

车型	主题
别克	心静，思远，志在千里；有空间，就有可能
君威	于动静中见智慧，于无声处现君威
EXCELLE 凯越	全情全力，志在进取
赛欧 SAIL	创造生活乐趣，自立新生活，优质新生活，立即享受优质新生活
东南菱帅	人性化科技，源于人性的科技感动
帕萨特	成就明天
一汽大众	汽车价值的典范
奥迪	突破科技，启迪未来；引领时代；科技与成功互辉映
新甲壳虫	过目难忘
保时捷卡曼	人不可貌相，车却可以
路虎发现3	心无界，心无疆

4）选择广告媒体

广告制作对于产品的作用十分重要，汽车广告是一种传播信息的活动，只有选择好适当的汽车广告媒体，才能使汽车企业以最低的成本达到最佳的宣传效果。传统广告媒体有平面媒体和电波媒体两种。每一种媒体都有其优点和局限性，在确定广告媒体及媒体组合时，必须考虑下面几点因素。

（1）目标消费者的媒体习惯。不同的人群具有不同的媒体习惯，每一种媒体都有其特定的目标消费者。如购买跑车的大多数消费者是中青年的成功人士，则广播和电视就是宣传跑车的最有效的广告媒体。

（2）汽车产品的品质与特征。对汽车来说，电视和印刷精美的杂志由于在示范表演、形象化和色彩方面十分有效，因而是最有效的媒体。有的汽车的杂志广告主要选用了能充分体现汽车外观美的设计，利用杂志印刷精美的特点，给受众以视觉上的冲击。

（3）信息的性质。信息量及信息的复杂程度等因素决定着媒体的选择。

例如，包含大量技术资料的汽车广告信息一般要求专业性杂志做媒介，一条宣布明天有重要车型出售的信息一般用广播或报纸做媒介。

（4）媒体成本。这是选择媒体时优先考虑的因素，广告投放在不同的媒体，其价格是不同的。电视广告费用非常昂贵，以播出时间长短和播放时段来计费，而报纸广告相比而言则稍便宜。

5）评价广告效果

评价广告效果的目的是要了解消费者对广告的接受和理解程度及对推销商品所起的作用。

> **相关链接**

别克汽车——运用各种传播元素进行全方位传播

上海通用在国内轿车市场的推广上不仅保持了一种高水准的品牌传播技巧，还不断推出花样翻新的活动，每个营销活动的推出都在市场上产生巨大的反响。

通用刚进入中国市场时提出的品牌传播主题是"当代精神，当代车"，用鲜明的广告语将最新的别克车型和当代精神捆绑在一起，朗朗上口，又颇具时代感，针对每款新车推出的 TVC 都是轿车广告中的精品，从没有水分的"水滴"篇洋溢出的高贵、典雅的别克新世纪到"动于外而静于内"的"蜂鸟"篇所展现的别克 CS 的驾驶操控性，从"有空间就有可能"的"小鹿"篇传达出别克 GL8 所具有的浪漫主义情怀到赛欧轿车所倡导的"自立新生活"的品牌主张，上海通用高品质的电视广告将轿车的视觉艺术与品牌品质紧紧地联系在一起，很好地树立起别克轿车的品牌形象和品牌内涵。

2001 年以来，别克品牌逐渐开始本土化的品牌传播策略，上海通用逐渐放弃侧重于表面传播力的口号"当代精神，当代车"，而是为品牌注入更为内敛的品牌内涵，随着"心静、思远，志在千里"的新传播语的使用，别克品牌传达出来的那种和谐、宁静、大气、富有哲理和理性思维开始感染人们。

报纸广告也是通用重要的品牌塑造和传播的载体。除了常规的信息传达外，别克的报纸广告总是能够制造出不同的卖点，或是不断地制造出吸引人的话题和主题，让人们对别克轿车保持一种新鲜的感受。别克早期上市的系列平面广告都是平面广告中的精品，将文字艺术和产品的特点精彩融合为一体，同时也让平面广告增加了更多的看点。而 2002 年别克的平面广告则更具品牌个性，具有了更多的人性化的倾向，而人性化的表现同样与产品的卖点结合得天衣无缝，这就是别克广告的魅力所在。

3. 公共关系

公共关系是指企业为了使社会公众对本企业或其产品建立好感、树立企业形象、品牌形象，利用各种传播手段，向公众展开的一系列有计划、有组织、有目的的活动。

1）公共关系的作用

利用公共关系提高知晓度。利用媒体来讲述一些情节，吸引公众对汽车产品的兴趣。如广州丰田凯美瑞在诞生之初，便频繁举行大规模新闻发布仪式、八大连版的广告投放、波音 777 飞机的机身广告等一系列的媒体宣传和各种公关活动，使广州丰田凯美瑞始终成为媒体和公众关注的焦点，从而创造了未上市便热炒，正式上市后仅 6 个月时间，便取得销量突破 6 万辆的好成绩。

公共关系可通过社论性的报道来传播信息以增加可信性。上海通用成立以来，几乎很少看到有关产品、质量、服务等方面的负面报道，就反映了它与媒体的良好沟通和事先控制力。上海通用借助新闻和公关的力量把赛欧"10 万元家庭轿车"的概念炒作得深入人心，巧妙地借助媒体的力量和自身的品牌力量将这款经济型轿车提前推向市场。上海通用汽车队全运会、博鳌经济论坛提供了实物赞助，免费提供 400 辆别克轿车、100 辆别克旅行车及 100 辆大巴士。别克汽车不但是中国奥委会指定用车，并且用于国际奥委会评估团在京考察用车。

公共关系有助于提高促销人员和经销商的积极性，新车投放市场之前先以公共宣传的方式披露，便于经销商将新车推荐给目标消费者。

公共关系的成本比广告费用要低很多，企业适宜地运用公共关系，可以以少的投入获得更好的宣传效果。据不完全统计，上海通用汽车自成立以来，已先后出资捐助了中国西部地区12个希望小学，赞助中国奥委会，总资金超过1200万元人民币。

2) 公共关系的方式

在汽车企业市场营销活动中，公共关系的方式有很多，其宗旨在于协调企业与公众的关系，提高企业或品牌的知名度、美誉度，树立和维护企业良好的形象，为产品的销售创造和谐的舆论环境。

（1）公开出版物，就是企业大量依靠各种沟通材料去接近和影响目标市场。这些沟通材料包括年度报告、小册子、文章、视听材料及公司的商业信件和杂志。小册子的重要作用在于向目标市场介绍商品的性能和功效；企业在公共传媒发表的文章可以引起公众对企业及其产品的注意；企业的商业信件和杂志可以树立自己的形象，并向目标市场传递重要的信息；视听材料则可以更加生动地介绍商品和企业，其效果比一般的广告好得多。

（2）事件，企业的营销公关人员可以安排一些特殊的事件，如记者招待会、讨论会、郊游、展览会、竞赛和周年庆祝活动等，一方面吸引社会注意力，另一方面还借此联络包括供货商、经销商、政府部门等更加广泛的社会关系。

（3）新闻宣传，这是公共关系的一个重要环节，是由企业的公关人员对企业具有新闻价值的政策、背景、活动、事件等撰写新闻稿件，散发给有关的新闻传媒，争取发表。这种由第三者发布的报道文章，可信度高，有利于提高企业的形象，而且一般不用支付费用。企业内部的趣闻、历史，只要故事性和趣味性强，也是报纸生活版、消闲杂志、有关的电视和电台节目乐于采用的。这种轻松有趣的公关报道，最能唤起人们的认知。

（4）演讲，是指企业的各级领导人或新闻发言人，在企业外部或内部的会议上作的富有魅力的谈话、演说，通过这种演说圆满地解决公众关心的各种问题。

（5）公益服务活动，就是企业通过某些公益事业向社会组织或个人捐赠一定的金钱和产品，提供一定的服务，以提高企业的公众信誉，树立良好的企业形象。消费者对于企业除了在经济方面的评价外，还往往进行社会和道德评价，参与公益事业往往能提高公众对企业这方面的评价。

相关链接

一汽马自达：《杜拉拉升职记》植入营销

2010年4月8日，由一汽马自达赞助的中国首部职场题材时尚大片《杜拉拉升职记》举行首映礼，该电影中男女主角的座驾为马自达睿翼和MX-5跑车，恰到好处的电影植入营销为睿翼轿跑的上市带来契机；无论是电影故事还是观影者都以办公室白领为主，与睿翼轿跑目标消费群体高度重合。电影《杜拉拉升职记》虽然预计票房过亿，但是其能影响的进电影院观影的人群毕竟有限，跟全中国8 000万白领比起来就微不足道了。如何借助《杜拉拉升职记》的眼球效应来提升睿翼轿跑上市期间消费者和网民对其关注度，将电影的影响力从电影院扩大到办公室成为代理公司最紧要的任务。

影响 8 000 万办公室白领最有效的媒介就是网络，于是策划了从"睿翼轿跑十大职场语录"征集为主题的网络活动。"十大睿翼轿跑职场语录"征集是与所有职场白领们找到沟通的语言，十大职场语录的胜出者奖励 10 部 iPhone 手机也为活动起到了推波助澜的作用，从而达到了电影内和电影外的双重影响，强化了睿翼轿跑的品牌形象。

整体活动分为两个主要组成部分，即"十大职场语录征集"与"秒杀《杜拉拉升职记》电影票"。

睿翼轿跑十大职场语录征集活动，时间为 4 月 1 日至 30 日，全国网友注册参与语录发布与投票，经过两轮评选，选出"睿翼轿跑十大职场语录"10 名，奖励每人 1 台 iPhone 手机，入围奖 40 名，奖励每人 1 个睿翼车模。

秒杀《杜拉拉升职记》电影票活动，自 4 月 8 日启动至 4 月 15 日，每日分为 5 个时段进行《杜拉拉升职记》电影票的"秒杀"，全国 11 个城市网友参与极限秒杀的挑战，共计发送电影票 11 000 张。网友每成功秒杀 1 次就获得 2 张电影票的规则彰显一汽马自达人性化活动的温暖一面。

本次活动成功地融合了娱乐、时尚、职场等几方优质资源的共同点，并通过多种方式整合和展现，将电影表述的白领职场奋斗激情及时尚生活方式与马自达的核心品牌理念及价值有机结合在一起。可以说，这种新颖的营销推广模式，不仅开创出互联网界全新的"娱乐互动"整合营销模式，也由此将睿翼轿跑"跑车风范、锋芒毕露"的产品特性传达给亿万职场白领，成为一汽马自达娱乐营销中又一张新的王牌。

本次活动自 2010 年 4 月 1 日启动以来，得到了各行业职场精英、网友们的积极关注和热情参与。从 4 月 1 日至 4 月 25 日短短不到一个月的征集期限内共计吸引 362 万网友注册参与，其中累计发布职场语录 28 万条，网友在线投票 4 414 万张，1 万多张电影票"秒杀"而空。

此次活动除了以丰富的线上专题活动吸引百万网友热情参与，也巧妙利用了微博、博客进行辅助性传播，借助娱乐营销助阵一汽马自达年度重推车型"睿翼轿跑"上市热潮的同时，聚集一汽马自达官方微博的人气。

4．销售促进

汽车销售促进主要是指能够刺激消费者的强烈反应,促进短期购买行为的各种促销措施。汽车销售促进在汽车业中广泛使用，是刺激销售增长，尤其是销售短期增长的有效工具。根据汽车产品的特点，销售促进一般按以下步骤进行。

1）确定销售促进的目标

汽车销售促进的具体目标要根据汽车目标市场的类型变化而变化。汽车销售促进的目标包括：鼓励消费者购买汽车和促使其重复购买，争取未使用者购买，吸引竞争者品牌的使用者购买，打击排挤竞争对手，增强其他促销方式的效力等。

对经销商来说，汽车销售促进的目标包括：吸引经销商经营新的汽车品牌；鼓励他们购买非流行的汽车产品；抵消竞争性的促销影响，建立经销商的品牌忠诚度和获得进入新的经销网点的机会，促使经销商参与制造商的促销活动。

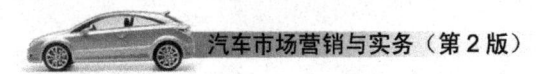

对促销人员来说，汽车销售促进的目标包括：鼓励他们支持一种新的汽车产品，激励他们寻找更多的潜在消费者。

2）选择销售促进的工具

（1）赠品。免费向顾客或潜在顾客派送物品或服务，以刺激顾客购买特定产品。一是随货赠送，即购买某汽车产品则可免费得到相应的赠品，如汽车真皮座套、贴膜、CD等；二是派送印有本企业名称、形象、地址、电话等的台历、打火机或小礼品等来介绍产品性能、特点、功效，并使顾客得到实惠，从而激发顾客的购买欲望。

（2）价格折扣。可以在商品标价不变的情况下，实际收款时按一定打折比例少收一部分价款，价格折扣的优点是可以吸引新顾客、扩大销售量。

（3）优惠券。企业事先通过多种方式派送优惠券，持有者在购买某款特定车型时可凭此少付一部分价款。赠送优惠券可以引起顾客的兴趣，刺激潜在消费者。

（4）分期付款。由于汽车价格一般比较高，普通消费用户一次性付款较难受，因此世界各汽车公司都有分期付款业务。分期付款通过"首期付款"的方式，把价格"降"下来，实现了较低消费层次的现实购买力，并以余款延期交纳的方式，解决了购销双方资金和资源的双重闲置。

（5）汽车置换。汽车置换业务包括汽车以旧换新、二手汽车更新跟踪服务、二手汽车再销售等项目的一系列业务组合。

（6）汽车租赁销售。这是指承租方向出租方定期交纳一定的租金，以获得汽车使用权的一种消费方式。租赁销售是刺激潜在需求向现实需求转化的有效手段。

（7）免费试车。邀请潜在消费者免费试开汽车，激发其购买兴趣。免费试车为消费者提供亲身体验，有利于进一步加强消费者的购买欲望，促其达成交易。

（8）汽车展示会。在潜在顾客集中的地区进行车型展示，集中同类或同一品牌的各种车型，传播汽车企业文化和产品与服务信息，增加销售机会。展销形式多种多样，有季节性展销、新产品展销等。

3）制定销售促进的方案

一个完整的销售促进方案应包括以下内容。

（1）确定优惠额度。要使促销活动达到最佳的效果，优惠额度的确定很关键。优惠额度太小，不足以刺激顾客购买；优惠额度太大，企业难以承受。

（2）确定促销对象。即明确促销活动针对的对象。汽车企业只向符合条件的顾客提供优惠，如购买汽车赠导航仪的条件就必须是购买汽车的消费者。

（3）确定促销时间。太短的促销时间可能会使许多顾客来不及参加。太长的促销时间，一方面使促销手段失去魅力，另一方面可能会影响企业利润，甚至使产品质量受到怀疑，反而影响品牌忠诚度。

（4）确定促销时机。促销时机选择的恰当与否直接影响促销活动的开展效果。选择促销时机可以利用季节性、产品导入期、成熟期的转折点及品牌成熟度来决定。销售部门要根据对整个市场的考察分析和与总体营销战略的配合来确定适宜的促销时机。

（5）制定经费预算。安排预算一定要比较成本与效益，不能简单地主观判断，而且促销活动经费要与广告支出分开预算。促销预算一般包括促销活动的管理成本（包括人员经费、宣传材料费等）和促销优惠成本（如赠奖、折扣等）。

6.2 4P策略的新发展

在整个20世纪80年代与90年代，企业的营销更多地运用4P策略，后来在4P营销观的基础上，加上了"权力（Power）与关系（Publicrelation）"形成6P营销策略组合。近年来，营销学者从顾客的角度又提出了新的营销观念与理论，即4C组合理论，包括Customer（顾客的需求和期望）、Cost（顾客的费用）、Convenience（顾客购买的方便性）及Communication（顾客与企业的沟通）。最近随着高科技产业的迅速崛起，高科技企业、高技术产品与服务不断涌现，营销新组合出现，即4V营销组合。所谓4V是指差异化（Variation）、功能化（Versatility）、附加价值（Value）、共鸣（Vibration）的营销组合理论，强调的是顾客需求的差异化和企业提供商品的功能的多样化，以使顾客和企业达到共鸣。如今美国营销学教授舒尔茨提出了4R营销组合，即与顾客建立关联、提高市场反应速度、运用关系营销、回报是营销的源泉。4R营销组合的最大特点是以竞争为导向，在新的层次上概括了营销的新框架。它根据市场不断成熟和竞争日趋激烈的态势，着眼于企业与客户的互动与双赢。

6.2.1 4C营销组合

4C营销组合策略1990年由美国营销专家劳特朋教授提出，它以消费者需求为导向，重新设定了市场营销组合的四个基本要素：即消费者（Consumer）、成本（Cost）、便利（Convenience）和沟通（Communication）。它强调企业首先应该把追求顾客满意放在第一位，其次是努力降低顾客的购买成本，然后要充分注意到顾客购买过程中的便利性，而不是从企业的角度来决定销售渠道策略，最后还应以消费者为中心实施有效的营销沟通。与产品导向的4P理论相比，4C理论有了很大的进步和发展，它重视顾客导向，以追求顾客满意为目标，这实际上是当今消费者在营销中越来越居主动地位的市场对企业的必然要求。

1. Customer（消费者）

Customer主要指顾客的需求。企业必须首先了解和研究顾客，根据顾客的需求来提供产品。同时，企业提供的不仅仅是产品和服务，更重要的是由此产生的客户价值（CustomerValue）。

2. Cost（成本）

Cost不单是企业的生产成本，或者说4P中的Price（价格），它还包括顾客的购买成本，同时也意味着产品定价的理想情况，应该是既低于顾客的心理价格，亦能够让企业有所盈利。此外，这中间的顾客购买成本不仅包括其货币支出，还包括其为此耗费的时间，体力和精力消耗，以及购买风险。

3. Convenience（便利）

Convenience，即所谓为顾客提供最大的购物和使用便利。4C营销理论强调企业在制订分销策略时,要更多地考虑顾客的方便,而不是企业自己方便。要通过好的售前、售中和售后服务来让顾客在购物的同时,也享受到了便利。便利是客户价值不可或缺的一部分。

4. Communication（沟通）

Communication 则被用以取代 4P 中对应的 Promotion（促销）。4C 营销理论认为,企业应通过同顾客进行积极有效的双向沟通,建立基于共同利益的新型企业/顾客关系。这不再是企业单向的促销和劝导顾客,而是在双方的沟通中找到能同时实现各自目标的通途。

在 4C 理念的指导下,越来越多的企业更加关注市场和消费者,与顾客建立一种更为密切的和动态的关系。现在消费者考虑价格的前提就是自己的"花多少钱买这个产品才值"。于是作为销售终端的苏宁电器专门有人研究消费者的购物"成本",以此来要求厂家"定价",这种按照消费者的"成本观"来对厂商制定价格要求的做法就是对追求顾客满意的 4C 理论的实践。

4C 营销理论注重以消费者需求为导向,与市场导向的 4P 相比,4C 营销理论有了很大的进步和发展。但从企业的营销实践和市场发展的趋势看,4C 营销理论依然存在不足：4C 营销理论以顾客需求为导向,但顾客需求有个合理性问题。顾客总是希望质量好,价格低,特别是在价格上要求是无界限的。只看到满足顾客需求的一面,企业必然付出更大的成本,久而久之,会影响企业的发展。所以从长远看,企业经营要遵循双赢的原则,这是 4C 需要进一步解决的问题。

此外,4C 营销理论仍然没有体现既赢得客户,又长期地拥有客户的关系营销思想。没有解决满足顾客需求的操作性问题,如提供集成解决方案、快速反应等。

4C 营销理论总体上虽是 4P 的转化和发展,但被动适应顾客需求的色彩较浓。根据市场的发展,需要从更高层次以更有效的方式在企业与顾客之间建立起有别于传统的新型的主动性关系,如互动关系、双赢关系、关联关系等。

6.2.2 4R 营销组合

4R 理论以关系营销为核心,重在建立顾客忠诚。它阐述了四个全新的营销组合要素：即关联（Relativity）、反应（Reaction）、关系（Relation）和回报（Retribution）。4R 理论强调企业与顾客在市场变化的动态中应建立长久互动的关系,以防止顾客流失,赢得长期而稳定的市场;其次,面对迅速变化的顾客需求,企业应学会倾听顾客的意见,及时寻找、发现和挖掘顾客的渴望与不满及其可能发生的演变,同时建立快速反应机制以对市场变化快速做出反应;企业与顾客之间应建立长期而稳定的朋友关系,从实现销售转变为实现对顾客的责任与承诺,以维持顾客再次购买和顾客忠诚;企业应追求市场回报,并将市场回报当作企业进一步发展和保持与市场建立关系的动力与源泉。

1. 4R 营销的操作要点

1）紧密联系顾客

企业必须通过某些有效的方式在业务、需求等方面与顾客建立关联,形成一种互助、互求、互需的关系,把顾客与企业联系在一起,减少顾客的流失,以此来提高顾客的忠诚度,赢得长期而稳定的市场。

2）提高对市场的反应速度

多数公司倾向于说给顾客听，却往往忽略了倾听的重要性。在相互渗透、相互影响的市场中，对企业来说最现实的问题不在于如何制订、实施计划和控制，而在于如何及时地倾听顾客的希望、渴望和需求，并及时做出反应来满足顾客的需求。这样才利于市场的发展。

3）重视与顾客的互动关系

4R营销理论认为，如今抢占市场的关键已转变为与顾客建立长期而稳固的关系，把交易转变成一种责任，建立起和顾客的互动关系。而沟通是建立这种互动关系的重要手段。

4）回报是营销的源泉

由于营销目标必须注重产出，注重企业在营销活动中的回报，所以企业要满足客户需求，为客户提供价值，不能做无用的事情。一方面，回报是维持市场关系的必要条件；另一方面，追求回报是营销发展的动力，营销的最终价值在于其是否给企业带来短期或长期的收入能力。

2. 4R营销的特点

1）4R营销以竞争为导向，在新的层次上提出了营销新思路

根据市场日趋激烈的竞争形势，4R营销着眼于企业与顾客建立互动与双赢的关系，不仅积极地满足顾客的需求，而且主动地创造需求，通过关联、关系、反应等形式建立与它独特的关系，把企业与顾客联系在一起，形成了独特竞争优势。

2）4R营销真正体现并落实了关系营销的思想

4R营销提出了如何建立关系、长期拥有客户、保证长期利益的具体操作方式，这是关系营销史上的一个很大的进步。

3）4R营销是实现互动与双赢的保证

4R营销的反应机制为建立企业与顾客关联、互动与双赢的关系提供了基础和保证，同时也延伸和升华了营销便利性。

4）4R营销的回报使企业兼顾到成本和双赢两方面的内容

为了追求利润，企业必然实施低成本战略，充分考虑顾客愿意支付的成本，实现成本的最小化，并在此基础上获得更多的顾客份额，形成规模效益。这样一来，企业为顾客提供的产品和追求回报就会最终融合，相互促进，从而达到双赢的目的。

4R营销理论的最大特点是以竞争为导向，在新的层次上概括了营销的新框架。该理论根据市场不断成熟和竞争日趋激烈的形势，着眼于企业与顾客互动与双赢，不仅积极地适应顾客的需求，而且主动地创造需求，通过关联、关系、反应等形式与客户形成独特的关系，把企业与客户联系在一起，形成竞争优势。当然，4R营销同任何理论一样，也有其不足和缺陷。

如与顾客建立关联、关系，需要实力基础或某些特殊条件，并不是任何企业可以轻易做到的。但不管怎样，4R营销提供了很好的思路，是经营者和营销人员应该了解和掌握的。

6.2.3 4V营销组合

4V营销理论首先强调企业要实施差异化营销，一方面使自己与竞争对手区别开采，树立自己独特形象；另一方面也使消费者相互区别，满足消费者个性化的需求。其次，4V理论要求产品或服务有更大的柔性，能够针对消费者具体需求进行组合。最后，4V理论更加重视产品或服务中无形要素，通过品牌、文化等以满足消费者的情感需求。在这种背景下，4V营销理论应运而生。4V是指差异化（Variation）、功能化（Versatility）、附加价值（Value）、共鸣（Vibration）的营销理论。4V营销理论首先强调企业要实施差异化营销，一方面使自己与竞争对手区别开来，树立自己独特形象；另一方面也使消费者相互区别，满足消费者个性化的需求。其次，4V营销理论要求产品或服务有更大的柔性，能够针对消费者具体需求进行组合。最后，4V营销理论更加重视产品或服务中无形要素，通过品牌、文化等以满足消费者的情感需求。

1. 顾客是千差万别的，在个性化时代，这种差异更加显著

管理大师彼得·德鲁克在描述企业的定义时曾这样说，企业的宗旨只有一个定义，这就是创造顾客。从表面看，企业向不同的顾客提供的是同一种商品，但实际上，顾客所买的可能是根本不同的东西。同样是买汽车，有的购买的是纯粹的交通工具，有的则更附加了地位、声望这些车外之物；同样是买服装，中老年人注重更多的是冬暖夏凉这些功能，而年轻人则可能把款式和是否流行作为首选内容。顾客对商品看法的差异决定了他是否作为最终消费者。而从生产者来讲，产品是否为顾客所欢迎，最主要的是能否把自己的产品与竞争对手区别开来，让消费者一见钟情。所以，从某种意义上说，创造顾客就是创造差异。有差异才能有市场，才能在强手如林的同行业竞争中立于不败之地。差异化营销正是迎合了这种需要。所谓差异化营销就是企业凭借自身的技术优势和管理优势，生产出性能上、质量上优于市场上现有水平的产品，或是在销售方面，通过有特色的宣传活动、灵活的推销手段、周到的售后服务，在消费者心目中树立起不同一般的良好形象。

对于一般商品来说，差异总是存在的，只是大小强弱不同而已。而差异化营销所追求的"差异"是产品的"不完全替代性"，即在产品功能、质量、服务、营销等方面，本企业为顾客所提供的是部分对手不可替代的。为了形成"鹤立鸡群"，差异化营销一般分为产品差异化、市场差异化和形象差异化三个方面。①产品差异化是指某一企业生产的产品，在质量、性能上明显优于同类产品的生产厂家，从而形成独自的市场。以冰箱企业为例，海尔集团满足我国居民住房紧张的需要，推出小巧玲珑的小王子冰箱；美菱集团满足一些顾客讲究食品卫生要求，生产出美菱保鲜冰箱；而新飞则以省电节能作为自己为顾客提供服务的第一任务，从而吸引了不同的顾客群。②形象差异化指企业实施品牌战略和CI战略而产生的差异。企业通过强烈的品牌意识、成功的CI战略，借助于媒体的宣传，使企业在消费者心目中树立起良好的形象，从而对该企业的产品发生偏好名市场差异化是指由产品的销售条件、销售环境等具体的市场操作因素而生成的差异。大体包括销售价格差异、分销渠道差异和售后服务差异。

2. 功能弹性化

一个企业的产品在顾客中的定位有三个层次：一是核心功能，它是产品之所以存在的理由，主要由产品的基本功能构成。如手表是用来计时的，手机是用来移动通话的。二是延伸功能，即功能向纵深方向发展，如手机的储存功能、与计算机连通上网功能、移动股市行情反映功能，甚至于启动家庭智能电器等功能。它由"单功能—多功能—全功能"的方向向前发展。三是附加功能，如美学功能等。总之，产品的功能越多其所对应的价格也越高（根据功价比原理），反之亦反。

功能弹性化是指根据消费者消费要求的不同，提供不同功能的系列化产品供给，增加一些功能就变成豪华奢侈品（或高档品），减掉一些功能就变成中、低档消费品。消费者根据自己的习惯与承受能力选择其具有相应功能的产品。20世纪八九十年代，日本许多企业盲目追求多功能或全功能，造成的功能虚靡使功能缺乏弹性，而导致营销失败就是典型。

3. 附加价值化

从当代企业产品的价值构成来分析，其价值包括基本价值与附加价值两个组成部分，前者是由生产和销售某产品所付出物化劳动和活劳动的消耗所决定，即产品价值构成中的"C+V+m"。后者则由技术附加、营销或服务附加和企业文化与品牌附加三部分所构成。从当代发展趋势来分析，围绕产品物耗和社会必要劳动时间的活劳动消耗在价值构成中的比重将逐步下降；而高技术附加价值、品牌（含"名品""名人""名企"）或企业文化附加价值与营销附加价值在价值构成中的比重却显著而且将进一步上升。目前，在世界顶尖企业之间的产品竞争已不仅仅局限于核心产品与形式产品，竞争优势已明显地保持在产品的第三个层次——附加产品，即更强调产品的高附加价值。因而，当代营销新理念的重心在"附加价值化"。为此应从三个角度入手：①提高技术创新在产品中的附加价值，把高技术含量充分体现在"价值提供"上，从技术创新走向价值创新。②提高创新营销与服务在产品中的附加价值。高附加值产品源于服务创新与营销新理念。许多企业已清楚地认识到，开启市场成功之门的关键就在于顾客满意，而针对于顾客满意的"价值提供"则更强调服务创新。服务创新能力不但是衡量企业能否实现消费者"价值最大化"的重要标志，而且也是衡量企业自身能否实现"利润最大化"的"预警器"。③提高企业文化或品牌在产品中的附加价值。在21世纪，消费者表面上看仍是购买企业产品的使用价值，实质上是购买企业的价值；表面上看是消费企业所提供的产品，实质上是消费企业的文化。因此才有了"海尔产品的价格不是产品价值，而是企业价值以及由此导致的不轻易降价"一说，也因此才出现同样是杂交稻种，袁隆平的杂交稻种即使价值高些，人们也乐意购买的"名人"与"名品"效应。

4. 共鸣

共鸣是企业持续占领市场并保持竞争力的价值创新给消费者或顾客所带来的"价值最大化"，以及由此所带来的企业的"利润极大化"，强调的是将企业的创新能力与消费者所珍视的价值联系起来，通过为消费者提供价值创新使其获得最大程度的满足。消费者是追求"效用最大化"者，"效用最大化"要求企业必须从价值层次的角度为顾客提供具有最大价值创新的产品和服务，使其能够更多地体验到产品和服务的实际价值效用。这里所强调的价值效用，实质上就是消费者追求"德求满足"的一种期望价值和满意程度，是企业对消费者基于价值层面上的一种"价值提供"，这种"价值提供"构成了价值创新的核心内容。因此，只有实现企业经营活动中各个构成要素的价值创新，才能最终实现消费者的"效用价值最大化"，而当消费者能稳定地得到这种"价值最大化"的满足之后，将不可避免地成为该企业的终身顾客，从而使企业与消费者之间产生了共鸣。

纵观国际市场竞争，在现代产品价格构成中，由"价值提供"所构成的价格越来越占有相当大的比重，而"价值提供"从更深层次上提高了企业的竞争能力。价值创新的着眼点就是将企业的经营理念直接定位于消费者的"价值最大化"，通过强调"尊重顾客"和建立"顾客导向"，为目标市场上的消费者提供高附加值的产品和效用组合，以此实现向顾客让渡价值。顾客让渡价值是指顾客整体价值与顾客整体成本之间的差额部分。顾客整体价值包括顾客从购买的产品和服务中所期望得到的全部利益（产品价格、服务价值、人员价值和形象价值）、顾客整体成本除了货币成本之外还包括非货币成本（时间成本、精力成本和精神成本等）。顾客让渡价值的实现要求顾客所期望得到的全部利益（顾客整体价值）在价值量上要大于顾客所花费的全部成本（顾客整体成本），即产生整体上的消费者剩余。因为每一顾客在消费产品和服务时都具有一定的价值取向，顾客的购买行为是在对成本与利益进行比较和心理评价之后才发生的。因此，企业在经营活动中不仅要创造价值，而且更要关注顾客在购买产品和服务时所倾注的全部成本。只有顾客整体价值达到最大化后，顾客才乐意倾注顾客整体成本的全部；而企业也只有在"价值提供"上达到顾客要求时才能获得顾客整体成本的全部，从而使"利润最大化"，达成供求双方的共鸣。

本章小结

本章以 4P 营销组合理论为基础，详细介绍了产品策略、价格策略、渠道策略和促销策略的相关知识，并拓展至较新的营销理论 4C、4V、4R，加深对营销策略的理解和应用。本章配以大量生动的实际案例，具有一定的理论指导性和可操作性。营销组合策略汇总见表6-5。

表 6-5 市场营销组合策略

类别 项目	4P 组合	4C 组合	4R 组合
营销理念	生产者导向	消费者导向	竞争者导向
营销模式	推动型	拉动型	供应链
满足需求	相同或相近需求	个性化需求	感觉需求
营销方式	规模营销	差异化营销	整合营销
营销目标	满足现实的、具有相同或相近的顾客需求，并获得目标利润最大化	满足现实和潜在的个性化需求，增养顾客忠诚度	适应需求变化，并创造需求，追求各方互惠关系最大化
营销工具	4P	4C	4R
顾客沟通	"一对多"单向沟通	"一对一"双向沟通	"一对一"双向沟通或多向沟通或合作
投资成本时间	短期低，长期高	短期较低，长期较高	短期高，长期低

案例分析

大规模定制生产方式改变汽车工业

规模经济生产方式和大规模定制新模式的主要区别在于，前者虽已经做到了几乎人人都能买得起多样化品种和服务的汽车产品，但还不能做到完全个性化定制；而后者是通过对客户直接的、互动的、迅速的响应，实现完全个性化定制，而且价格更低，功能更多，规模更大，服务更好，效益更高，差不多做到人人都能买到自己称心的汽车产品。这是构筑21世纪汽车工业一种供需关系的新模式。

丰田公司提出由"为你"向"为我"转变，形象地说明这两种生产方式的根本区别。"为你"是由传统的汽车制造商，从企业生产基础出发，推出系列化，多样化的产品，供客户选择。而"为我"则是客户先提出要求，汽车制造商必须根据每一个的"我"，去组织安排不同喜好、各不相同的汽车产品，就像家居设计、建筑装修、服装加工、个人电脑一样，几乎是独一无二的产品，尽管汽车产品要复杂得多，但从社会发展的个性化需求规律来看，却是一脉相承，无可回避。

丰田公司认为，此举最大意义在于实现了汽车制造商概念上的根本变革，即由"为你"造车，变为"为我"造车，同时提出考虑不再使用"改制"这个词，而改为"特制"更加合适。

上海别克引入定制式营销。上海通用别克轿车正式下线，同时全国首家通用汽车特约销售服务中心——上海名流汽车销售有限公司开张。有别于传统销售方式，该销售中心采用"定制式"营销模式，每一辆车按客户的要求"度身定做，先预订，后制造，再提货"，提供3种型号9个价位的车型以供选择，一般两个月后客户便可取得自己指定颜色、车型、选装模式的别克车。专家指出，这种方式契合了客户的个体偏好，避免了客户的购车缺憾，有助于吸引更多的客户。该中心开张之日即接到别克车订单700余辆。

请问：

（1）什么是定制式营销模式？

（2）为什么在现代市场营销环境下，汽车采用定制式营销模式是必要的？

（3）讨论定制式营销模式和STP策略之间的关系。

营销实训

实训项目：从市场营销的角度分析第八代索纳塔成功的原因

在中国车市有一个分战场，战势僵持已久，战情瞬息万变，不时还有新的参战方投入厮杀，这就是中高级轿车市场——每个优秀汽车品牌都想有所作为的市场。放眼现状，传统的"日系三强"占位已久，雄踞南北的"两个大众"实力不可小觑，虎视眈眈的"通用福特"将美系车推向舞台。如果一辆新车想在这个市场取得成功，就必须跋山涉水、步步惊心。但第八代索纳塔自上市以来，披荆斩棘，硬是在这个高手如林的市场杀出一条血路：2012年4月亮剑，上市初期恰逢整个车市低迷，尤以D级车（中高级轿车）市场下滑触目惊心，占先机者价格体系纷纷松动,难挽区间市场下滑狂澜。大环境的阴霾消磨不了第八代索纳塔冲锋的战斗力。坚持不打价格战,厂商同心,运筹帷幄,销售为尖兵,推广为侧翼,管理为统领,步步为"赢"。在大环境下行的 2011 年,第八代索纳塔用了 6 个月的时间月销突破万辆,北京现代为之奋斗多年的品牌理想终于结出第一个硕果。

1. 实训目的

学会应用 4P 理论对某款车型市场营销策略进行分析。

2. 实训内容和要求

从市场营销的角度分析第八代索纳塔成功的原因。

3. 实训组织

把全班分成 4~6 人一组,以组为单位完成实训任务。

4. 实训操作步骤

(1)收集有关第八代索纳塔上市之前和销售环节的营销措施。
(2)对该车的市场细分、市场定位策略进行分析。
(3)对该车上市后的营销策略进行评价。

5. 实训考核

(1)考核论文的格式、分析准确性、完整性等方面。(70%)
(2)考核个人在实训过程中的表现。(30%)

第 7 章　汽车整车销售实务

本章学习目标

（1）了解汽车整车销售的流程和服务事项。
（2）理解并学会运用汽车销售的技巧。

案例导入

乔·吉拉德，1928 年 11 月 1 日出生于美国底特律市的一个贫民家庭。9 岁时，乔·吉拉德开始给人擦鞋、送报，赚钱补贴家用。乔·吉拉德 16 岁就离开了学校，成为了一名锅炉工，并在那里染了严重的气喘病。后来他成为一位建筑师，到 1963 年 1 月为止，盖了 13 年房子。35 岁以前，乔·吉拉德是个全盘的失败者，他患有相当严重的口吃，换过四十个工作仍一事无成，甚至曾经当过小偷、开过赌场。35 岁那年，乔·吉拉德破产了，负债高达 6 万美元。为了生存下去，他走进了一家汽车经销店，3 年之后，乔·吉拉德一年销售 1425 辆汽车的成绩，打破了汽车销售的吉尼斯世界纪录。乔·吉拉德创造了 5 项吉尼斯世界汽车零售纪录：①平均每天销售 6 辆车；②最多一天销售 18 辆车；③一个月最多销售 174 辆车；④一年最多销售 1425 辆车；⑤在 12 年的销售生涯中总共销售了 13001 辆车，同时获得了"世界上最伟大推销员"的称号，而且他还是唯一以销售员的身份荣登"汽车名人堂"的人。

什么是汽车销售，汽车销售有没有规律可循，技巧可学？如何提高汽车销售人员的服务水平，在本章将会一一进行讲述。

7.1　汽车整车销售流程

7.1.1　汽车销售流程

汽车销售是指顾客在选购汽车产品时，为帮助顾客购买到汽车所进行的所有服务性工作。在整个汽车销售过程中，汽车销售人员应遵循本岗位的服务规范，为顾客提供全方位、全过程的服务，满足顾客的要求。

汽车销售这个过程不是单纯地销售汽车，而是极其复杂的，包括客户开发、客户接待、需求咨询、车辆的展示与介绍、试乘试驾、处理客户的异议、签约成交、交车服务、售后跟踪服务九大环节，如图 7-1 所示，下面分别介绍汽车销售各个环节的概况。

1. 客户开发

客户开发是销售的前期活动，而寻找准顾客是销售活动成功的关键之一，是开展销售活动的前提和基础。对于汽车销售人员来说，要想有效地开展销售工作，与各类推销对象最终达成交易，满足供需双方的利益需求，首先就要运用恰当的方法找到最好的销售机会，选择最优成交希望的推销对象。

```
1. 客户开发
    2. 客户接待
        3. 需求咨询（分析）
            4. 车辆的展示与介绍
                5. 试乘试驾
                    6. 处理客户的异议
                        7. 签约成交
                            8. 交车服务
                                9. 售后跟踪服务
```

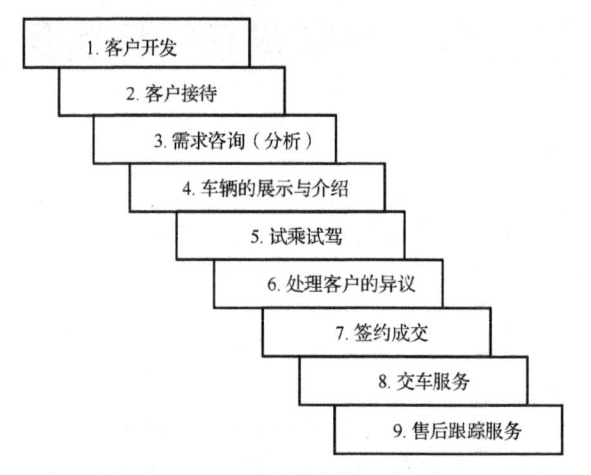

图 7-1　汽车整车销售流程

对汽车销售人员来说，如何寻找适合自己产品的目标客户是汽车整车销售流程的第一步，汽车销售人员应该根据自己的产品特征，明确目标客户群，分析他们的特征，然后根据这些条件去寻找和开发客户，并为日后与客户的销售洽谈打下良好的基础。

2．客户接待

客户来店到达销售现场时，汽车销售人员要主动热情地上前迎接，开始客户接待的第一步，与客户进行有效沟通，善于引起顾客的兴趣，激起顾客的购买欲望。能否销售成功，第一印象的作用十分重要，客户可以从汽车销售人员的声音、语调等判断是否友好、专业、自信，而且还会从一举一动中来考察是否是客户心目中理想的汽车营销人员。

3．需求咨询（分析）

需求咨询也叫需求分析。不同的客户有着不同的消费需求。对于每一位走进销售现场的客户，汽车销售人员都必须清楚地掌握他们的购车动机，以便有针对性地向他们推荐最适合客户的车辆，否则无论汽车销售人员准备得多么充分，解释得多么详细，客户都很难因此而有所触动。在需求分析里，汽车销售人员将以客户为中心，以客户的需求为导向，对客户的需求进行分析，为客户介绍和提供一款符合客户实际需要的汽车产品。

4．车辆的展示与介绍

在整车介绍中，汽车销售人员将紧扣汽车这个产品，结合客户的需求，对整车的各个部位进行互动式的介绍，将产品的亮点通过适当的方法和技巧进行介绍，向客户展示该款汽车能够带给他哪些利益，以便顺理成章地进入下一个环节。

5．试乘试驾

试乘试驾是对第四个环节的延伸，客户可以通过试乘试驾的亲身体验和感受以及对产品感兴趣的地方进行逐一的确认。这样可以充分地了解该款汽车的优良性能,从而增加客户的购买欲望。

6. 处理客户的异议

顾客异议是销售活动中的必然现象,从接近客户、推销面谈直至成交签约的每一个阶段,顾客都有可能提出异议,汽车销售人员只有正确地认识和把握客户的异议,并针对不同类型的客户异议,采取不同的策略,妥善处理客户异议,促成交易。

7. 签约成交

成交是整个销售过程中的最关键的阶段。它决定了从寻找顾客到处理异议等一系列活动最终能否取得预期的成果,在成交阶段,汽车销售人员的核心任务就是促使顾客采取购买行动。没有成交,汽车销售人员的一切努力都成为徒劳。因此,一个优秀的汽车销售人员应该具有明确的销售目标,千方百计地促成交易。

8. 交车服务

交车服务是指成交以后,要安排把新车交给客户。在交车服务里汽车销售人员应具备规范的服务行为。

9. 售后跟踪服务

交车并不意味着销售活动的结束。其实,圆满的结束不仅是汽车销售人员与顾客签订了合约,更重要的是,要以完美的姿态为下次销售活动铺平道路。对于保有客户,销售人员应该运用规范的技巧进行长期的维系,以达到让客户替你宣传,替你介绍新的意向客户来看车、购车的目的。因此,售后服务是一个非常重要的环节,可以说是一个新的开发过程。

7.1.2 汽车销售顾问在汽车销售中的作用

汽车销售顾问是指为客户提供顾问式的专业汽车消费咨询和导购服务的汽车销售服务人员。所谓顾问式销售,顾名思义就是站在专业角度和客户利益角度提供专业意见和解决方案以及增值服务,使客户能做出对产品或服务的正确选择并发挥其价值,在顾问式销售过程的同时建立了客户对产品或服务的品牌提供者的感情及忠诚度,有利于进一步开展关系营销,达到较长期稳定的合作关系,实现战略联盟,从而能形成独具杀伤力的市场竞争力。

汽车销售顾问的工作范围实际上也就是从事汽车销售的工作,但其立足点是以客户的需求和利益为出发点,向客户提供符合客户需求和利益的产品销售服务。其具体工作包含:客户开发、客户跟踪、销售导购、销售洽谈、销售成交等基本过程,还可能涉及汽车保险、上牌、装潢、交车、理赔、年检等业务的介绍、成交或代办。在 4S 店内,其工作范围一般主要定位于销售领域,其他业务领域可与其他相应的业务部门进行衔接。

📖 **相关链接**

虽然不是所有的人都适合做销售,我还是很愿意推荐新人从销售开始职业生涯,让我给大家几个做销售的理由。

（1）超过70%的CEO出身销售。

（2）假如你能好好地做三年销售，以后你转行做什么都不浪费，你将属于最强大的群体，具有战胜一切困难的勇气和能力。

（3）销售是晋升机会最多的职业，大大多于其他任何一个岗位，比如财务、HR。

（4）销售是靠打工能带来最丰厚收益的职业，尤其在职业起步阶段，它能帮助你迅速完成资本的原始积累。

（5）销售是最容易找工作的职业，到处都需要销售，而且职业生命周期长，可以快乐地干到五十岁，等于变相地增强职业安全感。

摘自《李可应北大就业指导中心之约写给大学生的一封信》有节选

7.2 客户开发

7.2.1 客户资格鉴定

作为汽车销售人员，要有效地利用时间和精力，以求在最短时间内获得最多的销售量。为此，销售人员必须练就能准确辨别真正潜在顾客的本领，在寻求顾客的同时就要注意对他们的情况进行分析评价，此时就可以参考MAN法则。MAN法则认为作为顾客的人（Man）是由金钱（Money）、权力（Authority）和需要（Need）这三个要素构成的。

1. 金钱

该潜在客户是否有购买资金M（Money），即是否有钱，是否具有消费此产品或服务的经济能力，也就是有没有购买力或筹措资金的能力。首先是鉴定顾客现有支付能力。单纯从对商品的需求角度来看，人们几乎无所不需，但任何潜在的需求，只有具备了支付能力之后，才能成为现实的需求，因此，具有购买需求及现有支付能力的顾客是最理想的推销对象。其次应注意对顾客潜在支付能力的鉴定。一味强调现有支付能力，不利于推销局面的开拓。当汽车销售人员确定对方值得信任并具有潜在支付能力时，应主动协助其解决支付能力问题，建议顾客利用银行贷款或其他信用方式购买。

2. 权力

该潜在客户是否有购买决策权A（Authority），即你所极力说服的对象是否有购买决定权，在成功的销售过程中，销售人员能否准确地了解真正的购买决策人是销售的关键环节。销售要注重效率，向一个家庭或一个团体顾客进行销售，实际上是应向该家庭或团体的购买决策人进行销售。若事先不对潜在顾客的购买决策状况进行了解，不分青红皂白，见到谁就向谁销售，很可能事倍功半，甚至一事无成。

3. 需要

该潜在客户是否有购买需要N（Need），在这里还包括需求。需要是指存在于人们内心的对某种目标的渴求或欲望，它由内在的或外在的、精神的或物质的刺激所引发。另一方面客户需求具有层次性、复杂性、无限性、多样性和动态性等特点，它能够反复地激发每一次的购买决策，而且具有接受信息和重组客户需要结构并修正下一次购买决策的功能。需要说明的是，需求是可以创造的。现代推销工作的实质，就是要探求和创造需求。随着科技发展和新产品的大量问世，使得顾客中存在大量尚未被认识的需求。此外，顾客中往往也存在出于某种原因暂时不准备购买的情况，对属于这样两类情况的顾客，汽车销售人员不应简单地将其作为不合格顾客而草率除名。正是由于存在尚未被顾客所认识的需求，才为推销人员去大胆探索和创造顾客需求提供了用武之地，也正是由于顾客存在某些困难，才有赖于汽车销售人员去帮助顾客改善和创造条件去解决问题。消极等待顾客自己去认识需求和产生购买需求，不是现代推销所应有的态度。汽车销售人员应勇于开拓，善于开拓，透过现象看本质，去发掘顾客的潜在需求。

相关链接

一位老太太每天去菜市场买菜买水果。一天早晨，她提着篮子，来到菜市场。遇到第一个小贩，卖水果的问：你要不要买一些水果?老太太说你有什么水果?小贩说我这里有李子、桃子、苹果、香蕉，你要买哪种呢?老太太说我正要买李子。小贩赶忙介绍我这个李子，又红又甜又大，特好吃。老太太仔细一看，果然如此。但老太太却摇摇头，没有买，走了。

老太太继续在菜市场转。遇到第二个小贩。这个小贩也像第一个一样，问老太太买什么水果?老太太说买李子。小贩接着问，我这里有很多李子，有大的，有小的，有酸的，有甜的，你要什么样的呢?老太太说要买酸李子，小贩说我这堆李子特别酸，你尝尝?老太太一咬，果然很酸，满口的酸水。老太太受不了了，但越酸越高兴，马上买了一斤李子。

但老太太没有回家，继续在市场转。遇到第三个小贩，同样，问老太太买什么?老太太说买李子。小贩接着问你买什么李子，老太太说要买酸李子。但他很好奇，又接着问，别人都买又甜又大的李子，你为什么要买酸李子?老太太说，我儿媳妇怀孕了，想吃酸的。小贩马上说，老太太，你对儿媳妇真好!儿媳妇想吃酸的，就说明她想给你生个孙子，所以你要天天给她买酸李子吃，说不定真给你生个大胖小子!老太太听了很高兴。小贩又问，那你知道不知道这个孕妇最需要什么样的营养?老太太不懂科学，说不知道。小贩说，其实孕妇最需要维生素，因为她需要供给这个胎儿维生素。所以光吃酸的还不够，还要多补充维生素。他接着问那你知道不知道什么水果含维生素最丰富?老太太还是不知道。小贩说，水果之中，猕猴桃含维生素最丰富，所以你要是经常给儿媳妇买猕猴桃才行!这样的话，你确保你儿媳妇生出一个漂亮健康的宝宝。老太太一听很高兴啊，马上买了一斤猕猴桃。当老太太要离开的时候，小贩说我天天在这里摆摊，每天进的水果都是最新鲜的，下次来就到我这里来买，还能给你优惠。从此以后，这个老太太每天在他这里买水果。

7.2.2 客户开发方法

随着汽车销售竞争的日益加剧，如果车辆销售的数量完全取决于自发来店看车的客户人数，那就具有很大的随机性和不可预测性，因此客户开发是汽车销售流程的第一步。所谓客户开发，就是要求汽车销售人员能够突破门店接待这一单一模式，运用多种方法和手段，通过多种多样的有效途径寻找目标客户。

1. 地毯式访问法

地毯式访问法指推销人员在事先约定的范围内挨家挨户访问的方法。它是在不熟悉客户或不完全熟悉客户的情况下，推销人员对某一特定地区和特定行业的所有单位或个人进行访问，从中寻找潜在的客户。所采取的寻找客户的方法就是把推销人员按地区划片分工，逐户去访问。"地毯式"的访问所依据的原理是"平均法则"，即认为在被访问的所有对象中，必定有推销人员所要寻找的顾客，而且分布均匀，顾客的数量与被访问的对象的数量成正比关系。因此，只要对特定范围内所有对象无一遗漏地寻找查访，就一定可以找到足够数量的顾客。"地毯式"的访问，由于访问面广，了解市场信息较全面，同时也可以扩大推销的产品在社会上的影响。由于直接接近客户，听到各种意见，可以积累推销工作经验。这种方法是推销人员成长的必由之路。在访问中赠送样品或向客户提供产品说明书。通过这种渠道，可以对特定区域内的个人、家庭或组织进行逐个地寻找。

其优点是：有利于进行全面的市场调研，比较真实地获得顾客需求情况；容易扩大推销企业的影响，提高产品知名度；有利于推销人员了解各种类型，各个阶层的顾客，丰富推销经验。

其缺点是：推销人员往往无的放矢，缺乏针对性，成功率相对较低。

2. 连锁介绍法

连锁介绍法是通过老客户的介绍来寻找有可能购买该产品的其他客户的方法，又称客户引荐法或无限连锁法。这是寻找新客户的有效方法，被称为黄金客户开发法。

连锁介绍法的优点较多，第一，可以避免推销人员寻找客户的盲目性。因为现有客户推荐的新客户大多是他们较为熟悉的单位或个人，甚至有着共同的利益，所以提供的信息准确、内容详细。同时由于各位客户之间的内在联系，使连锁介绍法具有一定的客观依据，可以取得新客户的信任。一般人对不速之客存有戒心。若经过熟人介绍，情况则不同。第二，连锁介绍法既是寻找新客户的好办法，也是接近新客户的好办法。如果推销人员赢得了现有客户的真正信任，那就有可能赢得现有客户所推荐的新客户的信任。第三，成功率比较高。现有客户所推荐的新客户与现有客户之间存在着某种联系，根据这种内在的联系来寻找客户，会取得较高的成功率。

当然，连锁介绍法也有一定的局限性，第一，事先难以制订完整的推销访问计划。通过现有客户寻找新客户，因推销人员不知道现有客户可能介绍哪些新客户，事先就难以做出准备和安排，时常在中途改变访问路线，打乱整个访问计划。第二，推销人员常常处于被动地位。既然现有客户没有进行连锁介绍的义务，现有客户是否介绍新客户给推销人员，完全取决于现有客户。若推销人员向现有客户推销失利，或者现有客户出于某种考虑不愿意介绍新客户，推销人员便无可奈何。

📖 相关链接

美国著名推销员乔·吉拉德在商战中总结出了"250定律"。他认为每一位顾客身后，大体有250名亲朋好友。如果您赢得了一位顾客的好感，就意味着赢得了250个人的好感；反之，如果你得罪了一名顾客，也就意味着得罪了250名顾客。这一定律有力地论证了"顾客就是上帝"的真谛。由此，我们可以得到如下启示：必须认真对待身边的每一个人，因为每一个人的身后都有一个相对稳定的、数量不小的群体。善待一个人，就像拨亮一盏灯，照亮一大片。

3. 中心开花法

中心开花法是指推销人员在某一特定的推销范围内，取得一些具有影响力的中心人物的信任，然后在这些中心人物的影响和协助下，把该范围内的个人或组织发展成为推销人员的准顾客的方法。利用名人介绍法寻找顾客，关键是取得"中心人物"的信任和合作。一般来说，核心人物或组织往往在公众中具有很大的影响力和很高的社会地位，他们常常是消费者领袖。中心开花法所依据的理论是"晕轮效应"。心理学原理认为，人们对于在自己心目中享有一定威望的人物是信服并愿意追随的。因此，一些中心人物的购买与消费行为，就可能在他的崇拜者心目中形成示范作用与先导效应，从而引发崇拜者的购买与消费行为。

中心开花法的优点有以下两个方面。第一，推销员可以集中精力向少数中心人物做细致的说服工作。在实际的推销活动中，推销员必须反复向每一位客户进行说服，既单调，又费时费力。而这种方法则可以在一定程度上避免这种重复和浪费。第二，能有效扩大产品影响，中心人物多是该领域里的消费者领袖。利用名人介绍法寻找客户，不仅可以通过中心人物的联系发现大批新客户，而且可以借助中心人物的社会地位来扩大商品的影响。

中心开花法也有一定的局限性。第一，"中心人物"起决定作用，推销员要反复向中心人物做工作。而且这些所谓"中心人物"往往难以接近。假如中心人物不愿意与推销员合作，就会失去很多客户。第二，选错中心人物会得不偿失，如果推销员选错了客户心目中的"中心"人物，就有可能弄巧成拙，既耗时间又费精力，最后往往贻误推销时机。

4. 车展

车展，全称为"汽车展览"，是由政府机构、专业协会或主流媒体等组织，在专业展馆或会场中心进行的汽车产品展示展销会或汽车行业经贸交易会、博览会等。消费者可经由汽车展览会场所展示的汽车或汽车相关产品，端详汽车制造工业的发展动向与时代脉动。汽车厂商则可以通过车展对外宣传产品的设计理念，发布产品信息，了解世界汽车发展方向。车展是获取客户资料的重要途径之一，因此要组织专门的工作人员收集客户的资料，了解客户的需求。也可邀请意向客户参观车展，争取每一个沟通、交流机会，为进一步的销售工作创造有利条件。

📖 **相关链接**

西安五一车展 7 天卖车 14219 辆 成交额 40 多亿元

2016年5月5日，为期7天的2016第八届西安五一车展完美闭幕，41.8万人（次）进馆观展，共售出各类车辆14219辆，成交额达到40多亿元，延续了"最能卖车的车展"的神话。

2016第八届西安五一车展作为专业化程度高、汇聚车型全、精品车型多、运作水准佳、优惠幅度大的年中汽车展会，到今年已经连续成功举办了8届，"买车等五一"成为消费者上半年买车的惯例,用消费者的话说就是:"买车就到五一车展,便宜又实惠"。

2016年五一车展参观人数达到41.8万人(次),展出的车辆品牌和数量也达到了百余汽车品牌、1100余辆展车、50多款各品牌首发新车,涵盖了豪华进口品牌、主流合资品牌及精品自主品牌的数百款热销车型,实现了从几万元的家用轿车到数十万甚至数百万的中高级车型的全品类覆盖。

超高人气带来销售火爆,有汽车参展商称接单都接到手软了。不少参展商看着手头一摞摞厚厚的订单,"五一车展不愧是'最能卖车的车展',可以说订单简直是砸过来的,接下来先把这些订单的车源协调解决好是首要任务。"一位参展商开心不已。

本届车展统计数据显示:上汽大众、吉利等品牌销量过千,北京现代、长安福特、东风悦达起亚、长安汽车、一汽大众、东风标致、别克等品牌的销量也逼近千辆。

上汽大众、一汽大众、长安福特、北京现代、别克、东风标致一直是西安车展销售的常青树,这些品牌为2016年五一车展调整了价格策略,厂家与经销商一起推出了极具诱惑力的车展专属折扣与优惠,七天时间销量"井喷"。

在2016年的五一车展上还涌现出不少销售黑马,来自德国的宝沃品牌,今年首次亮相西安,车展短短7天就成交了一百多辆,这样的销售业绩显示出西安五一车展强大的品牌号召力。

博越、博瑞、帝豪GS成为2016年五一车展自主品牌销售明星,不仅看车市民络绎不绝,成交量也达到了近千辆,如此骄人的业绩直逼合资畅销品牌。

(本报道节选自华商网)

5. 汽车俱乐部活动

汽车俱乐部是由汽车车主及汽车爱好者组成的,旨在传播汽车文化并为其成员提供各种服务的组织。汽车厂家和经销商定期或不定期地举行各种主题俱乐部活动或车主联谊活动,这种兴趣和利益双管齐下的方法,重要培养优质客户,增加附加利润。

7.3 客户接待

汽车销售人员是最先接触客户的人群,代表着企业的形象,因此要充分把握机会,给客户留下良好的第一印象。与陌生人交往的过程中,所得到的有关对方的最初印象称为第一印象。第一印象并非总是正确,但却总是最鲜明、最牢固,并且决定着以后双方交往的过程。

相关链接

《三国演义》中凤雏庞统当初准备效力东吴,于是去面见孙权。孙权见到庞统相貌丑陋,心中先有几分不喜,又见他傲慢不羁,更觉不快。最后,这位广招人才的孙仲谋竟把与诸葛亮比肩齐名的奇才庞统拒于门外,尽管鲁肃苦言相劝,也无济于事。众所周知,礼节、相貌与才华决无必然联系,但是礼贤下士的孙权尚不能避免这种偏见,可见第一印象的影响之大!

7.3.1 准备工作

所谓准备工作,就是在接待客户之前,所进行的有关仪态仪表、工作物品等的准备活动。

1. 仪容

仪容，通常是指人的外观、外貌。其中的重点，则是指人的容貌。在人际交往中，每个人的仪容都会引起交往对象的特别关注。并将影响到对方对自己的整体评价。

为了维护自我形象，有必要修饰仪容。在仪容的修饰方面要注意五点事项：其一，是仪容要干净，要勤洗澡、勤洗脸，脖颈、手都应干干净净，并经常注意去除眼角、口角及鼻孔的分泌物。要勤换衣服，消除身体异味。其二，是仪容应当整洁。整洁，即整齐洁净、清爽。其三，是仪容应当卫生。注意口腔卫生，早晚刷牙，饭后漱口，不能当着客人面嚼口香糖；指甲要常剪，头发按时理。其四，是仪容应当简约。仪容既要修饰，又忌讳标新立异，简练、朴素最好。其五，是仪容应当端庄。仪容庄重大方，斯文雅气，不仅会给人以美感，而且易于使自己赢得他人的信任。相形之下，将仪容修饰得花里胡哨、轻浮怪诞，是得不偿失的。

2. 仪表

仪表是指人的仪态、风度、容貌、衣饰、举止、态度等，汽车销售人员良好的仪表不仅仅指面容姣好，而是指整体大方得体，与销售的产品和公司的形象相符。

1）男士

（1）短发，头发清洁、整齐，精神饱满。
（2）无胡须，短指甲。
（3）统一制服，大方，得体。
（4）制服干净，穿前熨烫平整，西装扣系胸前纽扣。
（5）皮鞋光亮，无灰尘，搭配黑色或深色袜子。
（6）胸卡正面朝前佩戴胸前，名片放在西装左胸口袋处。
（7）男士着装的三原则如下。

三色原则：全身颜色尽量限制在三种以内。
三一定律：鞋子、腰带、公文包颜色要统一协调（黑色优先）。
三大禁忌：不拆商标，正式场合穿夹克打领带，袜子颜色、质地和衣服不统一。

2）女士

（1）发型要文雅、庄重，梳理整齐，长发要用发夹盘好，精神饱满。
（2）化淡妆，指甲不宜过长，并保持清洁。
（3）统一制服，大方，得体。
（4）穿裙装时，一律搭配肤色丝袜，无破洞。
（5）鞋子光亮，清洁。
（6）除结婚戒指外，上班时销售人员严禁佩戴其他饰品。
（7）胸卡正面朝前佩戴于胸前。

3. 工作物品准备

（1）展厅办公用品。计算器、笔、记录本、名片（夹）等。

（2）资料。公司介绍材料、荣誉介绍、产品介绍、竞争对手产品比较表、媒体报道剪辑、顾客档案资料等。

（3）销售工具表。产品参数表、产品装备表、产品价目表、洽谈卡、月工作计划分析表、需求分析评估表、试乘试驾协议书、总报价单、新车订单协议、万元基数表、车险解决方案表、保费报价单、库存车表、配件报价单、上牌服务资料及流程等。

每日早晨汽车销售人员应自行检查工具夹内的资料是否齐全，及时更新，以便与客户商谈时快捷、方便地拿取资料。

7.3.2 接待礼仪

1．握手

在行礼时，至距握手对象约一米处，双腿立正，上身略前倾，自然伸出右手，四指并拢，拇指张开与对方相握。握手时应用力适度，上下稍许晃动三四次，然后松开手，恢复原状。握手时，应面带微笑，目视对方双眼，并且寒暄致意，表现出关注、热情和友好之意。

2．站姿

站立商谈的姿势：站着与客户商谈时，双脚平行打开，之间约10公分左右，这种姿势不易疲劳，同时头部前后摆动时比较保持平衡，气氛比较缓和。

站立等待的姿势：双脚微分，双手握于小腹前，视线可维持较水平略高的幅度，气度安详稳定，表现出自信。

3．入座

多半从椅子的左侧入座，紧靠椅背，上身不要靠着椅背，微微前倾，双手轻轻放于腿上或两手分开放于膝上，双脚的脚后跟靠拢，膝盖可以分开一个拳头宽，平行放置；若是坐在较软的沙发上，应坐在沙发的前端，如果往后仰则容易显得对客户不尊重。

4．商谈距离

通常与较熟悉客户的距离是70～80公分，与较不熟悉的客户的谈话距离是100～120公分。站着商谈时，一般的距离为两个手臂长。一站一坐，则距离可以稍微拉近，约一个半手臂长。坐着时约为一个手臂长。同时保证避免自己的口气吹到对方。

相关链接

当人们进行交际的时候，交际双方在空间所处位置的距离具有重要的意义，它不仅告诉我们交际双方的关系、心理状态，而且也反映出民族和文化特点。心理学家发现，任何一个人需要在自己的周围有一个自己能够把握的自我空间，这个空间的大小会因不同的文化背景、环境、行业、不同个性等而不同。不同的民族在谈话时，对双方保持多大距离有不同的看法。根据霍尔博士（美国人类学家）研究，有四种距离表示不同情况。

（1）亲密接触（intimate distance 0～45cm）：交谈双方关系密切，身体的距离从直接接触到相距约45厘米之间，这种距离适于双方关系最为密切的场合，比如说夫妻及情人之间。

（2）私人距离（personal distance 45～120cm）：朋友、熟人或亲戚之间往来一般以这个距离为宜。

（3）礼貌距离（social distance 120～360cm）：用于处理非个人事物的场合中，如进行一般社交活动，或在办公、办理事情时。

（4）一般距离（public distance 360～750cm）：适用于非正式的聚会，如在公共场所听演出等。

5. 视线

平常面对面交谈，当双方对话时，视线落在对方的鼻尖，偶尔可注视对方的双目，当诚心诚意想要恳请对方时，两眼可以注视对方的双目，虽然双目一直望着对方的眼睛能表现您的热心，但也会出现过于针锋相对的情景。

在整个交谈过程中，与对方目光接触应该累计达到全部交谈过程的 50%～70%，其余 30%～50%时间，可注视对方脸部以外 5～10 米处，这样比较自然、有礼貌。

交谈时场合不同，注视的部位也不同。一般分为公务凝视、社交凝视、亲密凝视。公务凝视在洽谈、磋商、谈判等严肃场合，目光要给人一种严肃、认真的感觉。注视的位置在对方双眼或双眼与额头之间的区域。社交凝视，在各种社交场合使用的注视方式。注视的位置在对方唇心到双眼之间的三角区域。亲密凝视，这是亲人之间、恋人之间、家庭成员之间使用的注视方式。凝视的位置在对方双眼到胸之间。

相关链接

孟子曰："存乎人者，莫良于眸子。眸子不能掩其恶。胸中正，则眸子瞭焉；胸中不正，则眸子眊焉。听其言也，观其眸子，人焉廋哉？"也就是说，孟子说："观察一个人，再没有比观察他的眼睛更好的了。眼睛不能掩盖一个人的丑恶。心中光明正大，眼睛就明亮；心中不光明正大，眼睛就昏暗不明，躲躲闪闪。所以，听一个人说话的时候，注意观察他的眼睛，他的善恶真伪能往哪里隐藏呢？"

6. 递交名片

一般名片都放在衬衫的左侧口袋或西服的内侧口袋，也可以放在随行包的外侧，避免放在裤子的口袋。出门前要注意检查名片是否带足，递交名片时注意将手指并拢，大拇指夹着名片以向上弧线的方式递送到对方胸前。拿取名片时要双手去拿，拿到名片时轻轻念出对方的名字，以让对方确认无误。拿到名片后，仔细记下并放到名片夹的上端夹内。交换名片时，可以右手递交名片，左手接拿对方名片。

7. 指引

当需要用手指引样品或者模型或接引客户指示方向时，食指以下靠拢，拇指向内侧弯曲，指示方向。

7.3.3 展厅接待

1. 顾客进入展厅

（1）30秒内察觉到顾客的到来，并在几秒内对顾客进行评估，如依据其衣着、姿态、面部表情、眼神、肤色等评估出顾客的态度、购买倾向等，但要注意不能以貌取人。

（2）与顾客目光相遇时点头示意，如顾客点头回应，应即刻走上前进行接待，如果顾客视而不见，直奔展车并专注于看车，可给顾客1～2分钟的自由看车时间。

（3）面带微笑，目光柔和注视对方，以愉快的声调致欢迎词。例如，"欢迎光临×××汽车销售服务店，我是×××销售顾问，您可以称呼我为××，很高兴为您服务。"

（4）和每个来访者必须在两分钟内打招呼并进行交谈，可适当交流一些跟车无关的其他话题，借此打消顾客本能的警惕和戒备，拉近彼此心理距离。

（5）态度要礼貌、热情，所有员工与顾客目光相遇时皆应友好地点头示意并打招呼。良好的第一印象有助于增强顾客对于品牌、公司和个人的信任，为后续放松、深入的交谈奠定坚实的基础。

（6）如顾客是再次来展厅的，汽车销售人员应用热情的言语表达已认出对方，而且最好能够直接称呼对方姓氏，如"李先生""王女士"等。

2．顾客要求自行看车或随便看看时

（1）回应。例如，"请随意，有什么需要随时示意我，我会看到。"

（2）撤离。在顾客目光所及范围内，随时关注顾客是否有需求。

（3）在顾客自行环视车辆或某处10分钟左右后仍对汽车销售人员没有表示需求时，销售顾问应再次主动走上前询问。例如，"您看的这款车是×××，是近期最畅销的一款，……请问，……"

（4）未等汽车销售人员再次走上前，顾客就要离开展厅，应主动相送并询问快速离开的原因，请求留下其联系方式或预约下次看车时间。

3．顾客需要帮助时

（1）亲切、友好地与顾客交流，回答问题要准确、自信、充满感染力。

（2）提开放式问题，了解顾客购买汽车的相关信息。例如，"这辆车给您的印象如何？""您理想中的车是什么样的？""您对这辆车的产品技术了解吗？""您购车考虑的最主要因素是什么？"（建议开始提一些泛而广的问题，而后转入具体问题。）

（3）获取顾客的姓名，并在交谈中称呼对方姓氏，如"张先生""王女士"等。

（4）主动递送相关的产品资料，给顾客看车提供参考。

（5）照顾好与顾客同行的伙伴。

（6）不要长时间站立交流，适当时机或请顾客进入车内感受，或请顾客到洽谈区坐下交流。

4．顾客在洽谈区

（1）主动提供饮用的茶水。递杯时左手握住杯子底部，右手伸直靠到左前臂，以示尊重、礼貌。

（2）充分利用这段时间尽可能多地收集潜在顾客的基本信息，尤其是姓名、联系电话等。例如，请潜在顾客填写洽谈卡的最佳时机是在同顾客交谈了一段时间后，可以说："麻烦您填一下卡片，便于今后我们能把新产品和展览的信息通知您。"

（3）交换名片。例如，"很高兴认识您，能否有幸跟您交换一下名片？""这是我的名片，请多关照"，"这是我的名片，可以留一张名片给我吗？以便在有新车型或有优惠活动时我及时与您取得联系。"

（4）交谈时，除了谈产品以外可以寻找恰当的时机多谈谈对方的工作、家庭或其他感兴趣的话题，建立良好的关系。

（5）多借用推销工具，如公司简介、产品宣传资料、媒体报道、售后服务流程，以及糖果、小礼物等。

5．顾客离开时

（1）放下手中其他事务，陪同顾客走向展厅门口。
（2）提醒顾客清点随身携带的物品以及销售与服务的相关单据。
（3）若此前没有交换过名片，此时递交名片，并索要对方名片。
（4）预约下次来访时间，表示愿意下次造访时仍由本人来接待，便于后续跟踪。
（5）真诚地感谢顾客光临本店，期待下次会面，然后在展厅门外挥手致意，目送顾客离去。

6．顾客离去以后

（1）车辆调整至适当位置并进行清洁。
（2）洽谈桌水杯、烟灰缸等卫生细节的清理、清洁。
（3）整理顾客信息，建立客户档案。
（4）自我整理着装，情绪调整到最佳状态，准备接待其他顾客。

7.4 需求分析

7.4.1 客户需求

消费者的需求分为显性需求和隐形需求，其中消费者意识到，并有能力购买且准备购买某种产品的有效需求属于显性需求，汽车销售人员要重点把握和领会消费者的显性需求。而消费者没有直接提出、不能清楚描述的需求属于隐形需求，汽车销售人员要激发消费者的隐性需求，要更了解和体会客户才能更好地满足消费者的隐性需求。作为一名营销人员要能够在了解客户显性需求的基础上深一步挖掘客户的隐形需求，才能真正地为客户提供满意的服务。

通过需求分析来评定应该如何接待客户以满足他的需求，达成销售目标。首先必须肯定其购买的动机、立场、偏好以及对品牌认识的深度，尤其是使用汽车的用途与购买决定的重要关键点。有时顾客的期望比需要更为重要。要了解顾客的需求与真正的期望，就等于要在短短的数分钟内了解一个人的经济状况、社会地位、性格特点。

7.4.2 需求分析方法

1．询问

发掘客户需要最有效的方式之一就是询问。汽车销售人员通过询问可以获得大量的信息，但是要想取得好的效果，就需要一定的询问技巧。恰当的表述方式，可以得到更理想的效果，如果提问方式不恰当，就有可能遭到客户的拒绝。

1）开放式提问

开放式提问是指提出比较概括、广泛、范围较大的问题，对回答的内容限制不严格，给对方以充分自由发挥的余地。这样的提问比较宽松，不唐突，也比较得体。开放式提问常用于访谈的开头，可缩短双方心理、感情距离，开放式提问一般用"为什么""怎么样"等句式来提问，例如"你需要一辆什么样的汽车？"

2）封闭式提问

由于开放式提问比较松散和自由，难以深挖。所以也需要有所节制，并非越开放越好。所以封闭式提问常与开放式提问交叉使用。所谓封闭式提问，是指提出答案有唯一性、范围较小、有限制的问题，对回答的内容有一定限制，提问时，给对方一个框架，让对方在可选的几个答案中进行选择。这样的提问能够让回答者按照指定的思路去回答问题，而不至于跑题。

封闭式提问是可以用"是"或者"不是"，"有"或者"没有"，"对"或者"不对"等简单词语来作答的提问。如"您现在就能确定下来吗？""您对这款车满意吗？"这类问题通常用于缩小讨论范围，获得特定信息。

3）选择式提问

人们有一种共同的心理，认为说"不"比说"是"更容易和更安全。所以，内行的推销员向顾客提问时尽量设法不让顾客说出"不"字来。选择性提问就可以很好地解决这个问题，选择式提问也称限定式提问，在一个问题中提示两个可供选择的答案，两个答案都是肯定的。

如与顾客预约，有经验的汽车销售人员从来不会问顾客"我可以在今天下午来见您吗？"因为这种只能在"是"和"不"中选择答案的问题，顾客多半只会说："不行，我今天下午的日程实在太紧了，等我有空的时候再打电话约定时间吧。"有经验的汽车销售人员会对顾客说："您看您是周六过来看车还是周日过来？""我周日过来吧。"当他说这句话时，你们的约定已经达成了。

4）启发型提问

启发型提问是以先虚后实的形式提问，让对方做出提问者想要得到的回答，这种提问方式循循善诱，有利于表达自己的感受，促使顾客进行思考，控制推销劝说的方向。如汽车销售人员问："请问您是想要安全系数高还是低点的车呢？""当然是安全系数高的！""哦，是这样的，这一款安全系数比较高的价格要比其他车型高出10000元，您看……"

5）协商型提问

协商型提问以征求对方意见的形式提问，诱导对方进行合作性的回答。这种方式，对方比较容易接受。即使有不同意见，也能保持融洽关系，双方仍可进一步洽谈下去。如："高小姐，您看，咱们是否现在下定金？"

2．询问技巧

1）洽谈时用肯定句提问

在开始洽谈时用肯定的语气提出一个令顾客感到惊讶的问题，是引起顾客注意和兴趣的可靠办法。如："你已经……吗？""你有……吗？"或是把你的主导思想先说出来，在这句话的末尾用提问的方式将其传递给顾客。如"现在大家都喜欢时尚的两厢车，不是吗？"这样，只要你运用得当，说的话符合事实而又与顾客的看法一致，会引导顾客说出一连串的"是"，直至成交。

2）询问顾客时要从一般性的事情开始，然后再慢慢深入下去

向顾客提问时，虽然没有一个固定的程序，但一般来说，都是先从一般性的简单问题开始，逐层深入，以便从中发现顾客的需求，创造和谐的推销气氛，为进一步推销奠定基础。

3）先了解顾客的需求层次，然后询问具体要求

了解顾客的需求层次以后，就可以掌握你说话的大方向，可以把提出的问题缩小到某个范围以内，而易于了解顾客的具体需求。如顾客的需求层次仅处于低级阶段，即生理需要阶段，那么他对产品的关心多集中于经济耐用上。当你了解到这以后，就可重点从这方面提问，指出该商品如何满足顾客需求。

相关链接

据传在某国的一个教堂，有一天，一位教士在做礼拜时，忽然熬不住烟瘾，就去问他的上司："我祈祷时可以抽烟吗？"结果遇到了上司的斥责。后来又有一位教士，同样在祈祷时犯了烟瘾，却换了一种口气问他的上司："我吸烟时可以祈祷吗？"上司莞尔一笑，答应了它的请求。

3. 聆听

通常大多数人认为只有在讲话时才会发生积极的沟通，实际上沟通时一个双向的过程，聆听是其中一个重要的组成部分。有效倾听在实际沟通过程中的具体作用如下。

1）获得相关信息

有效的倾听可以使销售人员直接从客户口中获得相关信息。众所周知，在传递信息的过程中，总会有或多或少的信息损耗和失真，经历的环节越多，传递的渠道越复杂，信息的损耗和失真程度就越大。所以，经历的环节越少，信息传递的渠道越直接，人们获得的信息就越充分、越准确。

2）体现对客户的尊重和关心

当销售人员认认真真地倾听客户谈话时，客户可以畅所欲言地提出自己的意见和要求，这除了可以满足他们表达内心想法的需求，也可以让他们在倾诉和被倾听中获得关爱和自信。客户希望得到销售人员的关心与尊重，而销售人员的认真倾听则可以使他们的这一希望得以实现。通过有效的倾听，销售人员可以向客户表明，自己十分重视他们的需求，并且正在努力满足他们的需求。

3）创造和寻找成交时机

倾听当然并不是要求销售人员坐在那里单纯地听那么简单，销售人员的倾听是为达成交易而服务的。也就是说，销售人员要为了交易的成功而倾听，而不是为了倾听而倾听。在

倾听的过程中，销售人员可以通过客户传达出的相关信息判断客户的真正需求和关注的重点问题，然后，销售人员就可以针对这些需求和问题寻找解决的办法，从而令客户感到满足，最终实现成交。如果销售人员对客户提出的相关信息置之不理或者理解得不够到位，那么这种倾听就不能算得上是有效的倾听，自然也不可能利用听到的有效信息抓住成交的最佳时机。

4．聆听技巧

古希腊哲学家苏格拉底说："上天赐人以两目两耳，但只有一口，欲使其多闻多见而少言。"根据美国学者统计，一个人每天花费在接受信息的时间如下：书写占14%，阅读占17%，交谈占16%，倾听占53%。有效倾听一种天生的本能，一种需要不断学习和锻炼的技巧，需要智力和情绪上的配合，要借助分析、理解和判断等活动，因此，为了达到良好的沟通效果，销售人员就必须不断修炼倾听的技巧。有效倾听的技巧如下。

1）集中精力，专心倾听

这是有效倾听的基础，也是实现良好沟通的关键。要想做到这一点，销售人员应该在与客户沟通之前做好多方面的准备，如身体准备、心理准备、态度准备以及情绪准备等。疲惫的身体、无精打采的神态以及消极的情绪等都可能使倾听归于失败。

2）不随意打断客户谈话

随意打断客户谈话会打击客户说话的热情和积极性，如果客户当时的情绪不佳，而你又打断了他们的谈话，那无疑是火上浇油。所以，当客户的谈话热情高涨时，销售人员可以给予必要的、简单的回应，如"噢""对""是吗""好的"等。除此之外，销售人员最好不要随意插话或接话，更不要不顾客户喜好另起话题。例如："等一下，我们公司的产品绝对比你提到的那种产品好得多……"，"您说的这个问题我以前也遇到过，只不过我当时……"。

3）谨慎反驳客户观点

客户在谈话过程中表达的某些观点可能有失偏颇，也可能不符合你的口味，但是你要记住：客户永远都是上帝，他们很少愿意销售人员直接批评或反驳他们的观点。如果你实在难以对客户的观点做出积极反应，那可以采取提问等方式改变客户谈话的重点，引导客户谈论更能促进销售的话题。

4）了解倾听的礼仪

在倾听过程中，销售人员要尽可能地保持一定的礼仪，这样既显得自己有涵养、有素质，又表达了你对客户的尊重。通常在倾听过程中需要讲究的礼仪如下：

（1）保持视线接触，不东张西望。
（2）身体前倾，表情自然。
（3）耐心聆听客户把话讲完。
（4）真正做到全神贯注。

（5）不要只做样子、心思分散。

（6）表示对客户意见感兴趣。

（7）重点问题用笔记录下来。

（8）插话时请求客户允许，使用礼貌用语。

5）及时总结和归纳客户观点

这样做，一方面可以向客户传达你一直在认真倾听的信息，另一方面，也有助于保证你没有误解或歪曲客户的意见，从而使你更有效地找到解决问题的方法。例如："如果我没理解错的话，您更喜欢弧线形外观的深色汽车，性能和质量也要一流，对吗？"

相关链接

需求分析话术

1. 询问用车经历，对以前车型的不满意之处

参考应答：
销售顾问：您以前都用过什么车？
某某客户：某某品牌。
销售顾问：某某品牌挺不错啊，您开着怎么样，一定很好吧，有什么不满意的吗？

2. 询问是否了解过自身品牌

参考应答：大哥，一看您就非常专业，一定了解过我们的车吧，我看着您眼熟，是不是参加过我们的车展啊？

3. 询问购车用途和时间的询问

参考应答：一看您就是成功人士，这车准备近期就购入吧？我猜肯定是生意越做越大，换一台新的，您是商用还是家用？

4. 询问购车预算

参考应答：可以不直接询问，如果客户进入展厅直奔某款车型而去，这说明客户做过功课来的，如果他在展厅四处观看，你不妨从高价位到低价位进行介绍，观察他的表现，就基本了解心理预期了。

5. 询问购车要求

参考应答：人家不都说嘛，汽车是第二个老婆，选老婆嘛，当然要选一个称心如意的，您对您的座驾有什么要求么？（应对男性客户）

汽车是耐用商品，您要长期使用，所以挑选一款合适您的车型对您很重要，您对汽车有什么要求吗？（应对女性客户）

6. 询问客户是不是决策者

参考应答：可以不直接提问，如果是个人购车，他每次都自己来店看车，自然是决策者，如果第一次自己来，第二次带着妻子来，那妻子可能是决策者。如果他给公司采购，那么最后一次拍板的时候，决策者肯定出现，如果不出现，他就是决策者。

7.5 整车介绍

调查发现，在车辆展示过程中做出购买决定的客户占最终购买客户的70%以上，因此这个环节是完成汽车销售的关键环节，也是说服客户的关键一步。所谓整车介绍，实际上就是在充分了解客户对汽车产品的需求以及兴趣偏好后，充分展示汽车产品能够满足客户需求的各项特征，让消费者更详细地了解产品，使其相信产品的性能及其所带来的利益能满足自己的需求。

7.5.1 FAB 法则

客户之所以在购买产品时犹豫不决，往往是因为对产品的属性和优点不甚明确，不知道"它对我有什么好处"或"它能给我带来什么好处"。而且，有时候客户的需求并不会仅仅局限于一个卖点，而是出现两种或多种卖点并存的情况，比如一位客户可能同时注重汽车的功能、外形和服务，这就决定了汽车销售人员介绍产品的繁杂性。

为了使产品介绍能按一定的逻辑顺序进行，使产品多个卖点的介绍更加有效而不啰唆，往往可以采用 FAB 法则，所谓 FAB 即属性、作用、益处的法则，FAB 对应的是三个英文单词：Feature、Advantage 和 Benefit，按照这样的顺序来介绍，就是说服性演讲的结构，它达到的效果就是让客户相信你的是最好的。

1. 属性（Feature）

即你的产品所包含的客观现实，所具有的属性。比如，讲台是木头做的，木头做的就是产品所包含的某项客观现实。对于所销售产品的属性，销售人员必须有足够的了解和认识，这是毋庸置疑的。除此之外，为了更好地销售，还要深刻地挖掘自身产品的潜质，努力找到被其他人忽略的，没想到的属性。

2. 作用（Advantage）

现实中的每一个产品都有各自的特征，作用（Advantage）就是能够给客户带来的用处。即所列的商品特性究竟发挥了什么功能，是要向顾客证明"购买的理由"：同类产品相比较，列出比较优势；或者列出这个产品独特的地方。

3. 益处（Benefit）

益处代表产品能带给顾客的利益，我们必须考虑商品的利益是否能真正带给客户利益，也就是说，要结合商品的利益与客户所需要的利益。

4．FAB 句式的运用

FAB 介绍法其实是一种针对不同客户的购买动机，把最符合客户要求的产品利益向客户加以推介，讲明产品的属性、作用以及可以为客户带来的利益的一种销售方法。

事实上，属性、作用和益处是一种贯穿产品介绍过程的因果关系，在产品介绍中，它形成了诸如"因为……，所以……，对您而言……"的标准句式。例如"因为这辆车配有 12 缸发动机，所以从 0 到 100 公里的加速时间仅为 12 秒，对您来说可以让你快速提升行车速度。"

相关链接

一只猫非常饿了，想大吃一顿。这时销售员推过来一摞钱，但是这只猫没有任何反应——这一摞钱只是一个属性（Feature）。

猫躺在地下非常饿了，销售员过来说："猫先生，我这儿有一摞钱，可以买很多鱼。" 买鱼就是这些钱的作用（Advantage）。但是猫仍然没有反应。

猫非常饿了，想大吃一顿。销售员过来说："猫先生请看，我这儿有一摞钱，能买很多鱼，你就可以大吃一顿了。"话刚说完，这只猫就飞快地扑向了这摞钱——这个时候就是一个完整的 FAB 的顺序。

猫吃饱喝足了，需求也就变了——它不想再吃东西了，而是想见它的女朋友了。那么销售员说："猫先生，我这儿有一摞钱。"猫肯定没有反应。销售员又说："这些钱能买很多鱼，你可以大吃一顿。"但是猫仍然没有反应。原因很简单，它的需求变了。

7.5.2　六方位绕车介绍法

所谓"六方位绕车介绍法"是指汽车销售人员在向客户介绍汽车的过程中，销售人员围绕汽车的车前方、车左方、车后方、车后座、驾驶室、发动机舱六个方位展示汽车，把车辆的配置状况做一个详细的解释。这种方法巧妙地将客户需要了解的一切信息融入讲解过程中，通过销售顾问的细致阐述，客户对车辆有了全方位的、进一步的了解。

1. 车前方

汽车销售人员首先将客户引领到车前方45度角的位置，距离车辆90厘米，上身微向客户，距离1米左右，左手引导客户参观车辆。汽车的正前方是客户最感兴趣的地方，当汽车销售人员和客户并排站在汽车的正前方时，客户会注意到汽车的标志、保险杠、前车灯、前挡风玻璃、大型蝴蝶雨刷设备，还有汽车的高度、越野车的接近角等。销售顾问从汽车的外形开始，按照由远及近，由上至下的顺序分别介绍其车身尺寸、油漆工艺及车身颜色、前大灯、保险杠、前挡风玻璃及雨刮器等。

2. 车左侧方

接下来，汽车销售人员就要引领客户站在汽车的左侧，引领客户到车左前轮外侧约60厘米处，就视野所及，从车身结构开始，依次介绍车身材料及制造工艺、车身安全性、制动系统、前后悬架、车外后视镜、门把手、天线等。

3. 车后方

陪同客户站在轿车的背后约60厘米处，从行李箱开始，依次介绍高位制动灯、后风窗加热装置、后组合尾灯、尾气排放、燃油系统等。后方主要是一个过渡的位置，车辆的许多附加功能都可以在这里介绍，如后排座椅的易拆性、后门开启的方便性、存放物体的容积大小、汽车的尾翼、备用车胎的位置设计等。

4．车后座

汽车销售人员要争取邀请客户开门，引导客户进入车体，依次介绍摇窗机构、内饰等，让客户充分实际体验车辆的设计。

5．驾驶室

鼓励客户进入驾驶室，先行开车门引导其进座，销售顾问采用蹲跪式向客户解释汽车功能及各种操作方法，介绍内容包括座椅的调控、方向盘的调控、驾驶视野、腿部空间的感觉、安全气囊、安全带、制动系统、操作性、音响、中控台、空调、车门等。最好让客户进行操作体验，同时进行讲解和指导。

6．发动机舱

最后站在车头前缘偏右侧，打开发动机舱盖，固定机盖支撑，依次向客户介绍发动机布局、添加机油等液体的容器、发动机悬挂避振设计、节油方式、环保设计、排气的环节、散热设备的设计与摆放等，最后合上舱盖，引导客户端详前脸的端庄造型，把客户的目光吸引到品牌的标识上。

相关链接

六方位绕车介绍法案例

CR-V 以动力、空间、安全、操控、舒适五大性能为鲜明特点。现在请您跟我一起通过六方位绕车来具体了解这款都市休闲多功能越野车。

1．车前方

展现在您面前的是 CR-V 大气的外形，流畅的曲线，显得非常俊朗、清秀。令人难忘的圆润前脸造型稳重、大方，配合大坡度的设计，给人一种美的同时又有效地降低了行驶时的风阻力度，大大提高了燃油经济性；配上本田大尺寸的镀铬格栅和标志设计简洁明快，体现了驾车者的尊贵身份以及品位。两侧超大晶钻组合前大灯，亮度超强，配多角度反射曲面，照射范围宽广，给您提供充足的路面信息，夜间驾驶轻松掌握前方路况。宽大的前保险杠和车身保护，外形美观大方，使得整个线条更加圆润饱满。内附防撞钢梁，结构坚固，可有效抵御前方意外磕碰。下部内嵌式水晶雾灯，浓雾穿透力强。广角式多反射曲面，照射范围宽广，在雾天行驶时更安全。新款 2.4AT/MT CR-V 新增加了发动机下护板，提高了通过性且非常实用。

2．车左侧方

接下来就让我们看看 CR-V 车侧方的一些特点。与车身同色的门把手、后视镜和防擦条显得非常整洁。后视镜 4 向可调，在驾驶座位置便可轻松操控，方便实用。前后可折叠功能让车辆瞬时瘦身，具有良好的通过性，走街串巷，停放车辆轻松自如。

全车采用 G-force 控制安全车架，两侧设有防撞钢梁，大大加强了 A、B、C、D 柱车顶两侧对冲击的吸收能力，可以阻挡来自侧方的撞击，而很好地保护车内人员安全，其舒适性也是非常良好的。全车采用的是轿车级的底盘，新型的悬挂，精心结合了高钢度、四轮独立悬挂，前轮采用麦克弗森并带有稳定杆的前束控制连杆，提高了您的转向性；后轮采用双叉独立悬挂，提高了您乘坐的舒适性。

智能化的适时四驱系统，可根据路况自行调节切换，反应时间短，切换顺畅，无论是在城市还是在山野都会给您以超凡的驾驶感受，在高动力和低油耗之间达到理想平衡。结合了215/65R98T 宽轮胎，抓地性好，行驶更加平稳，全车采用四轮盘式制动，铝合金车轮具有良好的散热性。且制动盘直径较大，后轮采用盘鼓结合方式，制动效果更加灵敏有效，大大提高了您的燃油使用率，且良好的 ABS 系统通过对四轮制动液的独立控制，能够消除在湿滑路面上刹车和紧急制动下造成的车轮抱死现象，使得制动的稳定性和方向的操控性更加卓越，再配合 EBD 电子制动与分配系统，优化四轮制动液缩短了刹车距离。

3. 车后方

新款 CR-V 的尾部造型是典型的 SUV 车型设计，造型粗犷充满了越野风格，配上超大型直立组合后尾灯且设计位置较高，有力地保持了与后面车辆的距离，减少了追尾的发生。时尚小巧的微型天线提高了收音机的收听效果。电动开启式后车窗带有除霜功能，让你无须打开后门而随意取出后备箱内的物品，后挡风玻璃上的加热除霜线能够确保后窗在雨雪天气里清洁。从而使驾驶员获得一个清晰而安全的后部视线。

与车身同色的硬型备胎护罩更加突出多功能越野风格，宽大的后部保险杠给您的出行带来了更大的安全。90度侧开式尾门空间超大，527升空间可以任意放下大型物品，后排座椅折叠以后容积为 952 升，可以同时放两辆 26 英寸自行车，为同级别车型最大的。您看到的是很多微型尾门挂钩，方便挂一些物品，即节省了空间又保证了物品的安全性，地板垫非常柔软耐磨，下设有一个多功能野餐桌，当您在户外旅游时方便就餐。

本田人性化的设计让您时刻感到家的感觉，下方设有湿物凹槽，方便放湿的物品，非常实用。还配有后仓照明灯和12伏电源插座，不会因为旅行时电器没电而产生烦恼。

4. 车后座

新款 CR-V 的后座空间也是相当宽大的，60/40 可分开式折叠滑动座椅配有可上下调节的头枕，在您疲劳时仰卧其中的感觉也是相当舒适的，座椅可前后翻动，节省了空间。

中央设有带杯架的扶手，让您的手臂得到放松，为了获得与前排乘客同样的安全保障，CR-V 的后排座椅的两侧均配备了三点式安全带，另外在中间配备了一个两点式安全带，坐在后面您也可以安全无忧享受 CR-V 带给您的温馨与舒适。此外 CR-V 两个后门还专门配备了儿童安全锁，这样就可以消除了后排乘坐儿童时不经意的开启造成的伤害，让您的孩子可以在车内尽情玩耍，而您在前方也可以专心驾驶丝毫不必分心。

全车采用了绿色隔热防紫外线玻璃，能够有效地抵挡车外热量的侵入，又能阻挡86%以上的紫外线，确保了车内乘坐环境的舒适性。

5. 驾驶室

CR-V 四车门均可大角度开启，这样极大方便了驾驶人员上下。新款 CR-V 在原有的基础上，室内空间感更大，非常宽敞，无压抑感。双色轿车设计室内风格，是目前国际比较流行的色彩，时刻营造一种温馨的家居感。内饰都采用了防火阻燃材料，不但经久耐用，而且不易燃烧，非常安全。方向盘高度可自动调节，并带有音箱控制键，免去了您在驾驶过程中用手调音调台的麻烦，提高了您的驾车安全性。同时2.4还配有巡航定速键,当您在长途驾驶时,锁定速度,松开油门,让您长途驾驶的脚踝也可时刻得到轻松,同时也节省了燃油。

新款CR-V采用的是自发光式仪表盘,上配有外部温度显示,前大灯开启提醒和发动机防盗工作指示,以及瞬间油耗量显示,位于驾驶者自然视线的中心位置,这就更加符合人体工程学的原理,有效缩短了视线上下移动的距离,给驾驶者一个宽广安全的驾驶空间。设在中控台上的AT皮革换挡杆操作方便,挡位清晰,并增加了D3超速挡,瞬时提速非常顺畅,平稳,减少了冲击感,更加提高了您驾驶的乐趣。变速箱为5速(2.0为4速)自动排挡。

目前新增配有2.0 /2.4MT,变速箱更为紧凑化,从而使布局更为合理,反应更快捷、灵敏,同时也降低了燃油的经济性,下方配有手刹,它的独特位置设计为驾驶舱节省了更大的空间,操作起来很方便.音箱方面配有AM/FM双声道收放机、磁带播放机以及6碟连放CD机,外形美观,操纵方便,自动吸入设计,换片轻松自如,配上6扬声器,各音域俱佳,让您仿佛置身于音乐厅。下方配有全自动空调调节装置,双向180度全角度出风口设计配合高性能斜坡式压缩机运转阻力低,效率高。

双SRS安全气囊范围超大,配上预紧的三点式安全带,为您的安全又增加了一份保险。您的上方设有顶置的眼镜盒,方便存取,节省空间。旁边是地图阅读灯以及两侧豪华型遮阳板,内设有化妆镜,顶部的电动可开启天窗为您营造美好光线的同时也净化了室内空气。座椅采用的人体工程学设计,配有上下调节装置,同时可以前后拉动,使您的坐姿更为正确。两前座带电加热功能,人性化的关怀让您在长途驾驶时得到更贴心的服务,两前座椅设有中央扶手,让您手臂得到轻松的同时给了您身体安全的固定点和支撑点,提高了您的安全感,下设有可折叠杯架托盘,轿车级的配置即节省了空间又可让前后排穿行更加方便。两侧的储物盒及前座椅下的储物盒多样、方便,实用的储物空间设计,对驾驶者的关爱更是尽心尽力。四门的车窗均采用电动控制,室内操作非常方便。驾驶侧的车窗采用一触式的设计,轻轻一按,玻璃自动下降到底,省心省力并带防夹功能更好地体现了本田人性化的关怀。门锁为中央控制,并带有15秒的二次自动上锁功能,这样的设计可以避免在误操作之后打开车门造成车内物品的丢失和车辆失窃。新CR-V还配有最为先进的防盗报警系统,发动机防盗锁止系统,一体式电控遥控钥匙,让您放心方便休闲。

此外,车内钥匙带有智能芯片,当钥匙插入点火开关后,通过发动机的ECU密码认证,能够防止钥匙被复制导致车辆被盗,这样让CR-V拥有了主动防盗能力,在驾驶座下方另设有油箱盖以及行李箱后风窗的控制开关,您只要在驾驶舱内就可以轻松打开,避免了频繁上下车的琐碎动作。

6. 发动机舱

新款CR-V发动机舱布局合理,整洁。它配有日本本田公司目前最先进I-VTEC技术的全铝发动机。它最大的特点是经济性和动力性的完美结合,出色的经济性并没有减少您对动力的要求,118千瓦的功率和220N·m的最大扭矩为同级别车最大,这款发动机运转起来非常安静,配上具有降噪、隔音、减震的双层发动机罩,在高速行驶时车内的噪音也是非常小的,并且达到欧四排放标准,体现出CR-V的环保性与经济性的优势。

本田CR-V精心的制造工艺,人性化的关怀设计,定会给您一种全新的驾驶感受!

7.6 试乘试驾

在销售过程中,试乘试驾具有十分重要的作用,当产品已引起客户的兴趣时,试乘试驾可让他们更进一步体验到产品的质量和特点,以提高销售成功率。因此,汽车销售人员应该尽可能多地引导客户参与试乘试驾,并且密切留意客户在试乘试驾过程中的神态和想法,给予适时的帮助、指导和购买鼓励。通过试乘试驾,增加客户对产品的熟识度和认知度,激发客户购买的欲望。

7.6.1 试乘试驾前操作步骤

试乘试驾前操作步骤见表7-1。

表7-1 试乘试驾前操作步骤

操作步骤	操作要求
第一步:试乘试驾邀请	1. 销售顾问对有购买意愿的顾客发出试乘试驾邀请 2. 有技巧地引导顾客同意试乘试驾
第二步:准备资料	1. 试乘试驾线路图 2. 试乘试驾协议书 3. 试乘试驾意见调查表 4. 试乘试驾试音碟
第三步:车辆检查	1. 保证车内外清洁,车内部安装专用地毯 2. 检查油量:20升为宜 3. 确保车辆性能:灯光、空调、音响以及发动正常
第四步:审核驾照	1. 请顾客出示本人合法有效驾驶证件 2. 注意发证机关、有效期、准驾车型(C1及C1以上)、驾龄(一年或一年以上) 3. 留下相关有效证件,试车完毕后退回
第五步:签协议书	1. 请客户在《试乘协议书》上签名 2. 提醒顾客写明驾驶证号、联系人、电话号码、时间 3. 请客户再次核对驾驶证号
第六步:路线图说明	1. 向客户解释行驶路线、范围 2. 向客户说明试乘试驾安全注意事项
第七步:提醒顾客填写意见表	1. 提醒顾客在试乘试驾结束后回展厅填写《试乘试驾意见表》 2. 告知有礼品相赠

7.6.2 试乘试驾时操作步骤

1. 引导顾客到车旁

客户在试乘试驾时,往往会和自己的亲朋好友一起来参加,如果汽车销售人员要想取得积极的试驾体验,就必须做好试乘试驾中的人际沟通。

2. 出发前给顾客的静态展示

(1)请顾客进入副驾驶座及后排,协助顾客完成座椅调节及系好安全带。
(2)车内空间和布局展示(静态介绍):座椅调节便捷、方向盘调整便捷、空间宽敞、仪表台布局典雅、显示鲜明,座椅舒适度、空调舒适度、体验音响效果等。

（3）启动后：点火启动后声音沉稳，车辆怠速情况下发动机安静无抖动。

3. 顾客试乘阶段

（1）首先由汽车销售人员先驾驶。
（2）给顾客做示范驾驶（针对驾驶技术不熟练的顾客）。
（3）动态介绍重点：起步、加速、制动性、匀速、转弯。

4. 中途换乘

（1）行驶一段距离，到达预定换乘处，选择安全的地方停车，并将发动机熄火。
（2）取下钥匙，由销售人员自己保管。
（3）帮助顾客就座，确保顾客乘坐舒适。
（4）待顾客进入驾驶位置后，亲手交给顾客钥匙。
（5）提醒顾客调节后视镜、系好安全带。
（6）请顾客亲自熟悉车辆操作装备，如刹车、离合、油门。
（7）汽车销售人员请顾客再次熟悉试车路线，再次提醒安全驾驶事项。

5. 顾客试驾阶段

（1）驾驶中让顾客充分体验，适当指引路线。
（2）适当引导顾客体验车辆性能、强化动态优势，寻求客户认同。
（3）注意观察客户驾驶的方式，控制顾客驾驶的节奏，若顾客有危险驾驶动作，及时提醒并在必要时干预。
（4）尽量多赞美顾客，让顾客拥有满足感。

7.6.3 试乘试驾后操作步骤

试乘试架后操作步骤见表 7-2。

表 7-2 试乘试驾后操作步骤

步骤	操作细节
第一步：试乘试驾车停放	1. 乘试驾车回到指定区域，按规定停放 2. 销售顾问应首先下车，主动替顾客开车门，防止客人头部碰到车门 3. 提醒顾客确认无东西遗忘在车内 4. 环车一周检查车辆，确认外观
第二步：邀请顾客回展厅休息	1. 邀请顾客回到展厅，帮客人递送茶水 2. 请顾客填写意见表 3. 归还证件，表示感谢
第三步：适机促成成交	1. 回答顾客需求重点和疑问 2. 适机深入洽谈促进成交 3. 若成交，转入订单操作流程。若未成交，制成潜在客户卡
第四步：送走顾客	1. 赠送礼品 2. 礼貌送客到门口
第五步：交回车匙，做好登记	1. 交回车匙 2. 填写试乘试驾登记表 3. 在洽谈完毕，顾客离店后向库管人员汇报车辆状况、油量，包括预警功能故障、卫生污点等

相关链接

试乘试驾话术

按先试乘后试驾的原则，领取钥匙后，为客户打开副驾驶车门，请客户入座，帮助客户调节好座椅。试乘试驾专员进入驾驶室，重申试驾线路及要求，提醒客户系好安全带，关闭音响或减小音量；启动车辆，将温度设置在23摄氏度，提示客户试驾开始，车辆起步，客户开始感受试乘。

话术："某先生/小姐：您好！此次试驾按照先试乘再试驾的顺序进行，先由我驾驶车辆带您进行试乘感受，到达换乘点后，由您驾驶车辆进行试驾，整个过程中会针对车辆的安全性、操控性、运动性、舒适性进行驾乘体验，最后到达换乘点后由我驾驶车辆带您回到公司，试驾结束。整个试驾过程大致需要20分钟，试驾期间禁止使用手机，请您遵守道路交通法规，注意交通安全。车辆启动，试乘试驾开始，请您系好安全带。"

测试车辆的底盘和悬挂，"某先生/小姐：您好！这里就是我们试乘试驾的起点，现在我们将要通过的是颠簸路面的测试路段，此款车的底盘为独立悬架，在通过凹凸路面时，可以使轮胎不受颠簸影响，始终保持与地面接触，减少震荡，保持轮胎方向，同时又不失路感，使乘坐更稳定和舒适。"

直线加速测试。让客户感觉车辆行驶的稳定性、提速性能、发动机的轰鸣声、车辆自动落锁功能。在这期间告诉客户发动机采用的先进技术：FSI燃油直喷技术、废气涡轮增压、扭矩跟功率的参数、奥迪驾驶模式。

话术："某先生/小姐：您好！在此路段上，我们可以感受车辆直线加速行驶的动力性、稳定性；此款车配备了FSI燃油直接喷射带涡轮增压的发动机，连续几年被评为全球十佳发动机第一名，输出的××扭矩所产生的强大动力大大提升了车辆的加速性，此款发动机使汽油燃烧更加充分，动力更加强劲，油耗更加节省，百公里油耗只需××（如A4L潜在客户，还可强调选装奥迪驾驶模式的优势，通过调整方向盘、油门、制动系统、变速器等装置将车辆调式成为符合自己驾驶习惯的状态，同时，ESP8.1版本的电子稳定程序的及时介入，在高速紧急变线时大大提高了行驶的安全性），加速时您是否感觉到非常强烈的推背感呢？" 话术："某先生/小姐：您好！此款车配备了8.1版本的ESP电子稳定系统，它包括了刹车防抱死、制动力补偿、制动力辅助等功能，在紧急状态下防止车辆侧滑甩尾，在连续制动的情况下保证最大的制动力，在制动不到位时给予最大的制动力，使车辆依然能保持最大的安全性和通过性；刚才您在紧急制动的过程中，由于ESP及时介入，您是否感觉车身非常稳定，方向没有跑偏呢？"

测试车辆的过弯稳定性能及过弯操控性能，测试转弯的精确度、过弯的稳定性、循迹性。强调车辆的轻质四连杆或五连杆前悬架系统、梯形连杆后悬架系统的优势。转弯时方向非常轻，转弯的精确度很高。强调车辆的随速助力转向装置、动态转向装置的优势。

话术："某先生/小姐：您好！现在我们通过的是测试车辆过弯的路段，此款车配备了轻质××连杆的前悬架，它能够使转向更加精确，受力更加直接，使车辆更容易操控，梯形后悬架的设计又使得后轮的循迹性大大提升，使整车通过性变得更好；您是否感觉到车辆在转弯时，没有明显的侧倾呢？"

话术："某先生/小姐：您好！现在我们通过的是测试车辆过弯操控性能的路段，此款车配备了随速助力转向装置，低速转弯时，减轻方向盘转向力度，更容易操控和过弯；高速时，加重方向盘转向力度，使车辆不容易跑偏，更稳定更安全；（如 A4L 客户可提到）如选装动态转向装置，那么还可以通过调整转向比，在低速过弯时，减少打方向角度，更容易通过，在高速行驶时，增加打方向的角度，提高行驶稳定性；您是否感觉到过弯时，方向很轻便，操控更精确呢？"

测试车辆 S 挡的提速性与 ESP 电子稳定系统的制动效果，先让客户使用 S 挡模式，从静止将油门踩到底，通过 DRP 动态换挡模式体验车辆运动档的提速性能，听发动机的轰鸣声。随后提示客户车速到达 100km/h 时进行紧急制动,让客户感觉良好的制动性能,对车辆的 ESP 功能的介入有所体验。

话术："某先生/小姐：您好！现在我们通过的是测试车辆 S 挡提速性能的路段，此款车配备的是 Multitronic 无极手动一体式变速器，加速平顺，没有换挡顿挫感，同时配备了 DRP 动态换挡模式，通过您踩踏油门的力量和速度，迅速反应您的超车需求，使车辆提速更快，油门反应更灵敏；您是否听到发动机浑厚的轰鸣声，是否有驾驶跑车的感觉呢？"

换乘点换客户试驾，试乘试驾专员下车后等待客户入座驾驶室，并帮助客户调整好座椅，随后从车尾绕到副驾驶入座，提醒客户系好安全带，调整好后视镜，简单告之客户挡位、刹车、油门、手制动、转向灯等操作方法，将钥匙交给客户，车辆起步，客户开始对这段试驾路线开始进行体验。

7.7 异议处理

7.7.1 顾客异议的概念

所谓顾客异议是顾客对汽车销售人员或其推销活动所做出的一种形式上表现为怀疑或否定或反对意见的一种反应。简单来说就是顾客用来作为拒绝购买理由的意见、问题、看法。

对顾客异议的认识和处理方法，是欢迎还是反对，是积极对待还是消极回避，是每一个汽车销售人员都必须做出的选择。

对销售工作而言，可怕的不是异议而是没有异议，不提任何意见的顾客通常是最令人头疼的顾客。因为顾客的异议具有两面性：既是成交障碍，也是成交信号。我国一句经商格言"褒贬是买主、无声是闲人"，说的就是这个道理。有异议表明顾客对产品感兴趣，有异议意味着有成交的希望。汽车销售人员通过对顾客异议的分析可以了解对方的心理，知道他为何不买，从而按病施方，对症下药，而对顾客异议的满意答复，则有助于交易的成功。日本一位推销专家说得好："从事销售活动的人可以说是与拒绝打交道的人，战胜拒绝的人，才是销售成功的人。"

7.7.2 顾客异议的类型

1. 按性质划分的异议

1）真实异议

真实异议是指推销活动的真实意见和不同的看法，因此又称有效异议。对于顾客的真实异议,汽车销售人员要认真对待,正确理解,详细分析,并区分不同异议的原因,从根本上消除异议,有效地促进顾客的购买行为。

2)虚假异议

虚假异议是指顾客用来拒绝购买而故意编造的各种反对意见和看法,是顾客对推销活动的一种虚假反应。虚假异议的产生多是顾客拒绝推销的意识表示,并不是顾客的真实想法,可能是顾客为了争得更多的交易利益而假借的理由。一般情况下,对虚假异议,汽车销售人员可以采取不理睬或一带而过的方法进行处理。因为即使推销人员处理了所有的虚假异议,也不会对顾客的购买行为产生促进作用,故虚假异议又称无效异议。对顾客的虚假异议,重要的是推销人员如何分辨这种异议的真假。

在实际推销活动中,虚假异议占顾客异议的比例比较多。日本有关推销专家曾对387名推销对象做了如下调查:"当你受到推销人员访问时,你是如何拒绝的?"结果发现:有明确拒绝理由的只有71名,占18.8%;没有明确理由,随便找个理由拒绝的有64名,占16.9%;因为忙碌而拒绝的有26名,占6.9%;不记得是什么理由,好像是凭直觉而拒绝的有178名,占47.1%;其他类型的有39名,占10.3%。这一结果说明,有近七成的推销对象并没有什么明确的理由,只是随便地找个理由来反对推销人员的打扰,把推销人员打发走。

2. 按内容异议划分

1)需求异议

需求异议是指顾客认为不需要产品而形成的一种反对意见。它往往是在汽车销售人员向顾客介绍产品之后,顾客当面拒绝的反应。例如,一位女顾客提出:"我的面部皮肤很好,就像小孩一样,不需要用护肤品。""我们根本不需要它。""这种产品我们用不上。""我们已经有了"等。这类异议有真有假。真实的需求异议是成交的直接障碍。汽车销售人员如果发现顾客真的不需要产品,那就应该立即停止营销。虚假的需求异议既可表现为顾客拒绝的一种借口,也可表现为顾客没有认识或不能认识自己的需求。汽车销售人员应认真判断顾客需求异议的真伪性,对虚假需求异议的顾客,设法让他觉得推销产品提供的利益和服务,符合顾客的需求,使之动心,再进行营销。

2)财力异议

财力异议是指顾客认为缺乏货币支付能力的异议。例如,"产品不错,可惜无钱购买。""近来资金周转困难,不能进货了"等。一般来说,对于顾客的支付能力,汽车销售人员在寻找顾客的阶段已进行过严格审查,因而在营销中能够准确辨认真伪。真实的财力异议处置较为复杂,汽车销售人员可根据具体情况,或协助对方解决支付能力问题,如答应赊销、延期付款等,或通过说服使顾客觉得购买机会难得而负债购买。对于作为借口的异议,营销人员应该在了解真实原因后再作处理。

3)权力异议

权力异议是指顾客以缺乏购买决策权为理由而提出的一种反对意见。例如,顾客说:"做不了主。""领导不在。"等。与需求异议和财力异议一样,权力异议也有真实或虚假之分。汽车销售人员在进行寻找目标顾客时,就已经对顾客的购买人格和决策权力状况进行过认真的分析,也已经找准了决策人。面对没有购买权力的顾客极力推销商品是营销工作的严重失误,是无效营销。在决策人以无权作借口拒绝营销人员及其产品时放弃营销更是营销工作的失误,是无力营销。营销人员必须根据自己掌握的有关情况对权力异议进行认真分析和妥善处理。

4)价格异议

价格异议是指顾客以推销产品价格过高而拒绝购买的异议。无论产品的价格怎样,总有些人会说价格太高、不合理或者比竞争者的价格高。例如,"太贵了,我买不起。""我想买一种便宜点的型号。""我不打算投资那么多,我只使用很短时间。""在这些方面你们的价格不合理。"以及"我想等降价再买。"顾客提出价格异议,表明他对推销产品有购买意向,只是对产品价格不满意,而进行讨价还价。当然,也不排除以价格高为拒绝营销的借口。在实际营销工作中,价格异议是最常见的,营销人员如果无法处理这类异议,营销就难以达成交易。

5)产品异议

产品异议是指顾客认为产品本身不能满足自己的需要而形成的一种反对意见。例如:"我不喜欢这种颜色。""这个产品造型太古板。""新产品质量都不太稳定。"还有对产品的设计、功能、结构、样式、型号等提出异议。产品异议表明顾客对产品有一定的认识,但了解还不够,担心这种产品能否真正满足自己的需要。因此;虽然有比较充分的购买条件,就是不愿意购买。为此,营销人员一定要充分掌握产品知识,能够准确、详细地向顾客介绍产品的使用价值及其利益,从而消除顾客的异议。

6)营销人员异议

营销人员异议是指顾客认为不应该向某个营销人员购买推销产品的异议。有些顾客不肯买推销产品,只是因为对某个营销人员有异议,他不喜欢这个营销人员,不愿让其接近,也排斥此营销人员的建议。但顾客肯接受自认为合适的其他营销人员。比如:"我要买老王的。""对不起,请贵公司另派一名营销人员来"等。营销人员对顾客应以诚相待,与顾客多进行感情交流,做顾客的知心朋友,消除异议,争取顾客的谅解和合作。

7.7.3 处理顾客异议的原则

1. 做好准备工作

"不打无准备之仗",这是销售人员面对顾客拒绝时应遵循的一个基本原则。销售前,销售人员要充分估计顾客可能提出的异议,做到心中有数。这样,即使遇到难题,到时候也能从容应对。事前无准备,就可能不知所措,顾客得不到满意答复,自然无法成交。可以说,良好的准备工作有助于消除顾客异议的负面性。

2. 选择恰当的时机

对于顾客提出的异议,推销人员不一定立即答复,应选择适当的时机。有的异议的是推销人员必须答复的,而且能够给消费者一个圆满的答复的,应立即处理,成为"热处理";有的异议是推销人员不能自圆其说或是异议偏离主题，可不必马上答复，甚至不予理睬，称为"冷处理"；有的异议已在预料之中，推销人员应做好准备，先发制人，在顾客提出异议之前及时解答，消除顾客的疑虑，争取顾客的信任。

根据美国对几千名销售人员的研究，优秀销售员所遇到的顾客严重反对的机会只是其他人的十分之一，原因就在于优秀销售员往往能选择恰当的时机对顾客的异议提供满意的答复。在恰当时机回答顾客异议，便是在消除异议负面性的基础上发挥了其积极的一面。

3．忌与顾客争辩

不管顾客如何批评，销售人员永远不要与顾客争辩，"占争论的便宜越多，吃销售的亏越大"。与顾客争辩，失败的永远是销售员。

4．给顾客留"面子"

顾客的意见无论是对是错、是深刻还是幼稚，销售员都不能给对方留下轻视的感觉。销售员要尊重顾客的意见，讲话时面带微笑、正视顾客，听对方讲话时要全神贯注，回答顾客问话时语气不能生硬。"你错了""连这你也不懂""你没明白我说的意思，我是说……"这样的表达方式抬高了自己，贬低了顾客，挫伤了顾客的自尊心。

7.7.4 处理顾客异议的方法

1．转折处理法

转折处理法，是推销工作的常用方法，即销售员根据有关事实和理由来间接否定顾客的意见。应用这种方法是首先承认顾客的看法有一定道理，也就是向顾客做出一定让步，然后再讲出自己的看法。此法一旦使用不当，可能会使顾客提出更多的意见。在使用过程中要尽量少地使用"但是"一词，而实际交谈中却包含着"但是"的意见，这样效果会更好。只要灵活掌握这种方法，就会保持良好的洽谈气氛，为自己的谈话留有余地。顾客提出营业员推销的服装颜色过时了，营业员不妨这样回答："小姐，您的记忆力的确很好，这种颜色几年前已经流行过了。我想您是知道的，服装的潮流是轮回的，如今又有了这种颜色回潮的迹象。"这样就轻松地反驳了顾客的意见。

2．转化处理法

转化处理法，是利用顾客的反对意见自身来处理。顾客的反对意见是有双重属性的，它既是交易的障碍，同时又是一次交易机会。营业员要是能利用其积极因素去抵消其消极因素，未尝不是一件好事。

这种方法是直接利用顾客的反对意见，转化为肯定意见，但应用这种技巧时一定要讲究礼仪，而不能伤害顾客的感情。此法一般不适用于与成交有关的或敏感性的反对意见。

3．以优补劣法

以优补劣法，又叫补偿法。如果顾客的反对意见的确切中了产品或公司所提供服务中的缺陷，千万不可以回避或直接否定。明智的方法是肯定有关缺点，然后淡化处理，利用产品的优点来补偿甚至抵消这些缺点。这样有利于使顾客的心理达到一定程度的平衡，有利于使顾客做出购买决策。

4．委婉处理法

销售员在没有考虑好如何答复顾客的反对意见时，不妨先用委婉的语气把对方的反对意见重复一遍，或用自己的话复述一遍，这样可以削弱对方的气势。有时转换一种说法会使问题容易回答得多。但只能减弱而不能改变顾客的看法，否则顾客会认为你歪曲他的意见而产生不满。营业员可以在复述之后问一下："你认为这种说法确切吗？"然后再继续下文，以求得顾客的认可。比如顾客抱怨"价格比去年高多了，怎么涨幅这么高。"营业员可以这样说："是啊，价格比起前一年确实高了一些。"然后再等顾客的下文。

5．合并意见法

合并意见法，是将顾客的几种意见汇总成一个意见，或者把顾客的反对意见集中在一个时间讨论。总之，是要起到削弱反对意见对顾客所产生的影响。但要注意不要在一个反对意见上纠缠不清，因为人们的思维有连带性，往往会由一个意见派生出许多反对意见。摆脱的办法，是在回答了顾客的反对意见后马上把话题转移开。

6．反驳法

反驳法，是指销售员根据事实直接否定顾客异议的处理方法。理论上讲，这种方法应该尽量避免。直接反驳对方容易使气氛僵化而不友好，使顾客产生敌对心理，不利于顾客接纳营业员的意见。但如果顾客的反对意见产生于对产品的误解，而你手头上的资料可以帮助你说明问题时，你不妨直言不讳。但要注意态度一定要友好而温和，最好是引经据典，这样才有说服力，同时又可以让顾客感到你的信心，从而增强顾客对产品的信心。反驳法也有不足之处，这种方法容易增加顾客的心理压力，弄不好会伤害顾客的自尊心和自信心，不利于推销成交。

7．冷处理法

对于顾客一些不影响成交的反对意见，推销员最好不要反驳，采用不理睬的方法是最佳的。千万不能顾客一有反对意见，就反驳或以其他方法处理，那样就会给顾客造成你总在挑他毛病的印象。当顾客抱怨你的公司或同行时，对于这类无关成交的问题，都不予理睬，转而谈你要说的问题。顾客说："啊，你原来是××公司的推销员，你们公司周围的环境可真差，交通也不方便呀！"尽管事实未必如此，也不要争辩。你可以说："先生，请您看看产品……"

国外的推销专家认为，在实际推销过程中80%的反对意见都应该冷处理。但这种方法也存在不足，不理睬顾客的反对意见，会引起某些顾客的注意，使顾客产生反感。且有些反对意见与顾客购买关系重大，推销员把握不准，不予理睬，有碍成交，甚至失去推销机会。因此，利用这种方法时必须谨慎。

8．强调利益法

这种方法是指销售人员通过反复强调产品能给顾客带来的利益的方法来化解顾客的异议，适用于具有某种缺点又能为顾客带来某种突出利益的产品。

9. 比较优势法

这种方法是指销售人员将自己的产品与竞争产品相比较，从而突出自己产品的优势来处理顾客的异议。

10. 价格对比法

这种方法是指顾客提出相关价格异议时，销售人员进行横向或纵向的对比来化解顾客的异议。

11. 价格分解法

这种方法是当顾客提出有关价格的异议时，销售人员可以化解计量单位，以此来改变顾客的错误看法，以化解顾客异议的方法。

12. 反问法

这种方法时候指销售人员对顾客的异议提出反问来化解顾客异议。常用于销售人员不了解顾客异议的真实内涵，即不知是寻找借口还是有异议时，进行主动了解顾客心理的一种策略。采取反问法时，应注意销售利益和保持良好的销售气氛。

相关链接

异议处理话术

1. 你别管我看没看过，你就报个底价得了，比人家便宜我就马上买

话术：噢，看来您是一个挺爽快的人，同时我也相信您应该也在别的地方也有了解过这款车的了，不然你不会说今天就可以马上买，价格方面既然您已经看过了，都差不多的了，别的店能做到的我们店也一样可以做到，更何况我们店地区比较偏僻，价格方面比较便宜，所以我相信只要你车型看好了，价格方面大家坐下来谈谈。再者，买一辆车我相信您关注的不仅仅是价格问题，应该还有其他方面，比如说售后服务、保险理赔等，我相信让我介绍完我公司一些特色服务后你一定会感到满意的。

2. 临成交的时候，顾客往往会忽然说：你再送我××、××，我就马上买

话术：这车价平常我们都是不送东西的，今天我们搞活动才破例送出这么多东西啊，最优惠的时机都不买的话，那下次您过来，我们这边再也送不出这么多东西了。就选择最优惠的时机定下来嘛。不要让一两个××、××影响您用车的时间嘛！

3. ××车降价幅度小

话术：××车降价幅度的确很少，而不像其他车的幅度那么大。作为买车的人，您肯定想越优惠越好，但作为一个车主，您愿不愿意看到自己的车一路狂降？我们车子价格较为稳定,其实是对消费者负责任,同时也让你们增强购买的信心,许多车子买之前都很优惠,但不到几个月价格又会被调整。另一个原因之所以降价幅度少,这与厂家的市场营销观念有关,很多厂家是把返利让给经销商,由经销商把控价格,当经销商销售出现压力时就会大幅度调价,从而吸引消费者;而××厂家是直接把利益让给客户,我们经销商无法调整价格。我之前的一名车主,他和朋友一起买车,他买了××,他朋友买了×××,当时×××还要加 5000 元拿车,现在半年的时间,他朋友的车已经掉价 1.5 万元了(现在已经降价 2 万元),他的车现在一直没有掉价,心里不知道多舒服,拿去卖二手车都赚多一点呢。

4. 避震差,过减速带很不舒服

话术:您提的这个问题非常好,看来您对我们的车感受还是蛮深的。××车的避震是比较硬,但不叫差,因为避震的舒适与否和车子的操控性能好坏是成反比的。××车是注重操控性的,所以避震较硬则减速带时显得比较颠簸,但车子的加速过弯和车身的平稳性是非常好的,行驶稳定、路感清晰,不易晕车,您试一下看看感觉是不是。

7.8 签约成交

7.8.1 促进成交

促进成交是整个汽车销售过程中的关键时刻。掌握提出交易建议的时机可以说是一门艺术。大部分客户在成交时不会主动表示购买,所以汽车营销人员应主动提出成交。这样做的好处是:第一,可以确认客户的要求;第二,帮助客户做决定。但是如果太早就提出交易,很有可能激起客户的抗拒心态,一旦被客户拒绝,与客户的关系可能会出现一定程度上的倒退。

7.8.2 购买信号

多数情况下,客户不会主动表示购买,但如果他们有了购买欲望,通常会不自觉地流露出购买意图,而且是通过其语言或行为显示出来,这种表明其可能采取购买行动的信息,就是客户的购买信号。尽管购买信号不必然会导致购买行为,但营销人员可以把购买信号的出现,当作促使购买协议达成的有利时机。

购买信号的表现形式是复杂多样的,一般可以把它分为表情信号、语言信号和行为信号。购买信号一旦出现,就要及时抓住机会,促进成交。

1. 从行为上观察

(1) 对车辆表现出浓厚的兴趣,非常关注,面带微笑,频频点头,并主动操作。仔细观看产品说明书。坐进车里,感觉车辆的空间、视野、舒适度等,并仔细询问后备箱、油箱开启方式等如何操作,具体功能怎么使用。

(2) 客户突然主动靠近销售顾问,态度从冷漠怀疑变为亲切随和。表示防备心理下降,信任感上升。

(3) 突然沉默,陷入沉思,处于考虑阶段。不要打扰,让他有充分时间思考做决定。

（4）主动要求试乘试驾。

（5）再次到店，主动和销售顾问打招呼，并热情地将销售顾问介绍给同行的亲友。

（6）用纸笔、计算器算价格。

（7）趁销售顾问不注意时，旁听或打探别的客户的价格。

（8）到售后去问其他车主的使用情况。

2. 从表情上观察

（1）表情由凝神深思转为轻松愉悦。由思考时的凝重，转为下决定时的坚定眼神。

（2）由开始时的索然无味、毫无反应变得饶有兴趣，眼睛转动也由慢变快，突然放光。

（3）由开始的双手抱胸，到双手自然放下，由不安变得高兴、友好。

3. 从语言上分析

（1）大肆评论你的产品，无论正面负面。

（2）询问随同人员的认同。"我觉得还行，你们觉得怎么样？"之类的话。寻找认同，说明心中已经认同了。

（3）要优惠，杀价格，问近期有无优惠活动。还能优惠多少，还有什么东西送，你们什么时候还有活动？

（4）问付款细节，订金要交多少，刷卡还是付现金，你们公司财务是哪个银行？

（5）问及按揭方式，具体哪个银行，利息是多少。

（6）问车辆的库存情况。这个车还有什么颜色，有没有现货，几天可以交货，订车要等多久。

（7）到处挑车辆的毛病，并一直夸赞竞品。如果竞品真的那么好，那他干吗还要来看？

（8）问市场反映，维修保养、售后服务、上牌等细节。质保期多久？保养一次要多少钱？自己家附近有无分店、维修保养点。

（9）在你回答或解决了他的异议之后，提出还要再考虑一下。"你说的是不错，但是我还要再考虑一下。"

7.8.3　成交技巧

汽车销售成交就像足球比赛的临门一脚，决定着成败，因此提高成交水平，对于汽车销售人员越为关键。汽车销售人员要根据实际情况选择使用最恰当的成交技巧，而不是直接询问顾客是否愿意购买车辆。

相关链接

"老板，青椒辣不辣？"卖青椒的四种答案。

第一种答案是：辣。

第二种答案是：不辣。

第三种答案是：你想要辣的还是不辣的？

第四种答案是：这一堆是辣的，那一堆是不辣的，随便要。

第一种答案的结果可能是,碰巧买青椒的这两天上火,这桩买卖就黄了。

第二种答案的结果可能是,凑巧买青椒的这两天想开开胃口,这次生意没有达成。

第三种答案的结果可能是,本想以销售技巧进行二选一反问,结果遇见较真的主顾,结果很难预料。成功率是50%。

第四种答案的结果无疑是最佳的,这个答复不言而喻,成功率是100%。

1. 选择成交法

汽车销售中选择成交法是提供给客户三个可选择的成交方案,任其自选一种。这种办法是用来帮助那些没有决定力的客户进行交易。这种方法是将选择权交给客户,没有强加于人的感觉,利于成交。

相关链接

相邻的A、B两家早点店规模一样大,每天豆浆的销售量也差不多,但A店茶叶蛋的销售量却比B家少很多。后来A店老板发现原因在于一句话的差别,A店服务员总是问来吃早餐的人:"你加不加茶叶蛋?"通常的回答是不加。而B店的服务员却总是说:"给您加一个茶叶蛋,还是加两个茶叶蛋?"通常的回答是一个。

2. 请求成交法

请求成交法是汽车销售人员用简单明确的语言直接要求客户购买。成交时机成熟时销售员要及时采取此办法。此办法有利于排除客户不愿主动成交的心理障碍,加速客户决策。但此办法将给客户造成心理压力,引起反感。该办法适应客户有意愿,但不好意思提出或犹豫时。

3. 肯定成交法

肯定成交法是汽车销售人员用赞美坚定客户的购买决心,从而促进成交的方法。客户都愿意听好话,如你称赞他有眼光,当然有利于成交。此法必须是客户对产品有较大的兴趣,而且赞美必须是发自内心的,语言要实在,态度要诚恳。

4. 从众成交法

消费者购车容易受社会环境的影响,如现在流行什么车,某某名人或熟人购买了什么车,常常将影响到客户的购买决策。但此法不适应于自我意识强的客户。

5. 优惠成交法

汽车销售中提供优惠条件来促进成交即为优惠成交法。此办法利用客户沾光的心理,促成成交。但此法将增加成本,可以作为一种利用客户进行推广并让客户从心理上得到满足的一种办法。

6. 假定成交法

汽车专业销售中假定成交法为假定客户已经做出了决策,只是对某一些具体问题要求做出答复，从而促使成交的方法。如对意向客户说"此车非常适合您的需要，你看我是不是给你搞搞装饰"。此法对老客户、熟客户或个性随和、依赖性强的客户，不适合自我意识强的客户，此外还要看好时机。

7．利益汇总成交法

利益汇总成交法是汽车销售人员将所销的车型将带给客户的主要利益汇总，提供给客户，有利于激发客户的购买欲望，促成交易。但此办法必须准确把握客户的内在需求。

8．保证成交法

保证成交法即为向客户提供售后服务的保证来促成交易。采取此办法要求汽车销售人员必须"言必信，行必果"。

9．小点成交法

小点成交法是指汽车销售人员通过解决次要的问题，从而促成整体交易的办法。牺牲局部，争取全局。如销售汽车时先解决客户的执照、消费贷款等问题。

10．最后机会法

这是指给客户提供最后的成交机会，促使购买的一种办法。如这是促销的最后机会。"机不可失，时不再来"，变客户的犹豫为购买。

7.9 交车服务

由于汽车产品的特殊性，使得汽车交车服务是整个汽车销售环节中不可或缺的一环，如果汽车销售人员在交车这项工作上做得好，那就会让顾客感到非常满意和贴心。

7.9.1 车辆准备

（1）交车前3天内与客户确认交车具体时间，带好相关购车资料（车主身份证原件、购车合同、定金收据、购车余款及支付方式，并简要告知客户交车流程及交车时间（约为90分钟）。

（2）交车前一天，汽车销售人员到信息部提取车架号及领取工具包，详细检查随车工具及文件。协助库管提取车辆，第一时间将车辆清洗干净并进行自检。

（3）打印车辆PDI单据，将车辆送至车间进行完整的PDI检测。

（4）通知客户提车，提醒带好相关购车资料。

（5）交车当天将已检测好车辆停至待交区。

7.9.2 客户提车

（1）提车当天早上汽车销售人员再次与客户确认到店时间，再次自检一遍待提车辆。

（2）客户到达时，汽车销售人员应热情、主动上前迎接，祝贺客户。

（3）汽车销售人员邀请客户至交车区自赏一下爱车，然后告知客户尚有手续要办，并引领客户至洽谈桌。

（4）与客户确认车辆信息后，应第一时间让客户在交车确认单、销货单等单据上签字确认。签字确认后，引导客户至收银台付款，领取发票，并第一时间将合格证送至信息部扫描出库。

（5）汽车销售人员陪同客户一同欣赏爱车，清楚讲解车辆内的按键功能及使用。告知客户此车辆已经过严格的 PDI 检查、提醒客户做首次车辆保养时的服务项目、公里数或时间、免费维护项目，告知客户新车使用时需要注意的事项及简单的车辆养护知识。

（6）利用"保修手册"说明保修内容和保修范围及 24 小时服务热线。同时带领客户参观售后服务区域，告知下次来站保养流程。

（7）移交有关物品、文件：《用户手册》、《保修手册》、购车发票、保险手续、合格证、车辆钥匙等，并请客户签字确认。请客户填写《新车客户满意度打分问卷》。

7.9.3 交车仪式

（1）在交车板上写好客户姓名，给新车戴上红花，盖上红绸布。

（2）汽车销售人员领取新车出门证的同时，通知服务顾问、市场部、当班销售主管，参加交车仪式。销售部其他空闲人员应列席交车典礼并鼓掌以示祝贺。放交车音乐。

（3）汽车销售人员向新车客户引荐售后服务顾问。

（4）汽车销售人员向客户赠送精美小礼物，并在新车前合影留念。

（5）展厅经理确认交车仪式符合标准并获取客户驾驶证复印件后，在出门证上签字确认，恭送客户。

7.9.4 恭送客户

（1）汽车销售人员应再次确认与客户的联系方式，并简述后续跟踪回访内容。提醒客户在回访时予以配合，接受厂家回访时对各项服务均打 10 分。

（2）汽车销售人员恭送客户后，第一时间发送祝贺短信。同时销售顾问及时整理好客户资料并交给相关部门。

（3）预估客户到达目的地的时间，致电确认安全到达。24 小时再次回访客户车辆使用情况及新车注意事项、首保提醒。

7.10 售后跟踪服务

交车结束后，一般汽车销售人员会认为销售工作已经告一段落，其实不然，没有售后服务的销售，是没有信用的销售；没有售后服务的商品，是一种没有保障的商品；而不能提供售后服务的汽车营销人员，也不能使顾客真正满意。

7.10.1 商品售后服务

售后服务，就是在商品出售以后所提供的各种服务活动。从营销工作来看，售后服务本身同时也是一种促销手段。在追踪跟进阶段，汽车销售人员要采取各种形式的配合步骤，通过售后服务来提高企业的信誉，扩大产品的市场占有率，提高推销工作的效率及效益。

1. 商品信誉的维护

售后服务最主要的目的是维护商品的信誉，一款优良的商品，在销售时总是强调售后服务，在类似或相同商品的竞争中，售后服务也常是客户取舍的重要因素。因此，商品的售后服务也就代表了商品的信誉。一般商品信誉的维护工作有下列几种。

1）商品品质的保证

汽车销售人员在出售商品之后，为了使客户充分获得"购买的利益"，必须经常做售后服务，这是企业维护本身商誉的必要保障。如专卖店出售了一辆汽车，为了使汽车发挥正常的功能，就应该定期进行检查维护和保养工作。

📖 **相关链接**

北京汽车E系列自2012年3月19日上市以来，凭借靓丽的外观、跃级的配置和扎实的操控，获得了广大消费者的一致认可，成为A0级市场的"新宠"。特别是其推出的"三包"服务，更是首开汽车行业之先河，让人们真正感受到这家汽车企业的诚意和实力。6月1日，北京汽车又正式对外公布了汽车"三包"实施细则（含退/换标准、流程和费用），确保消费者在享受"三包"服务时真正有据可循。

此次公布的"三包"服务实施细则中，北京汽车对"三包"实施标准、流程及理赔费用都有明确规定。特别是关于"三包"退/换的标准，北京汽车公布了涉及"严重安全性能故障"和"发动机、变速器主要零部件质量问题"等60条细则。消费者购买的车辆在"三包"期限内，凡是符合退/换车标准的，均可申请退/换车。

北京汽车有着明确规定："由经销商为消费者先行垫付理赔费用，待消费者完成退/换车手续后，北京汽车会通过售后相关流程全额支付经销商。"

2）所承诺服务的履行

任何汽车销售人员在说服客户购买之前，必先强调与商品有关，甚至是没有直接关联的服务，这些服务的承诺，对交易能否成交是极重要的因素，而如何履行营销员所做的承诺则更为重要。往往有些汽车销售人员在说服成交时，漫不经心地向客户提出某种售后服务，结果后来却忽略了，因此很容易与客户之间发生误会及不愉快。

2. 商品资料的提供

使客户了解商品的变动情况，是汽车销售人员的义务，开拓一位客户远不如维持一位客户来得重要。汽车销售人员要不遗余力地在产品销售之后介绍企业近期为客户提供的各种服务，特别是新的服务内容，其中包括企业近期为客户安排的各类优惠联谊活动等。

7.10.2 客户维系

所谓客户维系，是指供应商维持已建立的客户关系，使顾客不断重复购买产品或服务的过程。汽车销售人员与客户的维系主要包括感情联络、信息收集等方面的内容。定期询问客户用车情况和对企业服务有何意见，定期询问客户近期有无新的服务需求，定期告之相关的汽车运用知识和注意事项。

相关链接

一般汽车销售人员在生意成交之后，就不再跟顾客联络了，所谓"售后服务"只是说说罢了。然而乔·吉拉德坚信推销从售后才开始，因此在生意做成之后，他一定会有下面三个动作。

1. 感谢函

在顾客签完字尚未走出店门，乔·吉拉德就已经请儿子备妥铭谢惠顾的短函。而且此后每个月，这位顾客都会收到用不同形式、颜色的信封所装的问候卡（这样才不会被人当作垃圾信件丢掉）。

卡片内容也是煞费心思，通常他会用"我喜欢您"起头，至于内容则依时令而定，一月祝您新年快乐，二月美国国父诞辰纪念日快乐（二月二十日是乔治·华盛顿的生日）等。乔·吉拉德每个月至少要寄出一万三千张卡片。

2. 维修服务

即使是新车，难免会有些小毛病，乔·吉拉德一定会把这些小毛病处理到让顾客满意为止。假如新车发生严重的问题，乔·吉拉德会跟顾客携手对付经销商、技工与车厂，一直到这问题车变得比新车还棒为止。

乔·吉拉德说跟顾客站在一边的好处多多。他不但会变成你的朋友，而且会介绍生意给你。

3. 保持联系

即使交车后一切顺利，顾客没有任何抱怨，乔·吉拉德除了按月寄感谢函之外，也会主动跟顾客保持联系。他会打电话告诉顾客，万一车子有任何问题，马上开来找他。此外，他会问顾客是否有人要买车子，而介绍一个新顾客给他的话，他会付致谢金二十五美元。

完善的售后服务，使乔·吉拉德变成全世界最伟大的推销员。

本章小结

汽车整车销售实物是汽车销售人员必须掌握的基本技能，也是汽车销售人员胜任汽车销售工作的基本前提。本章学习的重点在于理解和学会应用汽车销售的流程和技巧，让顾客获得利益，感到满足。

案例分析

案 例 一

这是美国中部一个普通城市里一个普通地区的一家比较知名的车行。这个车行展厅内有六辆各种类型的越野车。这天下午，阳光明媚，微风吹拂，让展厅看起来格外明亮，店中的

7个销售人员都各自在忙着自己的事情。

这是一个普通的工作日,一对夫妻带着两个孩子走进了车行。凭着做了10年汽车销售的直觉,乔治认为这对夫妻是真实的买家。

乔治热情地上前打招呼,并用目光与包括两个孩子在内的所有的人交流,目光交流的同时,他作了自我介绍,并与夫妻分别握手。之后,他看来是不经意地抱怨天空逐渐积累起来的云层,以及周末可能来的雨雪天气,似乎是自言自语地说,也许周末的郊游计划要泡汤了。这显然是很自然地转向了他需要引导到的话题,他诚恳地问,"两位需要什么帮助?"

这对夫妇说他们现在开的是福特金牛,考虑再买一辆新车,他们对越野车非常感兴趣。乔治开始耐心、友好地询问:什么时候要用车?谁开这辆新车?主要用它来解决什么困难?在彼此沟通之后,他们开始解释说,周末要去外省看望一个亲戚,他们非常希望能有一个宽敞的四轮驱动的汽车,可以安全以及更稳妥地到达目的地。

在交谈中,乔治发现了这对夫妻的业余爱好,他们喜欢钓鱼。乔治展现出自己也对钓鱼感兴趣,乔治非常认真地倾听来自客户的所有信息,以确认自己能够完全理解客户对越野车的准确需求,之后他慎重而缓慢地说,"车行现在的确有几款车可以推荐给他们,因为这几款车比较符合他们的期望。

他随口一问,计划月付多少车款。此时,客户表达出先别急着讨论付款方式,他们先要知道所推荐的都是些什么车,到底有哪些地方可以满足他们的需要,之后再谈论价格的问题。

乔治首先推荐了"探险者",并尝试着谈论配件选取的不同作用。他邀请了两个孩子到车的座位上去感觉一下,因为两个孩子好像没有什么事情干,开始调皮,这样一来,父母对乔治的安排表示赞赏。

这对夫妻看来对汽车非常内行。他推荐的许多新的技术、新的操控,客户都非常熟悉,

这对夫妻看来对"探险者"非常感兴趣,但是,乔治也展示了"远征者",一个较大型的越野车,因为,后者的利润会多一些。这对夫妻看了一眼展厅内的标有价格的招牌,叹了口气说,超过他们的预算了。这时,乔治开了一个玩笑:"这样吧,我先把这个车留下来,等你们预算够了的时候再来。"客户哈哈大笑。

乔治此刻建议这对夫妇到他的办公室来详细谈谈。在通往办公室的路上,他顺手从促销广告上摘了两个气球下来,给看起来无所事事的两个孩子玩。汽车行销售人员的办公桌一般都是两个倒班的销售人员共同使用的,但是,尽管如此,乔治还是在桌上放了自己以及家人的相片,他首先写下夫妻的名字、联系方式。

他再一次尝试着问了客户的预算是多少,但客户真的非常老练,反问道:"你的报价是多少?"乔治断定他们一定已经通过多种渠道了解了该车的价格情况,因此,乔治给了一个比市场上通常的报价要低一点的价格,但是,客户似乎更加精明,面对他们的开价,乔治实际只能挣到65美元,因为这个价格仅比车行的进价高1%。乔治表示出无法接受,于是,乔治说,如果按照他们的开价,恐怕一些配置就没有了。于是,乔治又给了一个比进价高6%的报价。经过再次协商,乔治最终达成了比进价高4%的价格。对于乔治来说,这个价格利润很薄,不过还算可以了,毕竟,客户第一次来就能够到达这个步骤已经不错了,而这个价格则意味着车行可以挣到1000美元,乔治的提成是250美元。

乔治非常有效率地做好了相关的文件,因为需要经理签字,只好让客户稍等片刻。但在

这时，客户却说他们还需要再考虑一下。乔治非常自信这个客户肯定回来，他给了他们名片，欢迎他们随时与他联系。

两天以后，客户终于打来电话，表示他们去看了其他的车行，但是不喜欢他们，准备向乔治购买他们喜欢的车，虽然价格还是高了一点，但是可以接受。他们询问何时可以提车，令人高兴的是，车行里有现车，所以乔治邀请他们下午来。

下午客户来了，接受了乔治推荐的延长保修期的建议，并且安排了下一次维护的时间，并且介绍了售后服务的专门人员——汽车销售流程的最后一个步骤，售后服务的安排。并由专门的维护人员确定了90天的日期回来更换发动机滤清器。这个介绍实际上是要确定该客户这个车以后的维护、保养都会回到车行，而不是去路边廉价的小维修店。

案 例 二

某日一位老板走进一间专门销售进口品牌汽车的车行。

顾客：宝马730Li是不是全铝车身？

销售人员：（客户提出的这个问题有点突然，而且他是第一次听到全铝车身的概念）哦，不太清楚，我要查一下资料。（查完资料后告诉客户）不是全铝车身。

顾客：刚才我到了某车行看了奥迪A8L，他们的销售人员告诉我奥迪A8L采用的是全铝车身，是最新的技术，能够提升动力而且省油，我以前开的是宝马530Li，对宝马车比较了解，现在想换一部车，准备在奥迪和宝马之间做出选择。如果宝马也是全铝车身的话，我就买宝马。

销售人员：（经过确认后再次告诉顾客）实在对不起，宝马730Li不是全铝车身。

[结果]：顾客离开了展厅再也没有回来，据了解后来买了奥迪A8L。

请问：
1. 案例一中销售人员的表现哪些是你值得学习的，他都运用了哪些技巧？
2. 分析案例二中销售人员在销售车辆时犯了哪些错误？
3. 如果你是案例二中的销售人员，你会如何回答顾客的问题？

营销实训

实训项目一：前台接待

1. 实训目的

知道前台接待的作用及其重要性，掌握前台接待的相关礼仪。

2. 实训内容和要求

（1）内容：根据拟定场景和客户进行分析，做好相应的前台接待。

① 场景一：在一个炎热夏天的午后，一个三十岁左右满头大汗的年轻男士进入你所工作的4S店。

② 场景二：周末下午，中年夫妻带着五岁左右的男孩进入你所工作的4S店。

③ 场景三：正在下着大雨，一对情侣模样的年轻人打伞进入你所工作的4S店。

④ 场景四：下午快下班，两个四十岁左右的中年男士开车来到你所工作的 4S 店。

⑤ 场景五：离汽车站很近的 4S 店，一位女士拉着行李进入你所工作的 4S 店。

⑥ 场景六：平日早上刚刚上班，一对夫妻模样的爷爷奶奶进入你所工作的 4S 店。

⑦ 场景七：十一黄金周的第一天，穿着时尚前卫的 25 岁左右的男士在父母的陪伴下进入你所工作的 4S 店。

⑧ 冬日寒冷的中午时分，一位看上去精明能干、懂得享受生活的 40 岁左右的女士进入你所工作的 4S 店。

⑨ 周一上午一位打扮随意，手里拿着菜的中年女士太太进入你所工作的 4S 店。

（2）要求：按照汽车 4S 店各项标准化要求进行实训。

3．实训组织

把全班分成 4~6 人一组，以组为单位完成实训任务。

4．实训操作步骤

（1）以组为单位，选择任一模拟场景并进行接待要点分析和讨论。

（2）进行角色分配，每一位组员都必须以接待员的身份进行一次实训。

（3）完成前台接待内容，引领客户进入下一个环节。

5．实训考核

（1）考核前台接待要点，从接待礼仪、可行性、完整性等方面进行考核。（50%）

（2）考核个人在实训过程中的表现。（50%）

实训项目二：需求分析

1．实训目的

在销售前学会需求分析，在需求分析后更好地进行销售。

2．实训内容和要求

（1）内容：根据前台接待中客户的具体情况为客户推荐一款适合客户的车辆。

（2）要求：按照汽车 4S 店各项标准化要求进行实训。

3．实训组织

把全班分成 4~6 人一组，以组为单位完成实训任务。

4．实训操作步骤

（1）以组为单位，结合模拟场景中客户的具体情况，分析讨论需求分析中需要了解客户的哪些情况。

（2）进行角色分配，每一位组员都必须以营销人员的身份进行一次实训。

（3）运用相关的提问及倾听技巧为顾客选择一款适合顾客的车辆。

5．实训考核

（1）考核需求分析要点，从提问技巧、沟通技巧、可行性、完整性等方面进行考核。（50%）
（2）考核个人在实训过程中的表现。（50%）

实训项目三：整车介绍

1．实训目的

了解汽车介绍的主要特点，知道如何进行汽车介绍。

2．实训内容和要求

（1）内容：根据需求分析中为客户推荐的车辆及客户的具体情况为客户进行车辆介绍。
（2）要求：按照汽车 4S 店各项标准化要求进行实训。

3．实训组织

把全班分成 4～6 人一组，以组为单位完成实训任务。

4．实训操作步骤

（1）以组为单位，结合需求分析中对客户的了解，分析讨论在进行车辆介绍时应注意哪些问题以及介绍的侧重点。
（2）进行角色分配，每一位组员都必须以营销人员的身份进行一次实训。
（3）运用 FAB 法则及六方位绕车介绍法为顾客介绍车辆。

5．实训考核

（1）考核整车介绍要点，从话术、专业知识、可行性、完整性等方面进行考核。（50%）
（2）考核个人在实训过程中的表现。（50%）

实训项目四：异议处理

1．实训目的

正确看待顾客异议，运用所学知识巧妙处理顾客异议。

2．实训内容和要求

（1）内容：根据顾客的各类异议进行妥善处理。
（2）要求：按照汽车 4S 店各项标准化要求进行实训。

3．实训组织

把全班分成 4～6 人一组，以组为单位完成实训任务。

4．实训操作步骤

（1）以组为单位，分析讨论在前面的售车环节中顾客提出的异议应如何处理。
（2）进行角色分配，每一位组员都必须以营销人员的身份进行一次实训。
（3）运用各种处理异议的技巧为顾客处理异议。

5．实训考核

（1）考核异议处理要点，从话术、专业知识、可行性、完整性等方面进行考核。（50%）
（2）考核个人在实训过程中的表现。（50%）

参 考 文 献

[1] 孙路弘. 汽车销售的第一本书. 北京：中国人民大学出版社，2007.
[2] 菲利普·科特勒（Philip Kotler）等. 营销管理（第13版·中国版）. 北京：中国人民大学出版社，2009.
[3] 戚叔林. 汽车市场营销 第2版. 北京：机械工业出版社，2010.
[4] 刘亚杰. 汽车销售实务. 北京：清华大学出版社，2012.
[5] 刘建伟. 汽车销售实务. 北京：北京理工大学出版社，2012.
[6] 江明华、李季. 中国企业市场营销案例. 北京：化学工业出版社，2012.
[7] 夏丹. 战略管理与市场营销案例研究. 北京：中国市场出版社，2013.
[8] 王子璐. 汽车4S店销售管理实战技巧. 北京：机械工业出版社，2013.
[9] 刘军. 汽车4S店销售顾问培训手册. 北京：化学工业出版社，2013.
[10] 纪宝成. 市场营销学教程（第五版）. 北京：中国人民大学出版社，2013.
[11] 吕一林，陶晓波. 市场营销学（第五版）. 北京：中国人民大学出版社，2014.
[12] 赵文德. 汽车销售冠军是这样炼成的. 北京：机械工业出版社，2014
[13] 宓亚光. 汽车配件经营与管理. 北京：机械工业出版社，2014.
[14] 陈聪. 汽车市场营销（第2版）. 北京：电子工业出版社，2015.
[15] 刘秀荣. 汽车销售技巧与实务. 北京：电子工业出版社，2015
[16] 菲利普·科特勒（Philip Kotler），凯文·莱恩·凯勒（Kevin Lane Keller）. 营销管理（第15版）. 上海：格致出版社，2016.
[17] 钱旭潮，王龙. 市场营销管理：需求的创造与传递（第4版）. 北京：机械工业出版社，2016.

反侵权盗版声明

电子工业出版社依法对本作品享有专有出版权。任何未经权利人书面许可，复制、销售或通过信息网络传播本作品的行为；歪曲、篡改、剽窃本作品的行为，均违反《中华人民共和国著作权法》，其行为人应承担相应的民事责任和行政责任，构成犯罪的，将被依法追究刑事责任。

为了维护市场秩序，保护权利人的合法权益，我社将依法查处和打击侵权盗版的单位和个人。欢迎社会各界人士积极举报侵权盗版行为，本社将奖励举报有功人员，并保证举报人的信息不被泄露。

举报电话：（010）88254396；（010）88258888
传　　真：（010）88254397
E-mail：dbqq@phei.com.cn
通信地址：北京市海淀区万寿路173信箱
　　　　　电子工业出版社总编办公室
邮　　编：100036